教育学教程

主编◎林 丽 杨晓平 朱江华

首都师范大学出版社
CAPITAL NORMAL UNIVERSITY PRESS

图书在版编目（CIP）数据

教育学教程 / 林丽，杨晓平，朱江华主编 . —北京：首都师范大学出版社，2023.4
ISBN 978-7-5656-7492-1

Ⅰ . ①教… Ⅱ . ①林… ②杨… ③朱… Ⅲ . ①教育学—教材 Ⅳ . ① G40

中国国家版本馆 CIP 数据核字（2023）第 066326 号

JIAOYUXUE JIAOCHENG

教育学教程

林丽　　杨晓平　　朱江华　　主编

责任编辑　凌　江　曹宇萌
首都师范大学出版社出版发行
地　　址　北京西三环北路 105 号
邮　　编　100048
电　　话　68418523（总编室）　68982468（发行部）
网　　址　http://cnupn.cnu.edu.cn
印　　刷　北京佳艺丰印刷有限公司
经　　销　全国新华书店
版　　次　2023 年 4 月第 1 版
印　　次　2023 年 4 月第 1 次印刷
开　　本　787mm×1092mm　1/16
印　　张　17
字　　数　363 千
定　　价　53.00 元

版权所有　　违者必究
如有质量问题　　请与出版社联系退换

《教育学教程》编委会

主　编：林　丽　　杨晓平　　朱江华

副主编：宋晓华　　吴霞飞

《教育学教程》MOOC 学习指南

一、选课指南

可以通过两个途径学习《教育学教程》的 MOOC。

1. 手机端，下载"知到 APP（学生版）"，注册，进入学习。

2. 电脑端，进入"智慧树网"，登录/注册，点击"教育学"课程（遵义师范学院）进行学习。

二、学习指南

1. 初次学习智慧树课程的学生，请绑定正确手机号。

2. 已有账号的学习者，选择学号或者已经绑定的手机号登录，登录之后确认课程即可开始学习。

3. 点击"课程主页"，可了解"教育学"（遵义师范学院）的开课学期数、累计选课人数、选课学校数、公众学习者所属学校数、累计互动数、累计浏览数。"课程主页"左侧有 10 个分目录。

4. 点击"教学团队"，可了解课程负责人和团队教师基本情况。

5. 点击"课程设计"，可了解课程背景、课程目标和课程设计原则。

6. 点击"在线教程"，可观看 11 章共 71 个教学视频。

7. 点击"课程资源"，可阅读或者观看包括中国百科全书、教学视频、教学评价、教育学经典教材、教育教学案例、教学时政、教育学经典著作和新课程方案与课标八个版块的 116 个课程资源。

8. 点击"课程公告"，可了解课程团队教师发布的课程学习指导要求。

9. 点击"互动问答"，可以提出问题，也可以参与回答来自各选课学校的授课教师与学生提出的问题。

10. 点击"作业测试"，在规定的时间内完成相关作业、单元测试题、期末考试题。本课程共有单元测试 11 个（测试题 130 道），考试 2 个。

11. 点击"考核标准"，可以了解课程的成绩分配比例及考核说明。

前 言

党的二十大报告指出，教育、科技、人才是全面建设社会主义现代化国家的基础性、战略性支撑。必须把教育事业放在优先位置，深化教育改革，实现高等教育内涵式发展。

教育的对象是人，教育是人的活动，教育学是人的学科。教育学课程是教育专业学生必修的基础课程，教育学知识是教师专业素养的主要组成部分，是国家教师资格证考试的主要内容。本书以马克思主义思想为指导，深入贯彻习近平新时代中国特色社会主义思想和党的教育方针，旨在让教育专业的学生正确理解和掌握新时代背景下教育学教学的基本概念，帮助教育专业的学生树立正确的教育观、教学观、课程观、教师观、学生观，并培养其能初步运用教育理论知识进行课程开发、教学设计、班级管理、家校共育、自我发展和指导学生发展的能力，从而生发师范生的教育情怀，奠定终身从教的专业信念，更好地完成"为党育人，为国育才"的使命。

本书是国家一流课程"教育学"（2020131339）的建设成果，由遵义师范学院林丽副教授（硕士）、杨晓平教授（博士）、朱江华副教授（博士）担任主编，宋晓华副教授（硕士）、吴霞飞教授担任副主编。编写者从事教育学课程教学工作多年，是国家级一流课程"教育学"的团队成员，对教育学的相关问题有着深刻思考与理性见解。

编写者参考了其他教育学教材的体例，全面梳理了国家教师资格证考试中的教育学考点，结合线上线下的教学实践，凸显了思政性、基础性、实用性和可读性。

（1）思政性。每章设有能体现使命感、责任感、爱国精神、奋斗精神等思想政治教育元素的案例，旨在使之内化为师范生的精神追求，外化为师范生的自觉行动。

（2）基础性。本书涵盖了大量与教育学相关的基本知识点。

（3）实用性。让学生掌握教育学基础知识和先进理念，每章有相应的练习题和思考题，为学生检验学习成果、提升专业能力提供帮助。

（4）可读性。本书知识结构完整，语言简练，通俗易懂。

本书是在线教育平台智慧树上"教育学"课程的慕课版教材，书中的内容与在线平台的数字化教学资源相关联。因此，本书既适合作为师范专业学生的教材使用，也适合其他对教育知识感兴趣的群体自主学习使用。

由于编者水平有限，对于书中存在的不足之处，恳请广大读者进行批评指正，不胜感激。

此外，本书作者还为广大一线教师提供了服务于本书的教学资源库，有需要者可致电 13810412048 或发邮件至 2393867076@qq.com。

《教育学教程》编写组

2022 年 12 月 20 日

目 录

第一章　教育与教育学概述

第一节　教育概述　　　　　　　　　　　　　　　　　　**003**
　　一、教育的词源　　　　　　　　　　　　　　　　　　003
　　二、教育的起源　　　　　　　　　　　　　　　　　　004
　　三、教育的含义　　　　　　　　　　　　　　　　　　005
　　四、教育的要素　　　　　　　　　　　　　　　　　　007

第二节　教育的历史发展　　　　　　　　　　　　　　　**007**
　　一、原始社会的教育　　　　　　　　　　　　　　　　007
　　二、古代社会的教育　　　　　　　　　　　　　　　　008
　　三、现代社会的教育　　　　　　　　　　　　　　　　009

第三节　教育学的产生与发展　　　　　　　　　　　　　**011**
　　一、萌芽阶段　　　　　　　　　　　　　　　　　　　011
　　二、独立阶段　　　　　　　　　　　　　　　　　　　013
　　三、发展多样化阶段　　　　　　　　　　　　　　　　015
　　四、理论深化阶段　　　　　　　　　　　　　　　　　017

第二章　教育与人的关系

第一节　教育功能概述　　　　　　　　　　　　　　　　**025**
　　一、教育功能的含义　　　　　　　　　　　　　　　　025
　　二、教育功能的种类　　　　　　　　　　　　　　　　026
　　三、教育功能的形成与释放　　　　　　　　　　　　　026

第二节　人的发展概述　　　　　　　　　　　　　　　　**027**
　　一、人的发展的内涵　　　　　　　　　　　　　　　　027
　　二、人的发展的规律　　　　　　　　　　　　　　　　027

第三节　影响人发展的主要因素　　　　　　　　　　029
　　一、遗传　　　　　　　　　　　　　　　　　030
　　二、环境　　　　　　　　　　　　　　　　　031
　　三、学校教育　　　　　　　　　　　　　　　033
　　四、个体的主观能动性　　　　　　　　　　　034
第四节　教育的个体功能　　　　　　　　　　　　034
　　一、教育对个体发展的促进功能　　　　　　　035
　　二、教育对个体发展的负向功能　　　　　　　036

第三章　教育与社会的关系

第一节　教育与人口的关系　　　　　　　　　　　041
　　一、人口制约教育　　　　　　　　　　　　　041
　　二、教育的人口功能　　　　　　　　　　　　043
第二节　教育与社会生产力的关系　　　　　　　　045
　　一、社会生产力制约教育　　　　　　　　　　045
　　二、教育对社会生产力的作用　　　　　　　　046
第三节　教育与政治经济制度的关系　　　　　　　047
　　一、政治经济制度制约教育　　　　　　　　　048
　　二、教育对政治经济制度的作用　　　　　　　050
第四节　教育与文化的关系　　　　　　　　　　　051
　　一、文化制约教育　　　　　　　　　　　　　051
　　二、教育的文化功能　　　　　　　　　　　　052
第五节　教育的相对独立性　　　　　　　　　　　052
　　一、教育是培养人的活动　　　　　　　　　　052
　　二、教育具有历史继承性　　　　　　　　　　053
　　三、教育发展与社会发展不完全同步　　　　　053

第四章　教育目的与教育制度

第一节　教育目的概述　　　　　　　　　　　　　059
　　一、教育目的的概念　　　　　　　　　　　　059
　　二、教育目的的作用　　　　　　　　　　　　060

　　　　三、教育目的的层次和相关概念　　　　060
　　　　四、教育目的的价值取向　　　　061
　第二节　**我国教育目的的理论基础**　　　**062**
　　　　一、马克思主义关于人的全面发展学说　　　　062
　　　　二、人的全面发展是一个社会历史过程　　　　063
　　　　三、人的全面发展的内涵　　　　064
　　　　四、人的全面发展学说的现实意义　　　　065
　第三节　**我国教育目的的发展**　　　**065**
　　　　一、我国古代的教育目的　　　　065
　　　　二、我国近现代的教育目的　　　　066
　　　　三、我国当代的教育目的　　　　067
　第四节　**教育制度概述**　　　**068**
　　　　一、教育制度的含义　　　　068
　　　　二、教育制度的特点　　　　069
　　　　三、教育制度的历史发展　　　　069
　第五节　**现代学校教育制度概述**　　　**071**
　　　　一、现代学校教育制度的形成　　　　071
　　　　二、现代学制的类型　　　　071
　　　　三、现代学制的变革　　　　073
　第六节　**我国现行的学校教育制度**　　　**075**
　　　　一、我国现行学校教育制度的形态　　　　075
　　　　二、我国现行学校教育制度的改革　　　　076

第五章　课程

　第一节　**课程的内涵概述**　　　**083**
　　　　一、课程的词源分析　　　　083
　　　　二、课程定义的基本类型　　　　084
　第二节　**课程组织的基本取向**　　　**085**
　　　　一、学科取向的课程组织　　　　086
　　　　二、学习者取向的课程组织　　　　087
　　　　三、社会问题取向的课程组织　　　　087
　　　　四、混合取向的课程组织　　　　088

第三节　课程的结构　　088
一、课程的纵向结构　　089
二、课程的横向结构　　091

第四节　课程实施的基本观点　　096
一、忠实观　　096
二、相互适应观　　097
三、创生观　　098

第五节　我国基础教育课程改革历程及内容　　099
一、中国课程改革的回顾　　099
二、我国新一轮基础教育课程改革的特点　　100
三、新课程下义务教育新教材的特点　　101

第六章　教学（上）

第一节　教学概述　　107
一、教学的含义　　107
二、教学的任务　　108
三、教学和教育的关系　　109

第二节　教学理论　　109
一、教学理论的含义　　109
二、中外著名的教学理论　　110

第三节　教学过程　　118
一、教学过程的内涵　　118
二、教学过程的基本规律　　118

第四节　教学原则　　120
一、教学原则的含义　　120
二、教学过程中要遵循的基本原则　　121

第五节　教学方法　　127
一、中小学常用的教学方法　　127
二、国外教学方法　　132
三、教学方法选择的要求　　133

第七章 教学（下）

第一节 教学工作的基本环节   139
    一、教学设计   139
    二、上课   142
    三、作业的布置与批改   145
    四、课后服务   147
    五、学业成绩的检查与评定   147

第二节 教学组织形式   148
    一、班级授课制——教学的基本组织形式   148
    二、个别教学制——教学的辅助组织形式   150
    三、特朗普制——班级授课制与个别教学制的结合   151
    四、现场教学——教学的辅助组织形式   151
    五、复式教学——教学的特殊组织形式   152

第三节 教学评价   152
    一、教学评价概述   152
    二、测验性评价——检验学业成就   155
    三、即时性评价——凸显特定情境   162
    四、表现性评价——关注任务学习   165
    五、课堂教学评价——关注教学行为   169

第八章 德育

第一节 德育概述   177
    一、德育的含义   177
    二、德育的功能   178

第二节 德育过程   178
    一、德育过程的本质   179
    二、德育过程的规律   180

第三节 德育的内容与原则   184
    一、德育内容   184
    二、德育原则   187

第四节　德育的途径与方法　　　　　　　　　　193
　　一、德育途径　　　　　　　　　　　　　　　193
　　二、德育方法　　　　　　　　　　　　　　　195

第九章　教师与学生

第一节　教　师　　　　　　　　　　　　　　205
　　一、教师的内涵与劳动特点　　　　　　　　　205
　　二、新时代教师的角色　　　　　　　　　　　207
　　三、教师的权利与义务　　　　　　　　　　　210

第二节　《中学教师专业标准（试行）》解读　　212
　　一、《标准》遵从和倡导的基本理念　　　　　212
　　二、《标准》的框架结构与内容　　　　　　　214

第三节　学　生　　　　　　　　　　　　　　217
　　一、学生的概念　　　　　　　　　　　　　　218
　　二、学生观　　　　　　　　　　　　　　　　218
　　三、学生的权利与义务　　　　　　　　　　　219

第十章　班级组织、管理与班主任工作

第一节　班级组织　　　　　　　　　　　　　　225
　　一、班级组织的发展历史　　　　　　　　　　225
　　二、班级组织的内涵　　　　　　　　　　　　227
　　三、班级组织的形成　　　　　　　　　　　　229
　　四、良好班集体的基本特征　　　　　　　　　231

第二节　班级管理　　　　　　　　　　　　　　232
　　一、班级管理的概念　　　　　　　　　　　　232
　　二、班级管理的功能　　　　　　　　　　　　232
　　三、班级管理的过程　　　　　　　　　　　　233
　　四、班级管理的模式　　　　　　　　　　　　234
　　五、班级管理的内容　　　　　　　　　　　　234

第三节　班主任工作　　　　　　　　　　　　　244
　　一、班主任的概念、角色定位与作用　　　　　244
　　二、班主任工作的内容与方法　　　　　　　　246
　　三、班主任的专业素养　　　　　　　　　　　253

第一章

教育与教育学概述

▌关键词

教育　教育的历史发展　教育学　教育学的发展

▌学习目标

1. 了解教育的产生及其历史发展。
2. 了解国内外著名教育家的代表著作及其主要教育思想。
3. 掌握教育的含义及构成要素。
4. 树立科学的教育观，奠定教育学是人学的课程观。

▌内容提要

本章主要介绍了教育概念、教育的历史发展、教育学的产生与发展三部分内容。"教"与"育"二字合成"教育"一词，在我国最早见于《孟子·尽心上》。1902年，"教育"一词开始成为汉语系统中的一个常用词，我国出现了以"教育"为题的专论。教育有广义和狭义之分，其本质是一种有意识地培养人的活动，教育者、学习者、教育影响是构成教育的三大要素。教育自产生至今，历经了原始社会、古代社会、现代社会等多个不同的历史阶段，且由于不同阶段存在着生产方式和社会文化的差异，教育也呈现出不同的性质和特征。随着生产力的发展，逐渐产生了系统研究教育的科学，即教育学。教育学的发展依次经历了萌芽、独立、多样化和理论深化四个漫长的阶段。

思维导图

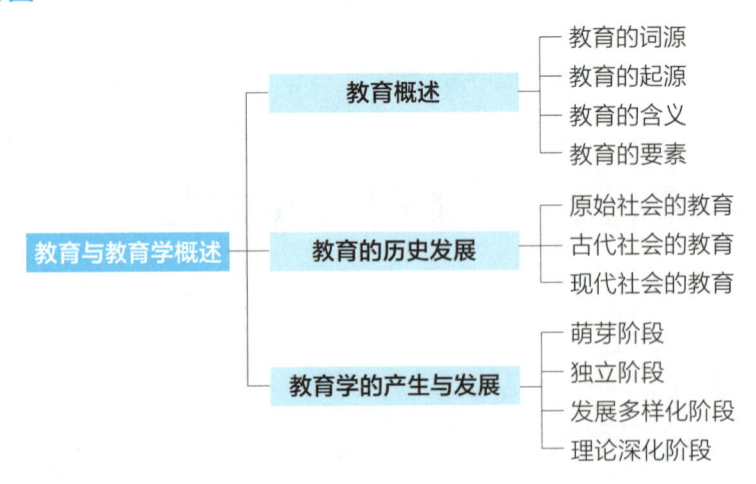

- 教育与教育学概述
  - 教育概述
    - 教育的词源
    - 教育的起源
    - 教育的含义
    - 教育的要素
  - 教育的历史发展
    - 原始社会的教育
    - 古代社会的教育
    - 现代社会的教育
  - 教育学的产生与发展
    - 萌芽阶段
    - 独立阶段
    - 发展多样化阶段
    - 理论深化阶段

教学导入

天使的翅膀

有一个小男孩，因为曾做过手术，在后背留下了两道深深的疤痕。

一天上体育课，他脱下上衣时，其他同学看见了他后背的疤痕。

"好可怕呀，怎么回事？""你不会是个怪物吧？""真恶心，像两只大虫！"

体育老师慢慢地走向小男孩，露出诧异的表情："大家说的是真的吗？你让老师想起了一个美丽的传说，同学们想不想知道？"

大家一致点头，围在老师身边。

老师指着小男孩背上的疤痕说："你们知道吗？每个同学都是小天使变成的。天使变成小孩时，需要把他们美丽的翅膀脱落下来，可有的小天使动作稍微慢一点，来不及完全脱下翅膀，那个天使变成的孩子就会在背上留下两道疤痕。"

"那这就是天使的翅膀吗？"孩子们望着小男孩的背，又惊奇又感叹。

"对呀。"老师的脸上露出温柔又神秘的笑容。

突然，一个孩子天真地说："老师，我们可以摸一下天使的翅膀吗？"

"这就要问小天使肯不肯了。"老师微笑着向小男孩眨眨眼睛。

小男孩停止了流泪，羞怯地点了点头。

那个孩子轻轻地摸了摸男孩背上的疤痕，高兴地说："我摸到天使的翅膀了。"这样一来，其他同学也都拼命喊道："我也想摸一下小天使的翅膀！"

后来，男孩长大了，他非常感谢这位让他重拾信心的老师。他在高中时还参加了全市的游泳比赛，得了亚军。他勇敢地选择了游泳，是因为他相信，自己背上的疤痕是"天使的翅膀"，是命运独一无二的馈赠。

第一节　教育概述

教育是一个大家耳熟能详的话题，提及教育，人人都有话说，但又不是人人都能说清楚。我们的媒体经常议论教育，关注教育，教育也是我们关心的大事。那么，究竟什么是教育呢？

一、教育的词源

（一）我国的理解

在我国，甲骨文中已有"教"出现。"教"的小篆为𢼊，左上为"爻"（卦），出自《易经》，引申义为人们的生产生活经验，也就是今天我们所理解的教育内容；左下为"子"，表示受教育者；右上为"卜"，表示教鞭，象征教育的权威与严肃；右下为"手"，与右上的"卜"结合，表示有人手执教鞭监督青少年学习。可见，"教"最初的含义是学习者在教育者的监督下进行学习。

"育"字由"毓"字演化而来，"育"的篆体为𦘒。此字为上下结构，上面的本义为成熟女性；下面是头朝下的孩子，为母体分娩之意。整个"育"字的意思是女性分娩。"育"被理解为对学生的身体、情感进行人格熏陶和品格感化。

东汉许慎在《说文解字》中说："教，上所施，下所效也[①]。""育，养子使作善也[②]。""教"与"育"二字合成"教育"一词，在我国最早见于《孟子·尽心上》。"父母俱在，兄弟无故，一乐也；仰不愧于天，俯不怍于人，二乐也；得天下英才而教育之，三乐也。"此句中，"教育"已经有"培养人的活动"这个意思了。但在古汉语中，"教育"多以"教"或"学"表示整个教育活动。因此，人们对"教"的理解就自然代表了对整个教育的理解，即教育就是施教者有组织、有纪律地对受教育者授以文化知识和技能体系。

1902年，"教育"一词开始成为汉语系统中的一个常用词，我国出现了以"教育"为题的专论，至此，"教育"成为一个专有名词。

（二）西方的理解

在西方，"教育"一词的英文是"education"，德文是"erziehung"。它们均源自拉丁文"educere"，这个词由"e"和"ducere"构成，"e"指从某个地方出来，"ducere"指引导，二者合起来就是引导或启发之意。从词源上说，外文中的"教育"一词含有"内发"之意，强调"教育是一种顺其自然的活动，旨在把自然人所固有的或潜在的素

[①] 许慎. 说文解字[M]. 苏州：江苏古籍出版社，2001：69.
[②] 许慎. 说文解字[M]. 苏州：江苏古籍出版社，2001：310.

质自内而外引发出来，成为现实的发展状态[①]"。

二、教育的起源

教育从何而来，为了谁？将向何处去？这是对教育本质的寻觅，也是对教育起源的追问。寻找教育的起源问题，就是运用历史的方法追寻教育的最初生长点和贯穿于整个人类社会历史的基本形态。研究教育的起源问题，有助于教育研究者对人类教育史和教育起源的完整认识。教育是人类最古老的活动之一，作为一个重大的教育理论问题，教育起源问题在历史上曾经有过以下几种观点，即生物起源说、心理起源说、劳动起源说、双重需要说。

（一）生物起源说

生物起源论者认为，人类的教育源于动物界中各类动物的生存本能活动。这种观点最具代表性的人物当属法国的社会学家、哲学家利托尔诺和英国的教育家、哲学家、科学家托马斯·沛西·能。利托尔诺在其所著的《动物界的教育》一书中认为："教育是一种生物现象，教育起源于一般的生物活动。"他根据对动物生活的观察得出结论，认为在人出现以前，动物界就已经存在教育，如母隼教幼隼、母鸭带雏鸭、母熊教幼熊、雌象教幼象、老兔教小兔等，他把教育过程理解为按生物学规律完成的本能过程。

生物起源论者认为教育的起源是动物的本能行为，是天生的、像其他动物本能那样原本就具有的生物行为，教育过程是按生物学规律进行的本能过程，这完全否认了人与其他动物的区别，否认了教育的社会性。

（二）心理起源说

心理起源论者认为，教育起源于儿童对成人无意识的模仿。心理起源说的主要代表人物是美国教育家孟禄。孟禄在其所著的《教育史教科书》中，从心理学的观点出发，根据原始社会没有学校、没有教师、没有教材的史实，分析得出教育应起源于儿童对成人无意识的模仿。他在书中写道："原始社会的教育普遍采用的方法是简单的无意识的模仿。"在这种原始共同体中，儿童对年长成员的无意识模仿就是最初的教育的发展。

教育的心理起源论者纠正了生物起源论的错误，提出模仿是教育起源的新说，有其合理的一面。模仿作为一种心理现象和一种学习方式，可被视作教育的诸种途径之一。但孟禄的错误在于他认为所有教育都是无意识状态下产生的模仿行为，忽略了人的一切活动都是在意识支配下产生的具有目的性的行为。

[①]《教育学原理》编写组. 教育学原理 [M]. 北京：高等教育出版社，2020：42.

教育的生物起源论和心理起源论从不同角度揭示了教育的起源，但他们的共同缺陷是都否认了教育的社会属性和目的性，否认了教育是一种有意识的活动，把动物本能和儿童无意识的模仿同有意识的教育混为一谈，因此都是不正确的。

（三）劳动起源说

劳动起源说的代表人物主要是米丁斯基、凯洛夫等教育学家。教育的劳动起源学说是在批判生物起源说和心理起源说的基础上，在历史唯物主义的指导下产生的，它的理论依据和方法论基础是恩格斯的《劳动在从猿到人转变过程中的作用》。书中指出："劳动是整个人类生活的第一个基本条件，劳动创造了人本身；劳动是教育产生的基础。"人类教育起源于劳动或劳动过程中所产生的需要，以制造和利用工具为标志的人类劳动不同于动物的本能活动，前者是社会性的，因而教育是人类特有的一种社会活动；教育产生于劳动是以人类语言意识的发展为条件的，教育从产生之日起，其职能就是传递劳动过程中形成的社会生产经验和生活的经验；教育范畴是历史性与阶级性的统一。

三、教育的含义

什么是教育？古今中外众多教育家从不同角度对此做过解释。回顾和分析这些解释，有助于我们准确地理解教育的基本含义。

（一）中外教育家对"教育"的论述

1. 我国教育家对"教育"的论述

我国古代儒家经典《中庸》中这样记载："天命之谓性，率性之谓道，修道之谓教。"其意思是："什么是教育呢？修正自己的行为，把它改过来，这就是教育。因此，教育就是'修道'。"

《论语》中记载："道之以正，齐之以刑，民免而无耻。道之以德，齐之以礼，有耻且格。"也就是说，用政令来治理百姓，用刑法来整顿他们，老百姓只求能暂时免于罪过，但是却没有廉耻之心。如果用道德引导百姓，用礼教去教化他们，百姓不仅有廉耻之心，还会纠正自己的错误。因此，教育是提高人的整体素养和社会文化程度的手段。东汉许慎在《说文解字》中提出："教，上所施，下所效也"，表明上行下效和身教的重要性；"育，养子使作善也"，表明"育"的核心在于培养孩子的善良的品质。因此，教育就是要引导人向善。

可见，我国自古以来对教育的论述基本都聚焦于"道""德""善"，都指向人之德性，将人向善的方向进行引导和教化。

1922年，蔡元培在《教育独立议》一文中指出："教育是帮助被教育的人，给他能发展自己的能力，完成他的人格，于人类文化上能尽一分子的责任；不是把被教育的人造成一种特别的器具，给抱有他种目的的人去应用的[①]。"杨贤江从教育起源的角度出发，提出教育是"帮助人经营社会生活的一种手段"。他说："自有人生，便有教育。因为自有人生，便有实际生活的需要[②]。"

综上所述，我国近代之后对教育的认识发生了巨大变化，开始将教育作为人类社会独立的社会活动。

2. 外国教育家对"教育"的论述

古希腊思想家苏格拉底认为，教育"使人得到改进"。人天生是有区别的，但不管这种区别有多大，教育能使人得到改进。

亚里士多德认为，教育是"形成人的理性"，从而使天性、习惯和理性协调统一。他把人的灵魂分成三种——植物性灵魂、动物性灵魂和理性灵魂，必须使三种灵魂在理性的领导下和谐共存，人才能成为人。柏拉图认为，教育过程就是理智控制欲望的过程。在这个过程中，教育者要做的就是通过一定的方式帮助儿童提升智力水平，唤醒儿童知晓知识的意识形态。

柏拉图认为，教育的主要作用是引导，要把人的天赋能力引导出来。捷克教育家夸美纽斯认为，教育是对人的理性的教导。德国教育家赫尔巴特认为，教育就是使性格向道德的方向发展。美国教育家杜威认为，教育即生活、即生长，即经验的改造或改组。

这些关于教育的各种论述，为我们进一步认识教育、理解教育提供了阶梯。

（二）教育的定义

究竟什么是教育？从本章对教育词源和起源分析，以及古今中外教育家对教育的论述和分析可知，一切以培养人为目的而有意识地组织起来的活动都是教育。教育就是在传递生产经验和社会生活经验的过程中产生的，传递生产经验和社会生活经验的目的是培养人，提升人的生存和生活质量。所以，教育产生之初的使命便是培养人。随着社会的发展，教育要传递的经验越来越丰富、越来越多元，而无论社会如何发展，无论传递的经验如何丰富、如何多元，"培养人"这个教育使命是不会变的，因为培养人就是教育的本质。概而言之，教育就是有意识地组织起来传递经验与文化，从而培养人的活动。

一般而言，教育有广义和狭义之分。广义的教育指"增进人的知识和技能、发展人的智力和体力、影响人的思想和品德的活动[③]"，它包括社会教育、学校教育和家庭教育。可以说处处有教育、时时有教育，教育广泛存在于人的一切活动中。狭义教育主要指学校教育，其含义是"教育者根据一定社会（或阶级）的要求，有目的、有计划、有

---

① 高平叔.蔡元培教育论著选 [M].北京：人民教育出版社，2011：394.
② 中央教育科学研究所，厦门大学.杨贤江教育文集 [M].北京：教育科学出版社，1982：414.
③ 中国大百科全书出版社编辑部.中国大百科全书·教育卷 [M].北京：中国大百科全书出版社，1985：1.

组织地对受教育者的身心施加影响，把他们培养成为一定社会（或阶级）所需要的人的活动①"。

四、教育的要素

教育的要素就是构成教育这种活动必不可少的因素，但凡少了一个，教育就不复存在。那么，它们究竟是哪些呢？

如前所述，教育就是通过传递经验，实现培养人这一目的的活动。首先，这个传递经验的主体是谁呢？是教育者。其次，这些经验要传递给谁呢？传递给学习者。最后，教育者要传递经验，学习者要学习和接受经验，那么，传什么、学什么，怎么传、怎么学，在哪传、在哪学，这些教育的内容和教育活动的方式就是教育影响，教育影响也是构成教育活动的一个重要的要素。因此，教育的构成要素分别是教育者、学习者和教育影响。

其中，教育者在教育活动中是教的主体，是教育活动的主导者，是构成教育活动的支撑性要素。教育是教育者有目的、有计划、有组织地向受教育者传递生产经验和社会生活经验，使其得到培养的活动。因此，离开了教育者，教育活动也就不存在了。学习者是教育的对象，在教育活动中是学习和发展的主体。教育是因为人学习和发展的需要而产生的，学习者是构成教育活动的驱动性要素，离开了学习者，教育活动便难以发生和展开。教育影响是教育者和受教育者进行教育活动的中介和桥梁，没有教育影响的中介作用，教育者和学习者就失去了产生联系的载体和途径。

第二节　教育的历史发展

任何事物都有一个产生、发展的过程，教育也不例外。教育自产生至今，历经了不同历史阶段，且由于不同阶段存在着生产方式和社会文化的差异，教育也随之呈现出了不同的性质和特征。

一、原始社会的教育

原始社会是人类社会的最初形式，也是一个漫长的历史阶段，大约经历了百万年之久。在此阶段，人类社会的生产力水平低下，没有剩余产品，没有私有制，没有剥削。原始社会的这种社会状况和生活方式决定了原始社会的教育具有以下特征。

---

① 中国大百科全书出版社编辑部. 中国大百科全书·教育卷[M]. 北京：中国大百科全书出版社，1985：1.

（一）无阶级性

没有阶级区别，没有剥削，没有私有，人人参加生产劳动，平均分配劳动成果，这就决定了原始社会的教育没有阶级性。每个社会成员都可以接受教育，教育是平等的、普及的，只是根据年龄、性别的不同进行不同的教育而已，如男孩以学习狩猎、农耕、渔牧为主，女孩以学习采集、家务、纺织为主。原始社会时期是历史上唯一一个教育没有阶级性的时期。

（二）教育与生产劳动、社会生活融合在一起

由于生产力水平的极度低下和人们生活环境的极度简单，教育没有从生产和生活中分化出来，人们基本处于一种过什么生活便受什么教育的状态。例如，今天狩猎，教育的内容就是狩猎；明天农耕，教育的内容就是农耕。

（三）教育内容简单，教育方法单一

由于这个时期在社会生活和生产劳动中积累的可供传递的经验很少，所以教育的内容十分简单，教育的方法也很单一，只限示范、口耳相传等直观性的教学方式。

二、古代社会的教育

古代社会包括奴隶社会和封建社会两种社会形态。与原始社会相比，这两个社会历史阶段的生产力有了巨大的进步，并出现了社会阶级的划分，教育也获得了极大的发展，并完全为统治阶级所把持。两个社会历史阶段的生产力发展水平和政治经济状况虽各不相同，但相同的剥削阶级社会形态、类似的落后生产工具、手工操作的劳动方式、自给自足的自然经济形态，使两个社会历史阶段的教育存在着一些共同的特征。

（一）出现了专门的教育机构和专职的教育人员

原始社会末期已经开始出现了私有制的萌芽，进入奴隶社会，生产力的进一步发展、社会分工的逐步推行、剩余产品的出现，让一小部分人有机会脱离劳动，专门从事一些管理和教育的活动，从而使社会上出现了脑力劳动和体力劳动的分工，这推动了生产力的发展，催生了文字的出现，也促进了奴隶社会与国家的形成和发展。在这个过程中，出现了专门从事教育工作的人员，产生了学校。据可查证的资料显示，人类最早的学校出现在公元前 2500 年左右的埃及。我国在夏朝已有名叫"庠""序""校"的教育机构；到了殷商和西周，又有"学""瞽宗""辟雍""泮宫"等学校。

（二）具有鲜明的阶级性与严格的等级性

自从产生了学校和学校教育，教育就不再是人人都可以享有的活动了。只有摆脱了

体力劳动的贵族阶级才拥有受教育的特权，教育具有鲜明的阶级性。在我国，夏、商、周三代的文教政策为"学在官府"，只有奴隶主及其子弟才能享受学校教育，劳动人民子弟被排斥在学校大门之外，只能接受自然形态的非形式化教育。在西方，古希腊斯巴达和雅典的学校专为贵族阶级而设，古埃及的宫廷学校只收王孙贵族子弟入学。劳动人民只能在生产和生活中通过长者和师傅的言传身教，接受自然形态的教育。到了封建社会，各国教育在阶级性的基础上又加上了鲜明的等级性。例如，统治阶级子弟也要按家庭出身、父兄官职高低进入不同等级的学校。学校的等级与出仕授官、权力分配等紧紧联系在一起，教育具有严格的等级性。

（三）文字的发展和典籍的出现丰富了学校教育的内容

学校产生的条件之一是文字的出现。古代人民在生存中总结了各种应对自然状况的经验并用文字记载下来。随着文字的不断发展和典籍的不断积累，有关天文、几何、算术、医学、工程建筑等方面的专门知识逐渐丰富并形成独立的学科。此外，还产生了文法学、发音学、音韵学等分支。在神庙学校，除了教授普通的知识，如文字书写、语言、计算、几何、天文等学科的初步知识外，还传授神学、巫术、占星术、法律、医学、建筑、数学、历法等比较高深、专门的学科知识。古希腊时期，柏拉图的学园的课程简称"四艺"，即算术、几何、天文学和音乐理论。古罗马时期，修辞学校的课程称为"十艺"，即修辞学、哲学、法律学、希腊语、数学、天文学和音乐，后来又加入罗马史，教学内容不断丰富。中国古代的教学内容由"六艺"演变为"四书""五经"。

（四）学校教育与生产劳动相脱离

自从有学校和学校教育后，不管是教育者，还是学习者，都具有贵族身份，他们都没有进行过生产劳动，其教育活动也完全脱离了生产劳动，此时的教育具有非生产性。因此，可以说教育和生产劳动相脱离始于奴隶社会，而且这种脱离一直存在于整个古代教育时期。教育与生产劳动的严重脱离体现了中国古代教育的特点。

三、现代社会的教育

1640年，英国爆发了第一次资产阶级革命，开启了社会现代化的进程。伴随着接连不断的政治革命和工业革命的发生，人类进入现代社会，现代社会是资本主义社会与社会主义社会并存的时代，此阶段的教育主要具有以下几个特征。

（一）教育普及化

资本主义生产，尤其是机器大工业生产的兴起，使社会对劳动力的需求急增，让受教育的对象进一步扩大，促进了普及教育的发展。1619年，德意志魏玛邦率先颁布了学校法令，开启了普及教育的第一步。随着普及教育政策的提出，新的问题出现了：受教育的对象越来越多，过去传统的"一对一"和"一对多"的教学组织形式无法满足教育的需求。为满足社会需要，"一对多"——一个教师可以同时教很多个学生的班级授课制便应运而生了。

（二）教育与生产劳动相结合

进入现代社会以来，教育在世界各国都被置于先行发展的地位，尤其是现代化工业大生产要求劳动者必须具有一定程度的科学文化素质，而且，随着工业革命的发生和发展，教育越来越成为国家的关注的重点。因此，与古代教育和生产劳动相脱离不同，现代教育越来越注重与生产劳动的紧密融合。

总之，在教育发展的历史上，教育经历了从原始社会时期"和生产劳动融为一体"到奴隶社会时期的"和生产劳动相脱离"，再到资本社会时期的"和生产劳动紧密融合"的"合—分—合"的发展历程。

（三）教育实施的法制化和民主化

资本主义社会在普及义务教育的初期所实行的义务教育，是通过制定法律来推进和保障的。发达的资本主义国家无一例外都是通过立法推进义务教育的。早期推行的义务教育并非免费，后期其实践经验证明：实行免费制是普及教育的保障。因此，世界各国在现代化过程中共同的做法是通过法律规定实行免费的义务教育。现代教育最显著的发展特征表现为教育的民主化，普及教育虽然在启动的阶段是以强迫的方式推进的，但是随着义务教育年限的延长和民主精神的深入人心，教育的义务观逐渐转变为权利观。进入20世纪，"教育机会均等"表现为人人有入学的机会。时至今日，有些国家不但中小学教育得到了普及，高等教育也在朝着普及化的方向迈进。各级各类教育之间的界限被打破，"教育机会均等"已经不仅意味着可以上学，教育民主化追求的是平等、高质量的教育和适合个体个性特征的教育。教育民主化追求趋向个人学习权益的保障和终身学习的实现，人们不仅追求入学机会的平等，还要求过程的自由和结果的高质量。

（四）教育日益显示出开放性和整体性

古代的学校教育是一个封闭的教育系统，与外界社会相隔离，而现代教育打破了场所的限制，出现了许多教育补充形式或新形式，如夜校、函授教育、远程教育等。现代教育的开放性不仅表现为制度上和组织形式上逐步突破封闭性，而且表现为课程内容、教学方法、教育途径等方面也不再是封闭的。在逐步开放化和信息化的社会中，学生接受教育的渠道也大大拓宽，这些渠道从不同的角度开拓着青少年的视野，影响着他们的价值观、人生观、兴趣和个性的发展，成为重要的教育途径。现代教育作为一个系统，其整体性也越来越强。在纵向上，这种整体性表现为大、中、小、幼各个学段的一体化；在横向上，这种整体性表现为各类教育之间的协同化。

第三节　教育学的产生与发展

自从产生了学校和学校教育后，教育活动越来越复杂，统治阶级越来越意识到教育的重要性，于是关注教育、研究教育的人越来越多，逐渐形成了一支规模化、专业化的研究队伍。在这支研究队伍坚持不懈的努力下，教育学应运而生。教育学，顾名思义，是研究教育的科学，再具体一点，它就是一门研究教育现象、教育问题，揭示教育规律，指导教育实践的科学。研究教育与人的成长、发展之间的关系是教育学永恒的主题。换言之，教育学的研究一定要关注人，不能脱离对人的认识而单纯进行。所以，也可以说教育学是人学，学习和研究教育的人，眼里、心里一定要有人，这个人就是学生。具体而言，教育学的发展经历了从萌芽、独立、多样化发展和理论深化四个漫长历史阶段。

一、萌芽阶段

教育成为人类独立的社会活动后，伴随着教育实践的不断发展和教育经验的日益增多，一些哲学家、思想家开始高度关注教育、研究教育，对教育也有自己独特的观点。如中国古代的教育家孔子、孟子、荀子等，以及西方的教育家苏格拉底、柏拉图、亚里士多德、昆体良等，他们对教育的看法多数都寓于他们的哲学或政治学观点中。严格来说，这个时期还没有真正的教育学，因此，我们把这个时期称为教育学的萌芽时期。

（一）古代中国

1. 孔子与《论语》

孔子是我国古代杰出的思想家、教育家，他在教育史上的贡献是多方面的。孔子开启了中国"私学"的先河，改变了"学在官府"的局面，成为"百家争鸣"的先驱。他实行"有教无类"，扩大了受教育者的范围，使文化教育下移到了平民阶层。孔子从教40余年，编订了《诗》《书》《礼》《乐》《易》《春秋》作为学习和考试的教材，保存了中国文化。他将从教40年的宝贵经验总结成了重要的教学原则，如"学而不思则罔，思而不学则殆"的"学思行"结合的教学理论、"不愤不启，不悱不发"的启发式教学原则、"闻斯行诸"的因材施教原则、"温故而知新"的巩固性原则、"力行近乎仁"的知行统一的德育原则等。他的教育教学的观点都汇集在《论语》一书中。

2.《学记》

在人类历史上，最早出现专门论述教育问题的著作是我国的《学记》。它是儒家思孟学派约于战国末期撰写的，比国外最早的教育著作——古罗马教育家昆体良的《雄辩术原理》一书还早300多年。《学记》是我国古代教育经验和儒家教育思想的高度概括，全文共1229个字，对古代教育的作用、学校教育制度、教学原则和方法、师生关系等问题均做了精辟论述，其提出的"教学相长""长善救失""豫时孙摩""臧息相辅"等教育教学的原则和理念至今对我们的教育教学仍有指导意义。

除《论语》《学记》之外，中国古代的其他哲学家、思想家也在他们的政治、哲学等思想中对教育问题进行了论述，如《孟子》《荀子》《道德经》《师说》，以及后来程朱理学代表人物的著作，都有对教育的丰富认识和精辟见解。

（二）古代欧洲

1. 苏格拉底与"产婆术"

古希腊著名的哲学家、教育家苏格拉底在教育理论上的最大贡献就是苏格拉底教学法，亦称"产婆术"，他是西方最早应用"启发式"进行教学的教育家。苏格拉底认为教育的目的是培养治国人才，教育的首要任务是教人"怎样做人"，他提出"教人道德就是教人智慧""智慧就是最大的善[①]"等观点。在教学方法上，他运用问答法，即通过与对方共同讨论、不断提问，使对方认识并承认自己的错误，自然而然地获得正确的结论。这种教学方法遵循从具体到抽象、从个别到一般、从已知到未知的规律，对后世的教学法产生了深远的影响。

2. 柏拉图与《理想国》

柏拉图是西方客观唯心主义的创始人，他认为世界是由"理念世界""现象世界"组成的，宇宙的本原不是物质，而是精神性的理念。柏拉图认为"理念世界"是一座完美的"金字塔"，其中最高的理念是善的理念。柏拉图根据其理念世界的金字塔，设计了一个由执政者、卫国者和生产者组成的等级森严的理想国，这三类人各安其位，各尽其责，互不逾越本分。柏拉图是西方教育史上第一个提出完整的学前教育思想并建立了完整的教育体系的人，他规定了不同阶级的人的不同教育内容。另外，柏拉图从他的哲学思想出发，提出"认识就是回忆"，学习并不是从外部得到什么东西，而是回忆灵魂中已有的知识，并将其作为教学理论的哲学基础。

3. 亚里士多德的灵魂说与"和谐教育"

亚里士多德是古希腊百科全书式的学者，他认为人的灵魂由三部分构成，即植物性灵魂、动物性灵魂和理性灵魂。与之相对应，应有三方面的教育——体育、德育、智育，教育的目的在于对儿童进行德、智、体、美多方面的教育。他依据教育要适应儿童自然天性发展的思想，以7年为一个阶段划分了教育的年龄分期，对各年龄阶段教育的

[①] 色诺芬. 回忆苏格拉底 [M]. 吴永泉，译. 北京：商务印书馆，2009：139.

要求、组织、内容和方法等具体实施提出具体意见，要求成人应根据儿童的年龄特征对其进行教育。亚里士多德是最早提出教育要适应儿童的年龄阶段特点的人，他还提出了"和谐教育"的观点。

4. 昆体良与《雄辩术原理》

昆体良是古代罗马著名的教育家，他的《雄辩术原理》（又称《论演说家教育》或《论演说家的培养》）被称为西方历史上第一本研究教学法的书，该书将学习概括为"模仿—理论—练习"三个阶段。昆体良提出教育的目的就是培养雄辩家，并十分重视雄辩家的道德品质。同时，他也非常重视学前教育，在教育史上第一次提出了双语教育问题，希望儿童先学希腊语，再学拉丁语。昆体良在教学论方面提出了许多独到的见解，对后世影响较大。

上述教育家的教育思想以及一些重要的著述都为教育学的产生和发展奠定了坚实的基础。但是，总的来看，萌芽阶段的教育学还没有从哲学、伦理学、政治学中分离出来，没有形成一门独立的学科，只表现为不成系统的教育思想和教育观点，缺乏理论上的思考和经验上的总结。

二、独立阶段

随着近代生产和科学的发展，资产阶级为了培养他们所需要的人才和阐明他们的教育主张，致力于革新教育的举措与方法，促使教育得到了很大的发展。1623 年，弗朗西斯·培根发表了《论科学的价值和发展》一文，首次在科学分类中将教学的艺术作为一个独立的学科领域划分出来，标志着教育学从此在科学体系中有了独立的学科地位。同时，在以夸美纽斯、卢梭、赫尔巴特等为代表的教育家的不懈努力下，教育学开始从哲学和其他学科中分离出来，逐渐成为一门独立的学科。

（一）夸美纽斯与《大教学论》

夸美纽斯是 17 世纪的捷克教育家，是人类教育史上里程碑式的人物，其代表作《大教学论》（1632）是近代最早的一部教育学著作，该书被看作教育学走上独立发展道路的标志，夸美纽斯也因此被称为"教育学之父"。他提出普及初等教育和建立统一学校的问题；主张建立适应学生年龄特征的学校教育制度；论证了班级授课制度；规定了广泛的教学内容；提出了教学的便利性、彻底性、简明性与迅捷性的原则；高度评价了教师的职业，强调了教师的作用，曾经赞誉教师为"太阳底下最光辉的职业"。

（二）洛克与《教育漫话》

洛克是英国著名的哲学家、教育家，著有《教育漫话》（1693）一书。洛克倡导教育的目的是培养绅士，绅士必须是身体健康、有德行、有用、能干的人，具有道德、智慧、礼仪和学问。在教育作用上，洛克主张教育万能，他提出"白板说"，把儿童的天性比作没有痕迹的白板，可以由人随意地去涂写和塑造。在论述教育的内容时，他第一次把教育的三大部分——德、智、体做了明确区分。洛克特别重视德育，在德育方面，他强调环境对教育的巨大作用，强调德行比学问重要，否认了天赋观念。在德育方法上，他强调早期教育、行为习惯和选择榜样，不主张使用体罚。在智育方面，洛克主张学习实际有用的知识。洛克的《教育漫话》体现了一种世俗的现实主义教育思想，在近代西方教育理论的形成和发展中占有重要的地位，是教育学形成时期的重要著作之一，对17—19世纪英国传统教育模式的形成产生了重要的影响。同时，洛克的绅士教育思想也是18世纪法国唯物主义教育思想、自然教育思想和德国理性主义教育思想的重要来源之一。

（三）卢梭与《爱弥儿》

卢梭是西方历史上最有影响的思想家、教育家之一，其著作《爱弥儿》（1762）是继《理想国》之后，西方最完整、最系统的教育论著，在教育史上引起了一场"哥白尼"式革命。《爱弥儿》反映了自然主义教育的思想，其基本观点是主张教育要遵循儿童的自然本性，根据不同年龄阶段儿童的身心特征和个体差异进行教育；教育的目的在于培养"自然人"，即能适应资本主义生产关系需要的身心和谐发展的人；教育原则和方法应"模仿自然"；在德育上实行"自然后果法"。以卢梭为代表的自然教育理论深刻地体现了时代精神，他的理论第一次系统地论证了儿童的生理、心理特点在教育中的重要地位，并把它作为教育的出发点和依据，要求教育尊重儿童的年龄特征和天性。

（四）赫尔巴特与《普通教育学》

赫尔巴特是德国著名的教育家，他为实现教育学的科学化做出了极大的努力与卓越的贡献，其著作《普通教育学》（1806）是现代第一本教育学著作，标志着教育学已开始成为一门独立的学科。赫尔巴特最早在伦理学的基础上建立了教育目的论，最早在心理学基础上建立了教育方法论。他提出"明了、联想、系统、方法"四段教学法，提出"教学的教育性原则"，被誉为"现代教育学之父"。同时，他强调教师的权威作用和中心地位，形成了传统教育"教师中心、教材中心、课堂中心"的观点，又被称为传统教育学派的代表人。此外，赫尔巴特还强调教学过程是知、情、意统一的过程，提出教育目的是为了培养良好的社会公民。

（五）康德与《康德论教育》

在教育学的创立问题上，德国著名哲学家康德的贡献是不可磨灭的。康德在哥尼斯堡大学期间，先后四次讲授教育学，并在晚年将自己的有关教育的讲稿交给学生编纂发表。1803年，《康德论教育》一书出版，康德力图通过教育实现他的哲学理想，改造社会。康德认为，人的所有自然禀赋都有待发展，"人是唯一需要教育的动物"，教育的根本任务在于充分发展人的自然禀赋，使人人都成为本来的自我，得到自我完善。

总的来说，这一阶段的教育学有以下几个特点：第一，形成了专门的教育概念和概念体系；第二，教育问题成为一个专门的研究领域；第三，有了科学的研究方法；第四，出现了系统的教育学著作；第五，产生了专门的教育研究机构。

三、发展多样化阶段

随着各国教育实践的不断发展和来自教育学内部的批判，教育学在19世纪末以来得到了迅速的发展，进入了多样化的发展阶段，出现了许多新的教育学流派和重要的教育学著作。其中，实证教育学、实验教育学、文化教育学、实用主义教育学和马克思主义教育学等占据重要地位。

（一）实证教育学

实证教育学的代表人物斯宾塞是英国著名的实证主义哲学家、社会学家和教育家。他于1860年发表了《教育论》，这本书由四篇论文组成。在该书中，他提出了教育的任务是教导人们怎样生活，他主张启发学生的自觉性，反对形式主义的教学。斯宾塞开创了用实证的方法研究教育的先河，使教育学的科学化向前迈进了一步。

（二）实验教育学

20世纪初，欧美的教育学者利用实验、统计和比较的方法研究教育问题，1901年，德国的梅伊曼首次提出"实验教育学"。随后，德国教育家拉伊的《实验教育学》（1903）完成了对实验教育学的系统论述。实验教育学反对传统教育学思辨式和经验式的研究方法，重视研究儿童发展与教育的关系，重视实验，并强调从实验的结果中寻找教育的途径和方法。"实验教育学所强调的定量研究成为20世纪教育学研究的一个基本范式，近百年来得到了广泛的应用和发展，极大地推动了教育科学的发展[1]。"但实验教育学也有一定的局限性，它片面强调儿童的生物性，忽视了社会因素，过分推崇实验方法，将实验方法视为教育研究的唯一方法，走上了"唯科学主义"的迷途。

（三）文化教育学

文化教育学又称"精神科学教育学"，是19世纪末出现在德国的一种教育学。它是针对科学主义的实验教育学和理性主义的赫尔巴特式教育学提出的。其代表人物有狄尔泰、斯普朗格等，代表作有狄尔泰的《关于普遍妥当的教育学的可能》、李特的《职业陶冶、专业教育、人的陶冶》、斯普朗格的《教育与文化》等。文化教育学的基本观点

---

[1] 全国十二所重点师范大学. 教育学基础[M]. 北京：教育科学出版社，2002：19.

包括四个：第一，人本来就是一种文化的存在，而人类历史是一部翔实的人类文化史；第二，文化教育学提出，由于教育的对象是人，而教育是在特定的人类社会历史背景下进行的，所以就不能采用赫尔巴特的纯粹的理性主义的"概念思辨"，也不能依靠科学主义的"教育实验法"的数量统计来进行，而应该用文化科学的方法，即理解、解释的方法进行；第三，教育的最终目的是培养完整的人格，主要途径是"陶冶"和"唤醒"，要在陶冶自己的人格和灵魂、唤醒人的精神与生命活力的过程中实现。文化教育学深刻影响了德国乃至世界20世纪的教育学发展，它力图从文化或精神科学的角度来探索人以及人的教育问题，在教育的本质、教育的目的等问题上给人以启发。

（四）实用主义教育学

19世纪末20世纪初，美国教育学家杜威创立了实用主义教育学。他提出了三个重要的教育原则："教育即生活"、"学校即社会"和"做中学"。关于教育，他提出"教育即生长，教育即生活，教育即经验的不断改造"。他反对以赫尔巴特为代表的传统教育学派在教育过程中所坚持的"教师中心""课本中心""课堂中心"，提出了"儿童中心""经验中心""活动中心"的观点。他强调"做中学"，提出了"创设情境、确定问题、提出假设、确定假设、验证假设"的"五步教学法"。

杜威的这些主张强调了学校与社会生活的联系，要求尊重儿童心理发展水平，适应了20世纪前半期美国社会的变化，也对世界教育改革起到了推动作用。但由于其理论过于强调以儿童、活动、经验为中心，忽视了系统知识的传授和教师的主导作用等，因此其理论主张带有狭隘的经验主义的色彩。

（五）马克思主义教育学

马克思主义教育学是以苏联和中国为代表兴起的教育学流派，包括马克思主义经典作家的教育思想，以及后人将马克思主义的基本原理运用于教育科学的研究结果。马克思主义教育学的代表人物及作品主要有凯洛夫的《教育学》、马卡连柯的《教育诗》和杨贤江的《新教育大纲》。

苏联著名教育学家凯洛夫于1939年出版的《教育学》，是世界上第一部马克思主义的教育学著作。这本书系统地总结了苏联20世纪二三十年代的教育经验，批判地吸收了教育史上教育家的思想，是一本试图以马克思主义的观点和方法阐明社会主义教育规律的教育学著作，在苏联和我国都产生了广泛的影响。苏联教育学家马卡连柯在流浪儿童和少年违法者的教育改造工作方面做出了杰出的贡献，集体主义教育是马卡连柯教育思想体系的重要方面，其代表作有《教育诗》等。

我国教育理论学家杨贤江是我国第一个以马克思主义为指导研究教育问题的人，他于1930年出版的《新教育大纲》是我国第一本以马克思主义为指导的教育学著作，为中国的马克思主义教育理论奠定了基础。

概括地说，马克思主义教育学的基本观点主要为：教育是一种社会历史现象，在阶级社会中具有阶级性；教育起源于社会性生产劳动；教育的根本目的是促使学生的全面发展；培养全面发展的人的唯一方法是将教育与生产劳动相结合；教育一方面受政治、经济、文化的制约，另一方面又反作用于它们，具有促进社会政治、经济、文化发展的巨大作用。马克思主义为教育学的发展奠定了科学的世界观和方法论基础，使教育学走向科学化发展的新阶段。

四、理论深化阶段

自20世纪60年代以来，由于科学技术的迅猛发展，人力资源的开发和运用成了提高生产效率和发展经济的主要因素，引起了世界性的新的教育改革，促进了教育学的发展，教育学进入了理论深化发展的阶段，出现了以下的教育理论。

（一）发展性教育理论

苏联教育家赞科夫是发展性教育理论的代表人物，其代表作《教学与发展》的理论核心是"以最好的教学效果使学生达到最理想的发展水平"，其提出了发展性教学理论的五条教学原则，即高难度、高速度、理论知识起主导作用、理解学习过程，并使所有学生（包括差生）都得到一般发展的原则。

（二）结构主义教学理论

美国教育家布鲁纳是结构主义教学理论的代表人物，其代表作《教育过程》提出了结构主义教学理论，强调使学生学习一门学科的基本结构，倡导发现教学法，主张培养学生的直觉思维、科学兴趣和创造力。

（三）范例教学理论

德国教育家瓦根舍因是范例教学理论的代表人物，其著作《范例教学原理》创立了范例教学理论。所谓范例教学法，是指教师在教学过程中选择基础的知识作为教学内容，通过"范例"内容的讲解，使学生达到举一反三，并掌握同一类知识的方法。运用此法的目的在于使学生独立学习，而不是要学生复述式地掌握知识，要使学生所学的知识能迁移到其他方面，进一步发展所学的知识，以改变学生的思维方法和行动能力。

（四）全面和谐发展理论

苏联教育家苏霍姆林斯基是全面和谐发展理论的代表人物，其经典著作《给教师的建议》被称为"活的教育学"。

(五) 掌握学习理论

美国教育家布鲁姆是掌握学习理论的代表人物，其经典著作《教育目标分类学》将教育目标分为认知目标、情感目标和动作技能目标三大类。

(六) 教学过程最优化理论

教育过程最优化理论是苏联教育家巴班斯基在20世纪70年代提出来的理论，即在一定的教学条件下寻求合理的教学方案，使教师和学生花最少的时间和精力，获得最好的教学效果。

通过百年来不同的教育学流派，我们可以发现几个规律：第一，教育学的发展总是受到具体的社会政治、经济、文化条件的制约，反映具体的社会政治、经济、文化发展的要求；第二，在教育学的发展过程中，不同的国家形成了不同的教育学传统和风格；第三，教育学的发展得益于不同教育学流派之间的互相批评和借鉴，没有不同教育学流派之间的理论争鸣，就没有现代教育学的发展。

思考与练习

一、单项选择题

1. 在我国，最早把"教"和"育"合成一个词来运用的人是（　　）。
   A. 孔子　　　　　　　　　　B. 许慎
   C. 孟子　　　　　　　　　　D. 韩愈

2. 提出"天命之谓性，率性之谓道，修道之谓教"的文献是（　　）。
   A.《论语》　　　　　　　　B.《中庸》
   C.《大学》　　　　　　　　D.《学记》

3. 按照马克思主义的观点，教育起源于（　　）。
   A. 本能　　　　　　　　　　B. 劳动
   C. 无意识模仿　　　　　　　D. 竞争

4. 教育的基本要素包括教育者、受教育者和教育影响，其中起到桥梁作用的是（　　）。
   A. 教育者　　　　　　　　　B. 受教育者
   C. 教育影响　　　　　　　　D. 教育者和受教育者

5. 教育和生产劳动相脱离始于（　　）。
   A. 原始社会时期　　　　　　B. 奴隶社会时期
   C. 资本主义社会时期　　　　D. 社会主义社会时期

6. 西方历史上第一本研究教学法的书——《雄辩术原理》的作者是（　　）。
   A. 苏格拉底　　　　　　　　B. 昆体良

C. 亚里士多德　　　　　　D. 柏拉图

7. 最早提出"什么知识最有价值"这一经典课程论命题的学者是（　　）。

A. 夸美纽斯　　　　　　　B. 斯宾塞
C. 杜威　　　　　　　　　D. 博比特

8. 俄国十月革命胜利后，专门从事流浪犯罪儿童教育的研究工作，并著有《教育诗》的教育家是（　　）。

A. 克鲁普斯卡娅　　　　　B. 加里宁
C. 马卡连柯　　　　　　　D. 凯洛夫

9. 美国实用主义教育家杜威的代表作是（　　）。

A.《林哈德与葛笃德》　　　B.《普通教育学》
C.《设计教学法》　　　　　D.《民主主义与教育》

10. 提出"教育即生活""学校即社会""教育是生活的过程，而不是将来生活的预备""教育是经验的改造或改组"的理论的是（　　）。

A. 杜威　　　　　　　　　B. 陶行知
C. 陈鹤琴　　　　　　　　D. 夸美纽斯

11. 教育是新生一代成长与社会生活延续和发展不可缺少的手段，为一切人和一切社会所必需，并与人类社会共始终。这句话表明教育具有（　　）。

A. 永恒性　　　　　　　　B. 历史性
C. 阶段性　　　　　　　　D. 生产性

12. 提出"泛智"的教育思想，探讨"把一切事物教给一切人类的全部艺术"的教育家是（　　）。

A. 夸美纽斯　　　　　　　B. 赫尔巴特
C. 赞科夫　　　　　　　　D. 布鲁纳

13. 我国最早记载和阐释孔子"不愤不启，不悱不发"教学思想的著作是（　　）。

A.《学记》　　　　　　　　B.《论语》
C.《大学》　　　　　　　　D.《孟子》

14. 标志着教育学成为一门独立学科的著作是（　　）。

A.《理想国》　　　　　　　B.《教育漫话》
C.《大教学论》　　　　　　D.《爱弥儿》

15. 独立教育学体系的创始人是（　　）。

A. 赫尔巴特　　　　　　　B. 卢梭
C. 康德　　　　　　　　　D. 克伯屈

16. 在教育史上，提出著名的"白板说"和完整的绅士教育理论的学者是（　　）。

A. 夸美纽斯　　　　　　　B. 洛克

C. 裴斯泰洛齐　　　　　　　　D. 赫尔巴特

17. 明确提出"教育永远具有教育性"的教育学家是（　　）。

A. 夸美纽斯　　　　　　　　B. 赫尔巴特

C. 杜威　　　　　　　　　　D. 赞科夫

18. 人类的教育活动与动物的教育活动存在本质区别，这主要表现为人类的教育具有（　　）。

A. 延续性　　　　　　　　　B. 模仿性

C. 社会性　　　　　　　　　D. 永恒性

19. "现在我们教育中将引起的改变是重心的转移……在这里，儿童变成了太阳，教育的一切措施要围绕他们而组织起来。"这一儿童中心理念出自教育家（　　）。

A. 洛克　　　　　　　　　　B. 康德

C. 杜威　　　　　　　　　　D. 培根

20. "只有建立了统一的学校集体，才能在儿童的意识中唤起舆论的强大力量，成为支配儿童行为，并使它纪律化的一种影响因素。"提出这一集体教育主张的教育家是（　　）。

A. 加里宁　　　　　　　　　B. 马卡连柯

C. 凯洛夫　　　　　　　　　D. 苏霍姆林斯基

21. 在科学分类中，首次将教学作为一门独立的学科划分出来的学者是（　　）。

A. 卢梭　　　　　　　　　　B. 培根

C. 康德　　　　　　　　　　D. 洛克

22. 教育的本质特点是（　　）。

A. 影响人的身心发展　　　　B. 促进社会发展

C. 有目的地培养人　　　　　D. 完善人的自身生产

23. 孔子曰："上好礼，则民莫敢不敬；上好义，则民莫敢不服；上好信，则民莫敢不用情。夫如是，则四方之民襁负其子而至矣，焉用稼！"这段话表明孔子的施教内容（　　）。

A. 具有责任性　　　　　　　B. 脱离社会生产

C. 具有全面性　　　　　　　D. 结合社会生产

24. 教育活动中最直接的教育者是（　　）。

A. 学生　　　　　　　　　　B. 学校教师

C. 教材　　　　　　　　　　D. 教材编写者

25. 教育的基本要素中居于教育的主导地位的是（　　）。

A. 受教育者　　　　　　　　B. 教育者

C. 教育内容　　　　　　　　D. 教育手段

26. 赫尔巴特所代表的传统教育思想中，认为师生在教育过程中的地位是（　　）。

A. 学校中心　　　　　　　　B. 学生中心

C. 教师中心 D. 活动中心

27. 在杜威看来，师生在教育过程中的地位为（　）。

A. 课堂中心 B. 学生中心

C. 教师中心 D. 活动中心

二、辨析题

1. 动物界也存在教育。

2. 能增进人的知识和技能的活动就是教育。

3. 教育者在教育活动中起决定作用。

三、简答题

1. 请阐述你对"不愤不启，不悱不发"的理解和认识。

2. 请阐述你对"天命之谓性，率性之谓道，修道之谓教"的理解和认识。

四、思考题

1. 谈谈你对教育劳动起源论的理解。

2. 谈谈你对家庭教育、学校教育、社会教育三者关系的理解。

推荐阅读

1. 夸美纽斯《大教学论》（教育科学出版社，1999年版）

2. 约翰·杜威《民主主义与教育》（人民教育出版社，1990年版）

3. 保罗·费莱雷《被压迫者教育学》（华东师范大学出版社，2011年版）

4. 赫尔巴特《普通教育学》（人民教育出版社，1989年版）

5. 雅思贝尔斯《什么是教育》（人民教育出版社，2001年版）

6. 杨伯峻《论语译注》（中华书局，1980年版）

7. 朱永新《学记评注》（人民教育出版社，2002年版）

参考文献

[1] 许慎. 说文解字 [M]. 徐铉，校定. 南京：江苏古籍出版社，2001.

[2]《教育学原理》编写组. 教育学原理 [M]. 北京：高等教育出版社，2019.

[3] 中共中央马克思恩格斯列宁斯大林著作编译局. 马克思恩格斯文集·第9卷 [M]. 北京：人民出版社，2009.

[4] 高平叔. 蔡元培教育论著选 [M]. 北京：人民教育出版社，2011.

[5] 中央教育科学研究所，厦门大学. 杨贤江教育文集 [M]. 北京：教育科学出版社，

1982.

[6] 中国大百科全书出版社编辑部. 中国大百科全书·教育卷[M]. 北京：中国大百科全书出版社，1993.

[7] 色诺芬. 回忆苏格拉底[M]. 吴永泉，译. 北京：商务印书馆，2009.

[8] 全国十二所重点师范大学. 教育学基础[M]. 北京：教育科学出版社，2002.

[9] 孙培青. 中国教育史[M]. 上海：华东师范大学出版社，2000.

[10] 吴式颖，李明德. 外国教育史教程[M]. 3版. 北京：人民教育出版社，2015.

[11] 王道俊，郭文安. 教育学[M]. 7版. 北京：人民教育出版社，2016.

[12] 柳海民. 教育学原理[M]. 北京：高等教育出版社，2011.

第二章

教育与人的关系

▍**关键词**

教育功能　人的发展　影响因素　个体功能

▍**学习目标**

1. 了解人的发展的含义。
2. 掌握人的发展的特点。
3. 理解影响人的发展的因素,掌握每个因素在人的发展中起到的作用。
4. 在马克思主义哲学的指导下正确理解教育与人的关系。

▍**内容提要**

本章主要介绍了两个方面的内容,即教育功能和教育与人的关系。社会发展和人的发展对教育有制约作用,教育对社会发展和人的发展有反作用,这种反作用通常通过教育的功能来体现。人是开展教育活动的基础,教育活动的实施要考虑人的身心发展的特点,要考虑影响人的身心发展的因素及各种因素的相互作用。教育活动对个体的社会化和个性化的发展体现了教育的个体功能,教育对人的发展起促进作用体现了教育的正向功能,教育对人的发展起阻碍作用体现了教育的负向功能。

思维导图

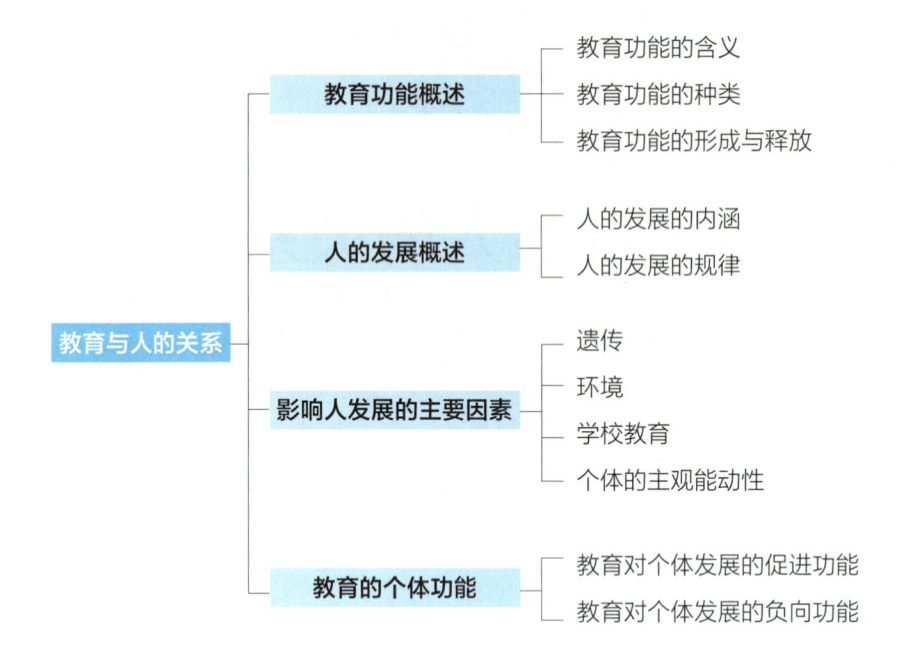

教育与人的关系
- 教育功能概述
  - 教育功能的含义
  - 教育功能的种类
  - 教育功能的形成与释放
- 人的发展概述
  - 人的发展的内涵
  - 人的发展的规律
- 影响人发展的主要因素
  - 遗传
  - 环境
  - 学校教育
  - 个体的主观能动性
- 教育的个体功能
  - 教育对个体发展的促进功能
  - 教育对个体发展的负向功能

教学导入

有这样几个孩子：

一个孩子四岁才会说话，七岁才会写字，老师对他的评语是"反应迟钝，思维不合逻辑，脑子里充满了不切实际的幻想"。

一个孩子不爱上学，上课时心不在焉，像是在做白日梦，学习成绩一塌糊涂。有一次，老师问他1+2等于多少？他的回答是4，看到老师拍桌子后，又说是2，同学们都说："那家伙是呆子！"

一个孩子上小学时总是倒数第一，老师曾半开玩笑半带鼓励地问道："你能不能偶尔也来个第一名呢？"

一个孩子在读小学时擅长打架和讲故事，而学习成绩却是全校倒数第一。

一个孩子在小学毕业时因为成绩不好没有拿到毕业证书，念初一时，因为数学不及格，不得不补考。

一个孩子曾被父亲抱怨是白痴，在众人眼中，他是毫无前途的学生，艺术学院考了三次还考不进去，他叔叔绝望地说："孺子不可教也！"

一个孩子经常遭到父亲的斥责："你放着正经事不做，整天只管打猎、捉老鼠，将来怎么办？"所有的老师和长辈都认为他资质平庸。

而这几个孩子最后却长成了这样一群人：

> 物理学家爱因斯坦；
>
> 科学家牛顿；
>
> 19世纪最有代表性的浪漫主义诗人拜伦；
>
> 英国大文豪司各特；
>
> 中国著名数学家华罗庚；
>
> 雕塑艺术家罗丹；
>
> 生物学家、生物进化论的创始人达尔文。
>
> 这些昔日在师长眼中资质平庸的孩子，长大后却成了杰出的天才，虽然他们早年"愚钝"，可后来却照样取得了光辉的成就，为人类创造了巨大的价值。

第一节　教育功能概述

教育的本质是培养人的社会实践活动。从宏观角度来看，教育是一种社会活动，与其他社会活动相互作用、相互影响；从微观角度来看，教育活动的对象是人，与人相互作用、相互影响。这就形成了教育的两大基本关系，即教育与社会的关系、教育与人的关系。

关系会产生作用与反作用。教育与社会的关系包括其他社会活动对教育的制约作用、教育对其他社会活动的反作用（即教育的社会功能）两个方面；教育与人的关系包括人的发展对教育的制约作用、教育对人的发展的反作用（即教育的个体功能）两个方面。

一、教育功能的含义

功能是指有特定结构的事物或系统在内部和外部的联系中所表现出来的作用，事物内部各组成部分之间相互联系、相互作用，事物整体与其他事物之间也相互联系、相互作用。事物或系统的结构不同，它们具有的功能也不同，生物系统和社会系统都是如此。

教育也是一个系统，具有特定的结构。教育活动要具备教育者、学习者、教育影响三个基本要素。根据教育活动开展的地点，可将教育活动分为社会教育、家庭教育和学校教育三种类型。开展教育活动的不同级别和类别的学校，构成了内部相互联系、相互作用的学校教育系统。教育系统的结构不同，在内部和外部的联系中表现出的功能就不同。教育功能，即教育活动的功效和职能，是教育活动在与个体和社会的联系中表现出来的各种影响和作用。

二、教育功能的种类

可以从不同的角度对教育功能进行划分。根据教育活动作用的对象，可以分为教育的个体功能和教育的社会功能；按照教育活动作用的性质，可以将教育功能分为教育的正向功能（积极功能）和教育的负向功能（消极功能）；根据教育功能的呈现形式，可以将教育功能分为教育的显性功能和教育的隐性功能。

教育的个体功能是教育对个体发展的影响和作用，这种作用由教育活动的内部结构特征决定，发生在教育活动的内部，也称教育的本体功能。教育的社会功能是教育对社会发展的影响和作用，这种作用是教育活动在社会结构中衍生出来的，也称教育的派生功能。

教育的正向功能是教育活动对社会发展和个体发展产生的积极的、良好的影响。教育的负向功能是教育活动对社会发展和个体发展产生的消极的、不良的影响。

教育的显性功能是教育活动依照教育目的在实际运行过程中出现的与教育目的相符合的结果。教育的隐性功能是指教育活动在实际运行过程中伴随显性功能出现的非预期的功能。比如，学校教育的培养目标是要培养人的创新精神和实践能力，可事实上考试在一定程度上阻碍了学生创新精神和实践能力的养成。教育的显性功能和隐性功能并非一成不变，有的隐性功能被人们有意识地开发和利用后，就有可能转化为显性的教育功能。

三、教育功能的形成与释放

教育是专门培养人的社会实践活动。教育功能的形成指的是把人才培养出来，教育功能的释放指的是培养出来的人才能够参与社会实践活动。

人才的培养是个系统工程，是教育实现功能的第一步。在教育活动开始之前，要根据社会需要和人的发展的需要来确定教育目的，在教育目的的指引下开展教育活动，教育活动结束之后，要通过考试或其他方式检验人才培养的结果。

培养出来的人才要走向社会并产生相应的作用，教育功能才真正实现。实现教育功能的释放需要以下四个条件的支持：第一，社会能够为人才提供就业岗位和机会，使其有事可做；第二，人才能够获得与能力相匹配的岗位和机会，人尽其才，不会出现用非所学、学非所用的情况；第三，人才能够获得与其劳动相匹配的报酬；第四，人才能够在其工作岗位上获得发展和进步的机会。

第二节　人的发展概述

一、人的发展的内涵

人的发展是指作为整体的个人在从生命起点到生命终点的全部人生中，在与环境相互作用的过程中，身心产生积极变化的过程。这个定义可以从以下几个方面来理解：从时间层面来讲，人的发展贯穿人的一生；从内容层面来讲，人的发展涉及身心两个方面；从发展方向来讲，人的发展是积极的变化过程。人的发展是与社会实践交织在一起的。

二、人的发展的规律

人的发展有以下四个特点。

（一）定向性和顺序性

人的身心发展是按照一定的方向和顺序进行的，这是由遗传决定的，人的遗传素质的成熟程度影响着人的发展方向和顺序。

人的身体的发展遵循着从上到下、从中间到四肢、从大到小的顺序发展。民间流传的"二抬、三翻、六坐、七滚、八爬、周会走"，说明了人在婴儿期时身体的发展顺序。意思是婴儿两个月时能抬头，三个月时会翻身，六个月时能坐着，七个月时会翻滚，八个月时会爬，一岁时会走路。从抬头到坐、从坐到走，体现了从上到下的发展顺序；从翻身到滚、从滚到爬，体现了从中间到四肢的发展顺序；从大到小指的是儿童肌肉的发展顺序是从大肌肉动作到小肌肉动作。比如，单就小肌肉动作来讲，婴儿在3~6个月大的时候就有了抓握物件的能力，在6~12个月大的时候能将物件由一手交至另一手。

因为人的生长发育有定向性和顺序性的特点，教育者在工作中必须了解并遵循这一规律，了解学生的现有发展水平和未来发展方向，循序渐进，从简单到复杂、从低级到高级、从易到难地施以教育。

如果不尊重人的身心发展的定向性和顺序性，就会给儿童的发展带来不利的影响。"揠苗助长"的故事告诉我们，客观事物的发展有其自身的规律性，做事情要遵循客观规律，循序渐进，稳扎稳打，不能仅靠一时的愿望和热情来做事，好高骛远往往会适得其反。

（二）连续性和阶段性

连续是指一个接着一个。阶段是指事物发展进程中划分的段落。人的发展的连续性和阶段性是指个体的发展是一个分阶段的连续过程，前一阶段为后一阶段的发展打下基础，后一阶段在前一阶段的基础上继续前进。在阶段内表现为量的积累，体现发展的连续性，量积累到一定程度，出现质的飞跃，发展到更高的阶段。质的飞跃不是连续性的中断，而是更高水平的继续发展。人的发展就是不断累积的过程，一个阶段一个阶段地向前，阶段之间紧密地联系在一起，相互依赖，相互作用，不可分割。

人的发展符合量变和质变的规律。量变是一种逐渐的、连续的、不显著的变化，质变是一种根本的、显著的变化。个体发展的速度有差异，有快有慢，有的儿童会提早进入某个阶段或延迟进入某个阶段。无论快还是慢，发展的基本方向都是不可逆的，阶段之间也是不可逾越的。

人的发展的各个阶段持续的时间长短不同。比如，在婴儿期，两个月的婴儿能抬头，三个月的婴儿能翻身，每个月都在发生变化。幼儿期（1~3岁）、学龄前期（3~6岁）、学龄期（6~12岁）、青春期（12~18岁）持续的时间较长，而且有性别差异。

在发展的阶段内，人的身心具有一些一般的、典型的、本质的特征，这叫作年龄特征。瑞士心理学家皮亚杰把儿童的认知发展分成四个阶段：感知运算阶段（0~2岁）、前运算阶段（2~7岁）、具体运算阶段（7~11岁）和形式运算阶段（11岁之后）。儿童的认知在每个阶段具有不同的特点。在感知运动阶段，个体靠感觉与动作认识世界。在前运算阶段，个体开始运用简单的语言符号进行思考，具有表象思维能力，但缺乏可逆性。在具体运算阶段，个体出现了逻辑思维和零散的可逆运算。在形式运算阶段时期，个体能在头脑中把形式和内容分开，使思维超出所感知的具体事物或形象，进行抽象的逻辑思维和命题运算。这种理论给家庭教育和教学工作带来了很大的启发。比如，在感知运算阶段，可以让儿童多看、多听、多活动，充分促进其各感官的发展。

人的发展的连续性和阶段性特点告诉我们，教育工作者在教育教学过程中应考虑儿童身心发展的阶段性特点、具体特点和时代特点，恰当地把握教学难度，根据学生的学习能力教授相关知识。

（三）不平衡性

人包括身体、心理两个方面，身体、心理各自由若干部分构成。各组成部分之间的发展速度不一样，最终达到的水平也不一样，达到最高水平的时间也不一样。这体现了人的发展的不平衡性。

个体发展的速度、起止时间与到达成熟所用的时间不同，同一系统在不同发展阶段的发展速度也不同。

人的某些能力在特定阶段发展得特别快，错过了特定的发展阶段，也能发展，但效果、效率会有所不同，心理学把这种关键阶段叫作敏感期。1~3岁是口语学习的敏感期，4~5岁是书面语言学习的敏感期，5岁左右是掌握数概念的敏感期，10岁以前是外语学习的敏感期。

人的身体有两个生长发育高峰期，第一个高峰期是在1岁以内，第二个高峰期是青春期。婴儿在1岁以内，体重可以达到出生时的3倍，身长一般每月增长3~3.5厘米，1岁时可达出生时的1.5倍左右，1岁以后生长速度减慢。2岁至青春期前每年匀速生长。进入青春期，人的身高和体重急速生长，女孩平均每年增长8厘米，男孩平均每年增长9~10厘米；体重每年增加5~6千克，个别人可达8~10千克。

人的发展的不平衡性告诉我们，在人发展的关键时期、敏感时期给予其合适的教育，利于其健康发展。

（四）个别差异性

人的发展遵循普遍的规律，表现为定向性、顺序性、连续性、阶段性和不平衡性，这是人的发展的共性特征。由于受遗传、环境、学校教育和个人主观能动性的影响，人的发展具有一定的差异性，这导致个体在发展速度、最终达到的水平及发展的优势方面往往不尽相同。

比如，"二抬、三翻、六坐、七滚、八爬、周会走"不是一个绝对的"时间表"，而是一个参考，不同的个体受自身遗传、环境、学校教育和主观能动性的影响，生长情况存在着一定程度的提前或延后。

人的心理包括心理过程和个性。心理过程是人的共性，个性是人和人不一样的地方，体现在每个人在能力、气质、性格、兴趣方面的表现是不同的。我国古代教育家孔子很早就发现了这一点，他对自己学生的性格、才能、志趣和特长等曾做过许多分析和评定："柴也愚，参也鲁，师也辟，由也喭。"意思是"高柴愚笨，曾参迟钝，子张偏激，子路鲁莽"。因此，他对每个学生的要求和教育方法也有所不同，并提出了"因材施教"的教育主张。

因为人的身心发展具有个别差异性，所以教育者在教育教学过程中要注意不能"一刀切"，不能用同样的标准要求所有的人，不能用一种方法解决所有的问题，不能用同样的方法教育所有的人。要了解学生、关注学生、引导学生，长善救失，发展其个性。比如，苏联教育家苏霍姆林斯基在担任帕夫雷什中学校长期间，就根据学生兴趣的不同，创立了几十个兴趣小组供学生们选择。

第三节　影响人发展的主要因素

影响人发展的因素主要有四个——遗传、环境、学校教育和个体的主观能动性，前三个是外因，第四个是内因，每个因素的影响力是不同的。

一、遗传

（一）遗传的概念

遗传是指那些与基因联系着的生物有机体的内在因素，在个体身上体现为遗传素质。遗传素质由父母决定。

（二）遗传对人的发展的影响

遗传对人的发展的影响表现为四个方面。

1. 遗传是人的发展的生理前提，为人的发展提供了可能性

前提是事物发生、发展的先决条件，遗传就是人的发展前提，遗传素质出现问题会严重影响人的发展。比如，盲人学习不了绘画，耳聋的人不能成为调音师。

可能性是事物发生的概率。对于人的发展来说，优秀的遗传素质可以增加未来良好发展的概率。但是，可能性不是现实性，可能性需要在外界条件的作用下才会转化成现实，人的发展的第二个影响因素——环境就是将遗传的可能性转化成现实的条件。

2. 遗传素质的成熟程度制约人的发展过程及年龄特征

遗传素质完善、完备的程度制约着人的发展过程，使人的发展呈现为顺序性、阶段性和不平衡性，如周岁左右的幼儿学会走路，青春期儿童的身高快速增长等。让3个月大的婴儿学习走路是徒劳无益的。

美国心理学家格塞尔曾做过一个双生子爬梯实验。影响孩子学会爬梯子的因素很多，年龄、性别、身高、行动能力等都会在某种程度上影响孩子爬梯子。格塞尔选择的研究对象是同卵双生子A和B，两个孩子在遗传方面的差异很小，都是男孩，生长在同样的家庭环境中，接受同样的家庭教育。他们在学习爬梯子时的不同之处有：学习爬梯子的起始时间不同，训练时间不同，A（第46周开始）比B早开始了7周，训练A爬梯子的时间是B的3倍。很多人认为，学习时间早，学习时间长的A会比B取得更好的成绩。但实际的结果是，研究者在孩子56周和3岁时分别对他们进行测试后发现，两个孩子爬梯子的成绩非常相似，这个结果与大多数人的预测正好相反。这个实验给我们的启示是，教育要尊重孩子的实际水平，考虑孩子遗传方面的成熟程度，在孩子尚未成熟前，要耐心等待，不要违背孩子发展的自然规律，不要违背孩子发展的"内在时间表"，不要人为加速孩子的发展，否则会事倍功半，白白浪费时间。

3. 遗传素质的差异性影响人的发展

每个人从父母那里继承来的遗传素质都是不同的，遗传素质对人的身体和心理有一定程度的影响，但这种影响不是绝对的。比如，身高70%取决于遗传，后天因素影响占30%。父母长得高，孩子未必高；父母长得矮，孩子也未必矮。

人的心理气质是有个体差异的（表2-1），这种差异主要是先天形成的，受神经系统活动过程的特性影响。人的气质虽然有差异，但不能决定一个人的成就，人的主观能动性、个人的努力是更为重要的影响因素。

表2-1　不同心理气质类型的特点比较

气质类型	神经系统的基本特点	高级神经活动类型
多血质	强、平衡、灵活	活泼型
胆汁质	强、不平衡	兴奋型
黏液质	强、平衡、不灵活	安静型
抑郁质	弱	抑制型

4. 遗传素质具有一定程度的可塑性

遗传素质对人发展的影响是有限的，不是绝对的。对于遗传因素在人的发展过程中所起的作用，有人持遗传决定论的观点，夸大了遗传的作用，认为人的发展是由先天的、不变的遗传决定的，与外界影响、教育无关，或者认为外界的影响和教育即使对人的发展起作用，至多只能促进或延缓遗传素质的自我发展和自我暴露，不能改变它的本质。比如，"龙生龙，凤生凤，老鼠生儿打地洞""原罪说""血统论""一两遗传胜过一吨教育"等就属于遗传决定论。优生学创始人高尔顿认为，个体的发展及其个性品质早在受精卵时期就已定性了，发展只是这些内在因素的自然展开，环境与教育仅起到引发的作用。

而在现实生活中，影响一个人成长和发展的因素是多种多样的，遗传素质会随着环境、教育和实践活动等逐渐发生变化。因此对待遗传，我们要坚持正确的态度。

二、环境

环境是指人的生活处所周围的地方和事物，包括自然环境（水土、地域、气候）、社会环境和家庭环境。环境是人发展的现实制约因素。

（一）环境是人的发展的外部条件

自然形成的大气、水、生物、土壤、岩石和太阳辐射等组成了人类发展所需要的自然环境，是人类赖以生存和发展的物质基础，对人的身体和心理都有影响。

人类创造的物质和非物质的成果构成了人类生存的人文环境，也会对人的发展产生影响。在不同时期、地域、民族和阶层中生活的人，其思想、品行、才能和习性都会留下历史、地域、民族和阶层的烙印。

家庭是社会最基本的细胞，是最基本的经济组织，是人们重要的精神家园。家庭的结构、教养方式、家庭资源、父母文化水平和职业状况，家庭周围的环境、人群情况、外部活动场所、人际关系等都会影响人的发展。

环境对人的发展起到潜移默化的影响。我国古代便有孟母三迁的故事，《三字经》里说"昔孟母，择邻处"，讲的就是孟子的母亲为了给他一个好的居住环境而不断搬家的故事。开始的时候，孟子和母亲住在墓地旁边，孟子和邻居小孩玩的游戏是办理丧事。孟子的母亲觉得这样的环境对孩子的影响不好，就带着孟子搬到市集旁边去住。住了一段时间，孟子又和邻居的小孩学起了商人做生意的样子。孟子的母亲还是觉得不好，又带着孟子搬了家。这一次搬到了学校附近，每天听着学堂里传来的读书声，时间长了，孟子开始变得守秩序、懂礼貌、喜欢读书，孟子的母亲这才满意。

（二）环境的给定性与主体的选择性

环境是现实的，是给定的，但是给定的环境对个体的发展不一定会产生实际的影响。人的主观意识和实践活动对于客观存在的环境有能动作用。比如，在同一个家庭长大的孩子，其发展并不一定相同。遇到外部不良的现实环境，有的人"近墨者黑"，也有的人"近墨者未必黑"。《爱莲说》中的莲"出淤泥而不染，濯清涟而不妖"，这句话常用来说明：环境虽然不好，但也可以不被不良环境所影响。《孟子·万章上》中有云："圣人之行不同也，或远或近，或去或不去，归洁其身而已矣。"意思是圣人的举动本是不相同的，有的疏远君王，有的接近君王，有的离开君王，有的不离开君王，总之是要使自己清清白白的罢了。后世将这句话引申为洁身自好、不同流合污之义。

（三）环境的给定性与主体的能动活动

个体不仅可以决定自己对待环境的态度，还可以坚持自己对世界的正确认识，甚至可以采取合适的行为改造环境。如果个体认为自己是正确的，那就坚持自己的认识，坚持自己的正确做法，用自己的行为去感染周围的人，让更多的人向真、向善、向美，那么，人的生存环境会变得越来越美好。

以上三点是对环境在人的发展中所起作用的科学认识。

对于环境在人的发展中所起的作用，有人持有不同的观点。17世纪英国哲学家洛克认为，人出生时，心灵像白纸或白板一样，后来有了经验，心灵中才有了观念。美国行为主义者华生认为："给我12个健康的婴儿和一个由我支配的特殊的环境，让我在这个环境里养育他们，不论他们父母的才干、爱好、倾向、能力和种族如何，我保证能把他们训练成为任何一种人物——医生、律师、美术家、大商人，甚至乞丐或强盗。"这些看法体现了华生认为儿童心理的发展是由环境决定的，这种片面地强调和机械地看待环境或教育的作用的观点就是环境决定论。显然，环境决定论对于环境在人的发展中所起的作用的认识是不科学的。

三、学校教育

教育活动根据开展地点的不同，可以分为家庭教育、学校教育和社会教育。学校教育是由专业人员在专门的机构进行的有目的、有组织、有计划的，以影响学生身心发展为直接目标的社会实践活动。在人的发展过程中，学校教育起主要的导向作用，引导人的发展方向。

（一）学校教育的特点

学校教育的特点有以下几个。

第一，学校教育是由专门人员实施的。教师的专业发展经过师范教育、入职辅导、在职培训和自我教育几个阶段，具有专业知识、专业能力和专业精神。教师是一种职业，具有专业性。

第二，学校教育是在专门机构进行的。与其他机构不同，学校是专门培养人的地方。为了培养人才，学校首先确定了培养目标，为实现培养目标，建立了科学的培养模式，设置了系统的课程体系，塑造了良好的校园文化，配备了完善的教育教学设施，为学生提供了社会化的环境。

第三，学校教育具有系统性。学校的培养目标是根据社会发展需要和人的发展需要制定的，是教育目的的体现，具有连续性和递进性，每一级都以前一级为基础，又在前一级的基础上进一步发展。学校的教学内容具有系统性，层次分明，具有清晰的逻辑关系。

第四，学校教育具有计划性。围绕培养目标制订课程计划，整体规划课程设置，全面安排学校的教学活动和课外活动，具体规定课程的开设顺序、课时分配，整体划分学期、学年、假期。

学校教育的这些特点是家庭教育和社会教育不具备的，这就使得在影响人的发展的各种环境因素中，学校教育的功能被凸显了出来，其对人的发展起到主要的导向作用。

（二）正确看待学校教育

对于学校教育对人的发展的作用，要正确看待，不能夸大。

一方面，学校教育对人的发展不起决定作用。影响人的发展的因素有很多，学校教育只是其中一个。学校教育对人的发展起重要作用，是因为学校教育能够保证人在十几年的时间内学习到系统的科学文化知识，获得基本的生存和发展的资本。但学校教育不能对人的所有时期和所有方面都有主导作用。人们常说"父母是孩子的第一任老师"，在孩子出生后的前三年和学龄前期，家庭教育起到极为重要的作用。在学校教育期间，家庭的家风、教养方式为人的发展提供了基础。学校教育的缺陷，如与社会联系不够紧密、缺少生活性等弊端，需要家庭教育给予补充。只有学校教育与家庭教育、社会教育形成合力，教育效果才会更好。

另一方面，学校教育也有负向功能。学校教育在实施过程中会出现阻碍人发展的情况，如过度的体罚、其他学生的排斥现象、校园欺凌行为，都会影响学生的身心发展。

四、个体的主观能动性

个体的主观能动性是指人能有意识地认识世界和改造世界，这是人和其他动物的本质区别。人和动物都有能动性，能对外部或内部的刺激做出积极的、有选择的反应。但人的主观能动性更高级，是通过思维与实践的结合，主动地、自觉地、有目的地、有计划地反作用于外部世界。

人对于外部给定的环境会有选择地理解、接受和对待，可以能动地、有目的地对自己的身心状态进行认识和体验。人会有意识地调节、控制自己的行为，遇到困难会努力克服，以便实现活动的目的。事物不会自动满足人的需要，人只有通过自己的努力改造世界，才能创造美好的生活。

在人的发展过程中，遗传、环境、学校教育属于外部影响因素，而人的主观能动性则是影响人发展的内在动因。外因是条件，内因是动力，外因通过内因起作用，人的发展是外部因素和内部因素共同作用的结果。外部条件不好，个体通过主观努力，也能获得想要的发展；外部条件再好，如果个体不想努力，再好的外部条件也很难对人的发展产生积极作用。比如，在教育过程中，在外部条件大致相同的情况下，学生学习的需要和动机不同，对待学习的态度和行为就不一样，导致的学习结果就会不同。

《论语》中说："知之者不如好之者，好之者不如乐之者。"教育者应该充分认识并发挥学习者的主观能动性，发扬教学民主，引导学生积极、主动地参与教育教学活动，这样既可以促进学习者的充分发展，也可以减轻教育者的工作量，提高教育工作的质量和效率。

第四节　教育的个体功能

根据对象的不同，教育功能可以分为社会功能和个体功能。根据方向的不同，教育功能可以分为正向功能和负向功能，即促进功能和阻碍功能。教育的个体功能本应该起到促进的作用，但在实施过程中也会因为某些原因产生负面影响。

一、教育对个体发展的促进功能

（一）教育促进个体社会化的功能

社会化就是使自然状态下出生的人转变成社会人的过程。自然状态下出生的人很弱小，生存能力比其他动物差很多。个体在特定的社会文化环境中，通过学习和掌握社会中的标准、规范，成为一个社会人。

个体的社会化是个体和社会相互作用的结果。一方面，个体由自然人转变成社会人，能够在特定的社会文化环境中生存下去；另一方面，个体在适应社会的过程中还会积极作用于社会，创造新的文化。

个体的社会化如果自然进行，就会出现速度慢、效率低的情况，满足不了社会的要求，跟不上社会发展的步伐。于是，教育这种有意识地培养人的社会实践活动就成了促进个体社会化最基本的途径。

通过接受教育，人们掌握生活技能，让自己能够生活下去；通过接受教育，人们掌握职业技能，让自己能够谋生；通过接受教育，人们使自己的行为符合社会规范，从而不损害他人和社会的利益，让自己的生活目标与社会目标相结合，从而更好地实现人生价值。

人的社会化不是一朝一夕能够完成的，需要人持续不断地努力。人的社会化不是一个阶段完成了就可以永久保持的，社会是不断向前发展的，人的社会化也是一个持续的漫长过程。

社会化是用社会共同标准来要求个体，是对人的共性的要求。人具有主观能动性，教育在促进个体社会化的时候，不仅要发展人的共性，还要注重人的个性。

（二）教育促进个体个性化的功能

个性就是个别性、个人性，是人与人之间不一样的地方。教育可以培养人的共性，也可以培养人的个性。

从心理学角度讲，人的个性包括两个部分，即个性倾向性和个性心理特征。需要、动机、兴趣、理想、信念、世界观等属于个性倾向性，主要是在后天的培养和社会化过程中形成的；能力、气质、性格属于个性心理特征，是人在社会活动中逐渐形成的，是人的心理中比较稳定的表现。每个人在个性倾向性和个性心理特征方面的表现都是不同的。

教育要尊重人的个别差异。教育可以促进人自我意识的形成，使学习者认识自己的生理状况、心理特征及自己与他人的关系。教育可以因材施教，培养人的独特性，发展学习者的内在潜能。教育可以培养人的创造性，给学习者宽松的心理环境和从事创造活动的空间和时间，培养学习者的创造性思维，塑造学习者良好的个性。

二、教育对个体发展的负向功能

教育活动在设计的时候，目的是促进学习者的发展，但在实施的过程中，因为某种原因也会出现阻碍学习者发展的情况。教师不当的惩戒行为，如击打、刺扎、超过正常限度的罚站、强制反复抄写、做不适的动作或姿势，不仅会损害儿童的身体健康，还会损害儿童的心理健康。教师不当的语言行为，对学生冷淡、轻视、放任、疏远、漠不关心，甚至用言语侮辱学生的人格，也会伤害学生的自尊心、自信心。班级里的不良分类现象，如"学霸""学渣""学神"等，或给学生贴标签，也会影响学生学习的积极性。不恰当的学生评价，不仅不能提高学生的学习成绩，可能还会带来负面的影响。

教育对个体发展产生负向功能的原因可以从学校管理和教师素养两个方面来分析：在学校管理方面，没有以学生为本，没有对教师做好教育和监督；在教师素养方面，教师的心理健康存在问题，教师的教学能力和管理能力不强，不能用科学的、有效的方式解决问题。

因此，学校应该加强管理，建设积极向上、和谐的校园文化，加强对教师的培训和监督，加强家校合作。教师要关注自己的心理健康，提升个人修养，注重专业发展，更新教育教学理念，提升课堂教学能力和班级管理水平。

思考与练习

一、单项选择题

1. 《学记》中说"当其可之谓时""时过而后学，则勤苦而难成"，这告诉我们人的发展要（　　）。

　　A. 抓住敏感期　　　　　　　　B. 注意全面发展

　　C. 注意个体差异　　　　　　　D. 遵循顺序性

2. 本杰明·布鲁姆的研究认为，若人在17岁所达到的智力水平为100%，那么儿童在4岁时已具备了其中的50%，4~8岁获得30%，而8~17岁这一阶段只增加了20%。这段文字说明人的身心发展具有（　　）。

　　A. 顺序性　　　　　　　　　　B. 阶段性

　　C. 个别差异性　　　　　　　　D. 不平衡性

3. 本杰明·布鲁姆认为，只要给予足够的时间和适当的教学，所有的学生对几乎所有的学习内容都可以达到掌握的程度（通常要求完成80%~90%的评价项目）。这种说法想要表达的意思是要尊重人的（　　），促进人的发展。

　　A. 不平衡性　　B. 个别差异性　　C. 阶段性　　D. 互补性

4. 《论语·先进》中有一个故事。子路问："闻斯行诸？"子曰："有父兄在，如之何其闻斯行之?"冉有问:"闻斯行诸?"子曰:"闻斯行之。"公西华曰:"由也问'闻斯行诸',子曰'有父兄在';求也问'闻斯行诸',子曰'闻斯行之'。赤也惑,敢问。"子曰:"求也退,故进之;由也兼人,故退之。"这段文字说明了人的身心发展具有(　　)的特点。

　　A. 顺序性　　　　B. 阶段性　　　　C. 个体差异性　　D. 不平衡性

5. 对人的身心发展起主导作用的是(　　)。

　　A. 遗传　　　　　B. 环境　　　　　C. 学校教育　　　D. 个体主观能动性

6. 人的身心发展的生物基础是(　　)。

　　A. 遗传　　　　　B. 环境　　　　　C. 学校教育　　　D. 个体主观能动性

7. 人的身心发展的现实制约因素是(　　)。

　　A. 遗传　　　　　B. 环境　　　　　C. 学校教育　　　D. 个体主观能动性

8. "良言一句三冬暖,恶语伤人六月寒。"学校将"教师忌语"做成了宣传板报,并贴在了办公室的墙上,为的是能时刻让教师警醒。关于上述做法的目的,下列说法不正确的是(　　)。

　　A. 防止教育负向功能的发生　　　　B. 锻炼教师的语言表达

　　C. 规范教师行为　　　　　　　　　D. 维护学生的合法权益

二、辨析题

1. 环境是人的发展的现实因素。
2. 错过了心理过程发展的敏感期,就不能学习某种知识和技能了。

三、简答题

1. 简述人的身心发展的基本规律。
2. 简述教育的个体功能。
3. 简述影响人的身心发展的主要因素及其作用。
4. 观察下面的表格,思考可以从哪几个角度对"狼孩儿"的例子进行分析?

"狼孩儿"	女孩1	女孩2
发现时间	1920年	1920年
发现地点	印度加尔各答	印度加尔各答
发现时的年龄	两岁左右	八岁左右
名字	阿玛拉	卡玛拉
发现时的状况	生活习性与狼一样;用四肢行走;白天睡觉,晚上出来活动;怕火、光和水;只知道饿了找吃的,吃饱了就睡;不吃素食只吃肉(不用手拿,放在地上用牙齿撕开吃);不会讲话,每到午夜后像狼一般引颈长嚎。	

续表

"狼孩儿"	女孩1	女孩2
被发现后的第二年	死亡	活着
接受7年教育后	—	掌握了四五个词，勉强能学几句话
被发现后的第9年	—	死亡。16岁左右，智力只相当于三四岁的孩子

四、思考题

1. 有人认为"近墨者黑"，有人认为"近墨者未必黑"，请谈谈你的看法。
2. 有人说："没有教不好的学生，只有不会教的教师。"请谈谈你的认识。

推荐阅读

胡明根《影响教师的100个经典教育案例》(中国传媒大学出版社，2004年版)

参考文献

[1] 全国十二所重点师范大学联合编写.教育学基础[M].北京：教育科学出版社，2002.

[2] 王道俊，郭文安.教育学[M].7版.北京：人民教育出版社，2016.

[3] 余文森.新课程背景下的公共教育学教程[M].北京：高等教育出版社，2004.

[4] 杨晓平.教育学[M].上海：华东师范大学出版社，2016.

[5] 叶澜.教育概论[M].北京：人民教育出版社，2006.

第三章

教育与社会的关系

▌关键词

教育　人口　社会生产力　政治经济制度　文化

▌学习目标

1. 理解并记住教育与人口、社会生产力、政治经济制度和文化之间的关系。

2. 在马克思主义哲学的指导下正确理解教育与社会的关系及教育的相对独立性。

▌内容提要

教育活动是社会活动的一种。人口、社会生产力、政治经济制度和文化对教育的发展具有制约作用，能制约教育的目的、内容、群体、制度、途径。教育的发展虽然受其他社会活动的制约，但是也具有一定的相对独立性，具有自身的发展规律。

思维导图

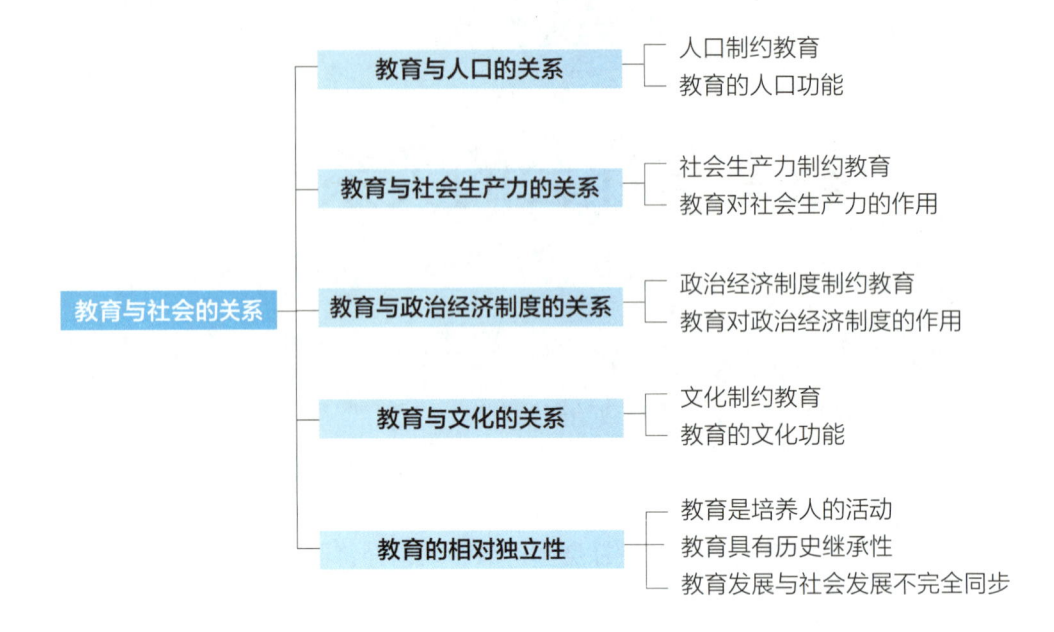

- 教育与社会的关系
  - 教育与人口的关系
    - 人口制约教育
    - 教育的人口功能
  - 教育与社会生产力的关系
    - 社会生产力制约教育
    - 教育对社会生产力的作用
  - 教育与政治经济制度的关系
    - 政治经济制度制约教育
    - 教育对政治经济制度的作用
  - 教育与文化的关系
    - 文化制约教育
    - 教育的文化功能
  - 教育的相对独立性
    - 教育是培养人的活动
    - 教育具有历史继承性
    - 教育发展与社会发展不完全同步

教学导入

我国教育的总体发展水平已跃居世界中上行列。中华人民共和国成立初期，中国总人口的80%以上是文盲，学龄儿童入学率只有20%，全国接受高等教育的人数只有11.7万人。而现在，九年义务教育已全面普及。2021年，学前教育毛入学率为88.1%，九年义务教育巩固率为95.4%，高中阶段毛入学率为91.4%，高等教育毛入学率为57.8%，各级教育普及程度均达到或超过中高收入水平国家的平均水平。国家在教育中投入的力度越来越大。

社会是共同生活的个体通过各种各样的社会关系联合起来的集合，包括人和人的关系、人和环境的关系。一般来说，社会是人类所特有的。

社会包括社会存在和社会意识。社会存在是社会物质生活条件的总和，包括地理环境、人口和生产方式。对社会发展起决定作用的是生产方式，包括生产力和生产关系，它们是社会历史发展的决定力量，决定着社会的结构、性质和面貌，影响着人类全部的社会生活。社会意识是社会存在在社会精神领域中的反映，是精神现象的总和，包括社会的一切意识要素和观念形态。

影响教育发展的主要社会活动有人口、社会生产力、政治经济制度和文化等因素。其中，人口、社会生产力属于社会存在，政治经济制度、文化属于社会意识形态。

教育是人类社会活动中的一种，其发展会受到社会存在和社会意识的影响。同时，教育本身对社会发展具有反作用，即教育的社会功能。这种作用与反作用合起来就是教育与社会的关系。

第一节　教育与人口的关系

人口是指居住在一定地域内或一个集体内的人的总数。人是社会的人，社会是人的社会。因此，人口是全部社会生产行为的基础和主体，是社会物质生活的必要条件，也是制约教育活动发展的重要因素。

在人口方面，与教育活动有关的概念包括人口数量、人口质量和人口流动。人口数量表示一定空间内的人口规模，即人口的多少。人口质量是人口总体的身体素质、文化素质和思想素质。人口流动是人口在地区之间所做的各种短期的、重复的或周期性的运动。

一、人口制约教育

人口的数量、质量和流动都会对教育产生影响。

（一）人口数量制约教育

人口数量制约教育的规模、质量、途径。

1. 人口数量制约教育的规模

教育规模就是教育活动的格局、形式和范围，教育规模与人口的数量有极大的关系。中国是世界上人口数量最多的国家，这决定了中国具有世界上规模最大的教育体系。2022年，我国共有各级各类学校51.85万所。人口多，受教育的人多，教育规模也就大。如果没有与人口数量相匹配的教育规模，会有相当一部分人不能接受教育或不能接受足够的教育，从而影响整个国家人口素质的提高和国家的发展。

人口总量制约教育的规模，人口的增长速度也影响教育发展。特别是当人口的数量发生急剧变化时，对教育的影响更大。我国在中华人民共和国成立后经历了三次人口生育高峰：第一次是1949—1957年，人口净增1.05亿，总人口达到6.47亿；第二次是1962—1970年，人口净增1.57亿；第三次是1981—1990年，总人口达到11.43亿。人口的急剧增长会给教育发展带来巨大的压力，导致了教育规模的扩大和结构的调整。在生育高峰之前，教育的规模和结构是一定的，若某一年的新生人口大量增加，那么三年后学前教育会受到影响，六年后小学教育会受到影响。

2. 人口数量制约教育的质量

教育质量指的是教育活动的优劣程度或人才培养的优劣程度，有宏观和微观之分。宏观的教育质量指的是教育规模、结构和效益之间的协调。微观的教育质量指的是教育目的和培养目标的实现程度，即学校是不是培养出了符合教育目的和培养目标要求的人才。

每个教育对象的培养都需要一定的教育投入。有多少教育对象，就应该有多少与之在数量上匹配的学校、教师和设备为这些受教育者服务。人口数量越多，教育对象越多，需要的教育投入就越大。如果教育投入与人才培养需求相适应，那么教育质量就能得到保障，否则，教育质量会受到影响。

我国因为人口数量多，曾存在班级容量过大的情况。有研究表明，班级容量会影响学生的身心健康。随着教室内人数的增加，室内空气受污染的概率也大大增加，不利于学生的身体健康。教师的视野覆盖范围一般不超过25人，班级规模大，会阻碍学生参与课堂活动，不利于学生个性的发展，不利于教师因材施教，不利于师生之间的交流和学生之间的交流，也不利于学生的学业进步和社会性发展，会影响学生的学业成绩。[①]

3. 人口数量制约教育的途径

教育途径是教育者向受教育者施加影响所经过的渠道。人口数量制约着教育的方法与组织形式。这里的人口数量指的不是总人口的数量，而是指在某一时间和空间范围内能够接受教育的人口数量。

最基本的教学活动的组织形式有两种：一种是个别教学，另一种是班级授课制。个别教学存在的时间最长，班级授课制则产生于近代，是为满足普及教育的需求而产生的。在班级授课制产生之前，社会的主要教学组织形式是个别教学。个别教学，顾名思义，是指一个教师同时教授一个孩子或几个孩子。因为教育对象少，教师能够照顾到个别差异，满足教育对象的个性化需求。但是，这种教学组织形式资源利用效率相对较低，一个教师领一份工资，讲一次课，就教授几个学生，还不能保证把所有的学生都教好。近代西方资本主义经济的发展促使社会对具有文化知识的工人的需求大量增加，在教育对象急剧扩大而教师数量不能相应增加的情况下，教学组织形式逐渐向班级授课制转变，与班级教学有关的方法、手段也相应地得到了研究和发展。

（二）人口质量制约教育

人口质量是人口总体的身体素质、文化素质和思想素质的综合表现。人口质量对教

[①] 潘颖，李梅. 班级规模与学生发展的问题研究 [J]. 东北师大学报（哲学社会科学版），2006（6）：159-163.

育的影响主要体现在现有人口在生育质量和养育质量方面的表现对教育对象的影响。

教育的对象是人，正常、健康、聪明的人一般情况下能被更好地教育。遗传是影响人的发展的首要因素，是人的发展的生理前提，为人的良好发展提供了可能性。如果一个人有遗传疾病或身体缺陷，必然会在受教育过程中遇到阻碍。

环境是人发展的外部条件，能把遗传的可能变成现实。其中，家庭环境尤其重要。如果家庭教育能与学校教育形成合力，则更有利于学校教育提升质量、提高效率。因此，现有的人口素质高，重视优生和优育，更能够保证新生一代健康地出生和成长，为学校教育提供更好的教育对象，家长能配合学校对儿童进行教育，促进其发展。我国第七次全国人口普查显示，我国人口受教育水平明显提高，人口的素质不断提升，这些都将对教育的发展产生良好的影响。

（三）人口流动制约教育

人口的正常流动，特别是农村劳动力向城市的转移，是经济发展、社会进步的重要标志，也是我国改革开放几十年来取得的重要成就之一。但是，人口的大规模流动，特别是大量务工人员及其随迁子女快速进入城市，给城市发展带来了一系列新问题，进城务工人员的子女的教育问题就是其中之一。

城市教育规模有限，很难快速地容纳大量的农民工子女入学。民办学校费用低，但办学条件有限。我国第七次全国人口普查表明，人户分离的人口为49276万人，流动人口为37582万人。与2010年相比，人户分离人口增长了88.52%，流动人口增长了69.73%。我国经济社会的持续发展为人口的迁移流动创造了条件，近年来我国人口流动趋势更加明显，流动人口规模进一步扩大。面对这样的状况，教育也要有相应的改变。

二、教育的人口功能

教育的人口功能主要体现在控制人口增长、提升人口质量、改善人口结构三个方面。

（一）教育有助于控制人口增长

教育影响着人口增长。人口教育程度的提高，转变了人们的传统生育观念。生育观念是人们对生育问题相对稳定的看法和主张，它决定着人们的生育行为。具有传统生育观念的人认为"儿孙满堂才是福""生多生少一个样""一个是养，几个也是养""养儿防老"，具有这些生育观念的人较重视人口的数量。而具有新生育观的人在考虑国家生育政策的同时，还会考虑自身发展、家庭条件、孩子的养育质量等因素。

现有人口教育程度的提高，使人们更加重视生育和养育的质量，在孩子的教育中投入更多。职场女性需要考虑生育和职业的平衡问题。孩子生出来要照顾好、教育好，进入学校后，也需要家庭配合学校进行教育，孩子需要的很多学习资源都需要家庭来提供。孩子在成长过程中可能会遇到的各种问题，也需要家庭去解决。从某种程度上，养育后代比生育后代更加不易。

教育程度的提高客观上推迟了人们的初婚年龄和生育时间。在现代社会，人们接受教育的时间增加了，接受学校教育的时间越长，便越可能结婚晚、生育晚，这在一定程度上影响了人口的增长。

妇女受教育程度的提高可以增强其自身就业能力，增加就业机会，提高自己的经济水平。

（二）教育有助于提升人口质量

人口质量又称人口素质，是反映人口文化科学素质状况的直接指标，包括识字率、文盲率、就学率、每十万人口中各种文化程度的人口数、人口的平均受教育时间、每百万人口中从事研究与开发工作的科学家与工程师、每万职工中技术人员所占比重等。反映人口质量的间接指标包括人均教育经费、教育经费在国民收入中所占的比重、图书和报刊的出版发行量，等等。

提升人口的文化水平的途径有家庭教育、学校教育和社会教育。

家庭是教养儿童的主要场所。父母是孩子的第一任老师，家庭的结构、教养方式、亲子关系、家风会对儿童的心理产生潜移默化的影响，塑造儿童的性格。家庭教育对人的发展的影响是非常全面的，为人的发展提供了基础。

学校教育同家庭教育和社会教育相比，目的性、计划性、组织性更强，能够保证儿童在有限的时间内完成人才培养的任务，成为合格的公民。第七次全国人口普查显示，与2010年相比，我国具有大学文化程度的人口、每十万人中具有大学文化程度的人数有显著提升，文盲率在下降，人口的受教育状况持续改善，人口素质不断提高。

社会教育有广义和狭义之分。广义的社会教育是指与家庭教育、学校教育共同影响个体身心发展的社会教育活动。狭义的社会教育是指社会文化教育机构对青少年和人民群众开展的各种文化和生活知识的教育活动。良好的社会教育有助于满足青少年的兴趣和爱好，发展年轻一代的个性与特长，有助于对青少年进行正确的思想品德教育，拓宽其视野，发展其能力，丰富青少年的精神生活。

（三）教育有助于改善人口结构

人口结构包括人口的自然结构与人口的社会结构，自然结构包括人口的年龄、性别等方面，社会结构包括人口的阶层、文化、职业、地域、民族等方面。无论是对人口的自然结构来说，还是对社会结构来说，教育都产生了一些积极的影响。

教育影响人口的性别结构。有些教育程度低、生育观念落后的家庭可能出现选择性生育的情况，导致人口性别比例失衡。通过教育活动，提升人口素质，改变人们的生育观念，可以减少选择性生育的现象。

教育可以改变人口的地域分布。教育可以促进人口流动，使人口的地域分布更加合理。比如，随着我国高等教育的发展，高学历人才越来越多，并逐渐涌入中小城市，改变了高学历人口的地域分布。

综上所述，人口是整个社会发展的基础，也是教育发展的基础。当今的人口状况影响着教育的规模、结构、质量，而教育也反过来影响着未来的人口规模、结构和质量。

第二节　教育与社会生产力的关系

生产力是指人类创造新财富的能力。构成生产力的基本要素包括以生产工具为主的劳动资料、引入生产过程的劳动对象和具有一定生产经验与劳动技能的劳动者。此外，生产力还包括科学技术，科学技术是先进生产力的集中体现和重要标志，是第一生产力。

教育与社会生产力的关系是社会生产力的发展制约着教育，是影响教育的根本因素，而教育对社会生产力的发展具有反作用。

一、社会生产力制约教育

社会生产力制约教育的目的、制度、人员、内容和途径。

（一）原始社会时期

原始社会的生产力水平低下，创造出来的人类文明的内容也不够丰富，作为学习内容的知识数量少，大多为关于实际的生产和生活经验的知识。在漫长的原始社会时期，人类是没有文字的，生产、生活经验的获取依靠口耳相传，很多生产、生活经验因其所有者的死亡而消亡。原始社会时期的教育方法简单，没有专门的教育机构，也没有专门的教育者，一般是长者或生产和生活经验丰富的人充当教育者。上述情况在原始社会末期因生产力的发展出现了变化。原始社会末期，随着生产力发展，文字、学校逐渐出现，有一部分人可以脱离生产领域，成为专门的教育者，利用自己掌握的知识教育年轻一代，来换取生产资料和生活资料。由此，专门的教育机构和教育者就产生了。

（二）农业社会时期

和原始社会相比，农业社会的生产力水平进一步提高，农业成为支柱产业。此时期人类对世界认识的水平不断提高，知识系统不断完善。在教育目的方面，我国封建社会时期培养的人才主要为社会管理服务，教育的内容主要是儒家经典，学校教育分为两级——小学和大学，按照办学主体的不同分成官学和私学。在唐朝时期，我国形成了完备的学校教育制度，不仅各级各类学校的系统完备，还有相应的法律来管理学校。教学的组织形式以个别教学为主，没有专门培养教师的学校，学识高是成为教师的重要条件。

（三）工业社会时期

工业社会时期，大机器生产逐步取代手工业，工业成为支柱产业。欧洲的圈地运动使大量农民失去土地，为资本主义的发展提供了大量自由劳动力，让大量农民涌入城镇，成为工人。社会发展对工人的素质提出了更高的要求，教育对象数量不断增加，为了保证国民的整体素质，义务教育出现，现代学校教育制度逐步形成，学前教育、小学教育、中学教育和大学教育都获得了极大的发展。欧洲中世纪时期的某些教育内容已经不能满足社会发展对人才的要求，不再占有重要的地位，自然科学知识在学校教育内容中逐渐占据主要地位。由于教育对象的大量增加，致使学校的教学组织形式以班级授课制为主，一次性教这么多的学生对教师来讲是个挑战。为了保障和提高教育质量，欧洲出现了用来专门培养教师的师范院校。

（四）信息社会时期

信息社会时期，社会迈入了智能时代，高新技术产业成为支柱产业，专业技术人员的比重上升，知识、技术、人力资源成为社会发展的关键因素。世界的一体化速度加快，社会对人才提出了更高的要求：既要有理论知识，又要有实践能力；既要有科学素养，又要有人文素养；既要有较强的创新能力，又要掌握核心技能。在教育制度方面，义务教育时间被逐步延长，教育设施、资源更加丰富，足够多的校舍、教室、实验室、操场、仪器设备、图书资料、体育运动器材等为人才培养提供了物质保障。同时，教育手段、教育途径也发生了变化，除了粉笔和黑板，还有多媒体教学，除了纸质课本，还有电子课本，学习还可以通过互联网来实现。

二、教育对社会生产力的作用

社会生产力制约教育的发展，教育的发展反过来不断促进社会生产力的进步，教育的这种促进作用是教育的经济功能的体现。

（一）教育通过提高国民的人力资本促进社会生产力发展

劳动者是社会生产力的基本要素之一，体现在劳动者身上的资本就是人力资本，包括劳动者的知识技能、文化水平、健康状况等。人力资本可以通过教育来获得和提高，它比物质资本、货币资本具有更大的增值空间。

在欧洲的工业化时代,生产力水平和技术水平都比较低,社会对劳动者素质的要求也不高。随着社会的发展,人力资本的积累对经济增长与社会发展的贡献远比物质资本和劳动力数量的增长更重要。

教育能使一个潜在的劳动力转化为现实的劳动力,能使一个简单的劳动力转化为一个复杂的劳动力。马克思认为,复杂劳动等于倍加的简单劳动。通过教育和训练,提高劳动力的人力资本,从而提高劳动力的劳动价值,创造出更多的价值,促进社会的发展。

普通教育可以提高民族文化素质,激发经济的发展潜能。职业和专业教育直接培养劳动力,为经济发展提供人力资源。

(二)教育通过再生产和生产科学技术促进社会生产力的发展

科学解决的是理论问题,主要和未知领域打交道,科学的任务是发现、回答和解决关于自然和人类遇到的各种问题。技术解决的是实际问题,技术的任务是把科学的成果应用到实际问题中去。人类社会的每一次进步都离不开科学技术的进步,科学技术是人类文明的标志。

普通教育在培养人才的过程中,把已有的科学技术知识传递给年轻一代,这叫作科学技术知识的再生产。这种再生产不是对科学技术知识的简单重复,而是对其进行创新和拓展。教育也能生产科学技术,主要表现为高等教育对社会发展的贡献。高等教育生产科学技术的作用在促进经济发展的方面表现得尤为明显。我国的高层次人才主要集中在高等院校,国家重点实验室主要建在高等院校,国家基础研究和国家重大科研任务主要由高等院校承担,国家科技三大奖项主要由高等院校获得。可见,教育对社会生产力的促进作用是非常明显的。

(三)教育拉动消费增长

教育活动本身需要很大投入。在家庭教育方面,给孩子买书、带孩子旅游等会让家长花费不少资金。在学校教育方面,仪器设备、文教用品等物品的使用也会带动相关行业的发展。

第三节　教育与政治经济制度的关系

社会政治经济制度与生产关系有关。生产关系是人们在物质资料的生产过程中形成的社会关系,由生产力决定。生产关系体现了生产资料所有制的形式、人们在生产中的地位及相互关系和产品的分配方式等内容。

生产关系是人们在物质生产过程中形成的经济关系。人类社会各个发展阶段的生产关系都有各自的特点。在封建社会的生产关系中，土地主要为地主所有，农民若租种地主的土地则需要缴纳高昂的费用。在资本主义生产关系中，生产资料为资本家个人所有，资本家雇佣工人进行生产，获得剩余价值。在社会主义生产关系中，则体现为社会主义公有制，与此相联系的是按劳分配。

一个国家的统治阶级为了反映在社会中占统治地位的生产关系的发展要求，就会建立、维护和发展有利于其政治统治的经济秩序，从而确立、创设各种有关经济问题的规则和措施，这就是经济制度。人类历史上经历了五种依次更替的经济制度，即原始公社经济制度、奴隶制经济制度、封建制经济制度、资本主义经济制度、社会主义经济制度。

经济关系和经济制度与政治密切相关。在人类社会中，随着政治现象的出现，政治制度也应运而生，为了维护共同体的安全和利益，维持一定的公共秩序和分配方式，统治阶级通过组织政权的方式来实现其政治统治。

教育与政治经济制度的关系包含两个方面：一是政治经济制度制约教育的发展，二是教育的发展影响政治经济制度。

一、政治经济制度制约教育

（一）政治经济制度制约教育的目的

教育目的体现的是通过教育活动培养什么样的人，不同社会下的政治经济制度对人才培养的要求不一样。比如，我国封建社会学校教育的主要目的是传播统治阶级的意识形态和治国方略，培养能够维护和巩固封建统治的官吏。社会的政治经济制度制约着教育的性质、人才培养的性质、教育的领导权、受教育的权利。

（二）政治经济制度制约教育的制度

教育制度是实施教育活动的机构所构成的系统，以及管理这一系统所制定的各种法律、规范。学校教育制度简称学制，其范围相对于教育制度来说要窄一点，实施教育活动的机构只包括学校。学制规定了各级各类学校的性质、任务、入学条件、修业年限以及它们之间的关系。

政治经济制度制约学校制度。比如，我国西周时期有小学和大学，但是学生的入学年龄和所入学校与学生家庭的地位直接相关。当时的社会规定，8岁是王侯之子入小学的年龄，10~13岁是公卿之子、大夫之子入小学的年龄，15岁是众子及部分平民子弟入小学的年龄。社会地位越高的家庭，孩子可以越早入学。

我国现代社会是社会主义社会，学生的入学年龄是统一的。我国2018年修订的《中华人民共和国义务教育法》（下文简称《义务教育法》）规定："凡年满六周岁的儿童，其父母或者其他法定监护人应当送其入学接受并完成义务教育；条件不具备的地区的儿童，可以推迟到七周岁。"也就是说，儿童入小学的条件，一般情况下，只有年龄要求，没有其他方面的限制。

（三）政治经济制度制约教育的部分内容

教育的内容来自文化，是人们为了实现教育目的，从文化中选择并纳入教育活动中的知识、技能、行为规范、价值观、世界观等。教育内容的选择既受到生产力的影响，也受到政治经济制度的制约。比如，儒家思想在先秦时期就出现了，但其作为正统思想则是从汉武帝时期开始的。西汉时期，汉惠帝废除《挟书律》，使各家学说得到发展，其中儒、道两家在当时的影响较大。汉武帝即位时，社会经济已经得到了很大的发展，地主阶级势力强大，汉武帝实行"罢黜百家，独尊儒术"，官吏主要出自儒生，这使儒家思想逐步发展，成为封建王朝的正统思想。

（四）政治经济制度制约教育的人员

社会政治经济制度制约着教师和学生的地位。比如，在我国封建社会时期的教师群体中，除了少数大儒、鸿儒，其他教师的经济地位都很一般。明朝的专制统治比较严厉，对中央和地方学校管理很严格，对学生的管理也较严格。国子监屡次更定学规，严格管束监生的言论、行动，不准学生议论他人长短，不准其随便交往。洪武二十七年，监生赵麟因受不了虐待，揭帖子表示抗议，学校当局认为其犯了毁辱师长罪，按照学规应该杖一百后充军。但为了杀一儆百，赵麟最终被处以极刑[1]。

中华人民共和国成立后，党和国家高度重视教师工作。习近平总书记强调："要从战略高度来认识教师工作的重要性，要在全社会营造尊师重教的良好氛围[2]。"

（五）国家通过制定法律管理教育活动

国家用法律来管理和控制教育事业的发展。比如，《义务教育法》的实施保障了全体国民的基本文化素养。世界上最早实行义务教育的国家是德国。1619年，魏玛公国颁布了新的学校规章，要求列出6~12岁的青少年名单，提出强迫就学的要求。1717年，普鲁士国王腓特烈·威廉一世颁布了一项实行强迫教育的法令《强迫教育规定》，腓特烈·威廉一世的儿子弗里德里希在1763年签署了《普通强迫教育法》。法律的颁布和执行对普鲁士的教育和社会产生了重大影响，使其在1870年的普法战争中取得胜利，在

---

[1] 孙培青.中国教育史[M].上海：华东师范大学出版社，2009：244.
[2] 《习近平总书记教育重要论述讲义》编写组.习近平总书记教育重要论述讲义[M].北京：高等教育出版社，2020：200.

1871年实现了民族统一。在19世纪后半期，德国的文盲率是欧洲主要国家中最低的，义务教育的施行使德国在19世纪站在了世界科学技术的发展前沿。

我国也通过法律来发展教育事业。我国民国时期的文盲率很高，中华人民共和国成立后，义务教育工作成了我国教育工作的重点，我国的文盲率开始逐渐降低。《中华人民共和国义务教育法》于1986年4月12日颁布，于1986年7月1日开始实施，现在的版本是2018年修订的版本。

《中华人民共和国教育法》于1995年3月18日颁布，是我国教育工作的根本大法，是依法治教的根本大法。其颁布标志着我国教育工作进入全面依法治教的新阶段，为落实教育优先发展战略，促进教育改革与发展，维护教育关系主体的合法权益，提高全民族素质，促进社会主义物质文明和精神文明建设，提供了根本的法律保障。

《中华人民共和国教师法》自1994年1月1日起施行，这部法律可帮助教师维护自身的合法权益，对建设具有良好思想品德修养和业务素质的教师队伍和促进我国教育事业的发展起到了积极作用。

2009年8月12日，为了加强中小学班主任工作，发挥班主任在中小学教育中的重要作用，保障班主任的合法权益，教育部发布了《中小学班主任工作规定》。

为了保护未成年人身心健康，保障未成年人合法权益，促进未成年人全面发展，我国于1992年1月1日起施行《中华人民共和国未成年人保护法》，2020年，国家对该法律进行修订，新法于2021年6月1日起施行。

二、教育对政治经济制度的作用

教育的发展对政治经济制度的影响叫作教育的政治功能，教育的政治功能表现在以下四个方面。

（一）宣传政治观点

国家通过教育宣传政治观点维护社会稳定。学校教育通过有目的、有计划、有组织的教育活动使社会成员了解符合社会要求的政治观点、道德规范。

（二）培养合格的公民

国家通过教育提高公民的主体意识，使公民进一步了解自己的权利和义务，明确自己在国家中的主人公地位，能够积极主动地参与到民生事务中。

（三）培养合格的政治人才

学校通过各门课程的教育教学活动让学生了解国家历史和政治活动，通过让学生参与学校和社会的活动来培养合格的公民和政治人才。

（四）促进政治民主化

教育能加强科学的影响力，同时启迪人的民主观念。人的民主意识提高了，参与民主管理的意识和能力也会随之提高，从而促进社会的进步。

中国近代启蒙思想家、翻译家、教育家严复便通过教育有力地传播了科学知识和民主观念。1854年，严复出生于今福建省侯官县盖山镇阳岐村的一个中医世家，12岁他放弃走科举之路，13岁他进入福州船政学堂学习驾驶，23岁赴英国学习海军相关的知识，学成回国后进入福州船政学堂任教习。1905年，严复协助马相伯创办复旦公学（今复旦大学前身），1912年任北京大学校长一职。他认为全国人民要有健康的体魄，要禁绝鸦片，禁止缠足恶习，废除专制统治，他倡导"尊民"。

第四节　教育与文化的关系

一、文化制约教育

（一）文化制约教育的目的

社会文化会影响教育对人才的培养。我国传统文化中的不屈不挠、勤劳勇敢等精神，对培养合格的人才具有重要的作用。

（二）文化制约教育的制度

文化传统会对教育制度、教育管理产生影响。比如，美国、法国都是资本主义国家，但它们的文化传统不同，因此教育管理体制也存在差异。美国实行的是分权制，教育管理也实行分权制。法国是中央集权制国家，在教育治理上也实行中央集权制。

（三）文化制约教育的内容

教育内容本身来自文化，学校教育的内容更是要根据社会的需要从文化中进行选择。比如，古诗文是我国文化的重要组成部分，在中小学教科书中，古诗文一直占有重要地位。2017年9月，全国中小学语文课本全部统一，中小学课本的古诗文内容更是大幅增加。

二、教育的文化功能

（一）教育的文化传递和保存功能

文化的保存方式有很多种，教育是其中的一种，它通过传递和传播的方式来保存文化。文化传递是指将文化知识教给年轻一代，之后代代相传。传播是指文化由一个群体传给另一个群体。这两种方式使文化得以持续存在。

（二）教育的文化选择和批判功能

教育的内容来自文化，但不是所有的文化都可以作为教育的内容。一方面，学校的教育时间很有限，人类文化又浩如烟海，所以在有限的时间内只能选择最合适的文化内容作为教学内容，以满足人自身发展的需要和社会人才培养的需要。另一方面，文化既有精华，也有糟粕，要对其进行分析和判断，有选择地对教育内容进行传递和保存。

（三）教育的文化交流和融合功能

文化差异产生文化交流，教育是文化交流、融合的重要手段。在交流过程中，学习先进文化可以有效促进自身文化的发展。

（四）教育的文化更新和创造功能

更新是除旧布新，创造则是制造出以前没有的东西。教育在保存、交流文化的过程中不断更新内容，可以创造出新的文化。

第五节　教育的相对独立性

教育的相对独立性是指教育活动具有一定的独立性，但这种独立性不是绝对的。教育的独立性表现在教育具有自身独特的发展规律和能动性，由于教育要受社会生产力、政治经济制度、人口和文化等各方面的制约，因此教育的这种独立性是相对的。教育自身独特的发展规律和能动性表现在以下几个方面。

一、教育是培养人的活动

教育是培养人的一种社会实践活动，通过这种活动，可以将自然人转变成社会人，从而满足社会发展的需要和人自身生存、发展的需要。

二、教育具有历史继承性

随着社会的发展，教育的某些方面的具体内容和形式会发生变化，但其地位与本质不会发生改变。以我国的爱国主义思想为例，在古代社会它是萦绕于人们心中的朴素的自然情感，在现代社会则是社会主义核心价值观的重要组成部分。再如，我国的古诗文一直以来都在中小学的教科书中占据重要的地位。

三、教育发展与社会发展不完全同步

教育与政治经济制度、社会生产力的发展并不完全同步，有时慢于社会发展，有时快于社会发展。

教育发展慢于社会发展，体现在教育培养出来的人在数量或质量上不能满足社会发展的需要，无法为社会发展提供足够的劳动力或合格的劳动力，影响社会发展的进度。

教育发展快于社会发展，体现在新思想难以被社会接受。比如，"太阳中心说"很早就被提出来了，但当时的社会不赞同这种观点，布鲁诺还因为捍卫和传播"太阳中心说"被处死。教育发展快于社会发展会导致培养出来的人才数量过多，造成人力资源的浪费。比如，各级各类学校毕业生数量的快速增长超过劳动力市场的实际需求，受教育的劳动力面临着知识失业，或者从事了与专业不匹配的工作，导致教育资源被浪费。

思考与练习

一、单项选择题

1. 教育活动有两大基本功能，一是促进人的发展，二是促进（　　）。
   A. 政治发展　　　　　　　　B. 经济发展
   C. 人口发展　　　　　　　　D. 社会发展

2. 《尸子·君治》中有一段关于原始氏族社会生活实况的记载："燧人氏之世，天下多水，故教民以渔；宓羲之世，天下多兽，故教民以猎。"这句话体现了（　　）对教育的影响。
   A. 自然生态环境　　　　　　B. 人口
   C. 社会生产力　　　　　　　D. 文化

3. 教育可以把潜在的劳动力转化为现实的劳动力，这是教育的（　　）功能的体现。
   A. 政治经济制度　　　　　　B. 经济
   C. 文化　　　　　　　　　　D. 人口

4. 决定教育发展规模和速度的根本因素是（　　）。
   A. 政治经济制度　　　　　　　B. 社会生产力
   C. 文化　　　　　　　　　　　D. 人口

5. 决定教育性质的根本因素是（　　）。
   A. 政治经济制度　　　　　　　B. 社会生产力
   C. 文化　　　　　　　　　　　D. 人口

6. 决定教育性质的直接因素是（　　）。
   A. 社会生产力　　　　　　　　B. 文化
   C. 政治经济制度　　　　　　　D. 科学技术

7. 明太祖认为，《孟子》中的有些话不利于君主专制统治，于是令儒臣对此书进行审查，经删节后的书更名为《孟子节文》，颁发至全国学校。这段历史事实体现了（　　）对教育的影响。
   A. 人口　　　　　　　　　　　B. 社会生产力
   C. 政治经济制度　　　　　　　D. 文化

8. 在欧洲封建时代，世俗封建教育主要是培养能够忠于世俗君主的"骑士"。这体现了（　　）对教育目的的影响。
   A. 人口　　　　　　　　　　　B. 社会生产力
   C. 政治经济制度　　　　　　　D. 文化

9. 教育可以"简化"文化，汲取其基本内容；教育可以"净化"文化，清除其不良因素。这体现了教育的（　　）。
   A. 选择功能　　　　　　　　　B. 发展功能
   C. 传递功能　　　　　　　　　D. 保护功能

10. 否定教育自身的发展规律，割裂教育的历史传承，把教育完全作为政治、经济的附庸。这样的观念违背了教育的（　　）。
    A. 生产性　　　　　　　　　　B. 永恒性
    C. 相对独立性　　　　　　　　D. 工具性

11. 推动党和国家各项事业发展的重要"先手棋"是（　　）。
    A. 坚持发展经济　　　　　　　B. 坚持发展文化
    C. 坚持发展人口　　　　　　　D. 坚持优先发展教育事业

12. 教育在社会发展中处于（　　）位置。
    A. 重要　　　　　　　　　　　B. 不可忽视的
    C. 主要　　　　　　　　　　　D. 优先发展的战略

二、辨析题

1. 教育的隐性功能是不好的。
2. 请分析这两个判断：教育可以救国，教育可以兴国。
3. 教育的发展完全受社会发展的制约。
4. 教育可以改变政治经济制度的发展方向。
5. 教育兴则国家兴，教育强则国家强。
6. 教育事关国家发展、民族未来，是国之大计、党之大计，是功在当代、利在千秋的德政工程。
7. 办好教育事业，全社会都有责任。

三、简答题

1. 请简述教育的政治功能。
2. 请简述教育的经济功能。
3. 请简述教育的文化功能。
4. 教育的相对独立性表现在哪些方面？
5. 怎样理解"教育决定着人类的今天和未来"？

四、思考题

1. 我国的三孩政策对教育会产生什么样的影响？
2. 2012年9月，国务院印发了《关于深入推进义务教育均衡发展的意见》，对推进义务教育均衡发展提出了明确要求。义务教育发展不均衡的表现是什么？目前最需要解决的问题是什么？如何解决这一问题？
3. 《中共中央关于构建社会主义和谐社会若干重大问题的决定》中强调："坚持教育优先发展，促进教育公平。"那么，我们应如何优先发展教育？

推荐阅读

1. 约翰·杜威《民主主义与教育》（人民教育出版社，1990年版）
2. 保罗·弗莱雷《被压迫者教育学》（华东师范大学出版社，2011年版）

参考文献

[1] 全国十二所重点师范大学联合编写. 教育学基础 [M]. 北京：教育科学出版社，2002.

[2] 王道俊，郭文安. 教育学 [M]. 7版. 北京：人民教育出版社，2016.

[3] 余文森.新课程背景下的公共教育学教程[M].北京：高等教育出版社，2005.

[4] 杨晓平.教育学[M].上海：华东师范大学出版社，2016.

[5] 叶澜.教育概论[M].北京：人民教育出版社，2006.

[6]《习近平总书记教育重要论述讲义》编写组.习近平总书记教育重要论述讲义[M].北京：高等教育出版社，2020.

第四章

教育目的与教育制度

▌关键词

教育目的　理论基础　沿革　教育制度　变革　学校教育制度

▌学习目标

1. 理解教育目的的作用、层次结构和价值取向。
2. 掌握我国教育目的的理论基础、精神实质。
3. 掌握改革开放以来我国关于教育目的沿革发展的重要文件及其内容实质。
4. 理解教育制度的特点、类型、历史发展和现代学制变革的内容。
5. 掌握我国现行学校教育制度的形态及其发展趋势。
6. 树立全面发展的教育观念，培植育人情怀，努力实现立德树人的目标。

▌内容提要

本章主要探讨和学习教育目的与教育制度两部分内容。教育目的是教育实践活动的方向与前提，其主要作用在于导向、调控、激励和评价。教育目的从宏观到微观、由抽象到具体，大致形成了教育目的、教育方针、培养目标、课程（教学）目标等层层落实的结构，随着时代的变化与教育改革的推进，我国对教育目的的认识和把握始终坚持以马克思主义关于人的全面发展学说作为理论基础，并紧随社会发展现实，与时俱进地不断走向深入、全面和科学化。我国不同时代教育目的的沿革与演进体现了对人的发展持续深入的认知与理解，新时代的立德树人是我国当前教育最根本的任务。教育制度是确保教育教学工作得以顺利、有序实施的制度保障，也是教育目的得以实现的制度支持。教育制度具有客观性、规范性、历史性、强制性的特点，教育制度发展要完全契合终身教育思潮这一为世界各国所关注和认同的全新理念。我国现代学制改革紧紧把握时代发展的脉搏和世界潮流，积极推动变革，认真把握和落实《国家中长期教育改革和发展规划纲要（2010—2020年）》提出的主要工作重点，总体上实现了更高水平的普及教育，形成了惠及全民的公平教育，提供了更加丰富的优质教育，构建了体系完备的终身教育，健全了充满活力的教育体制。

思维导图

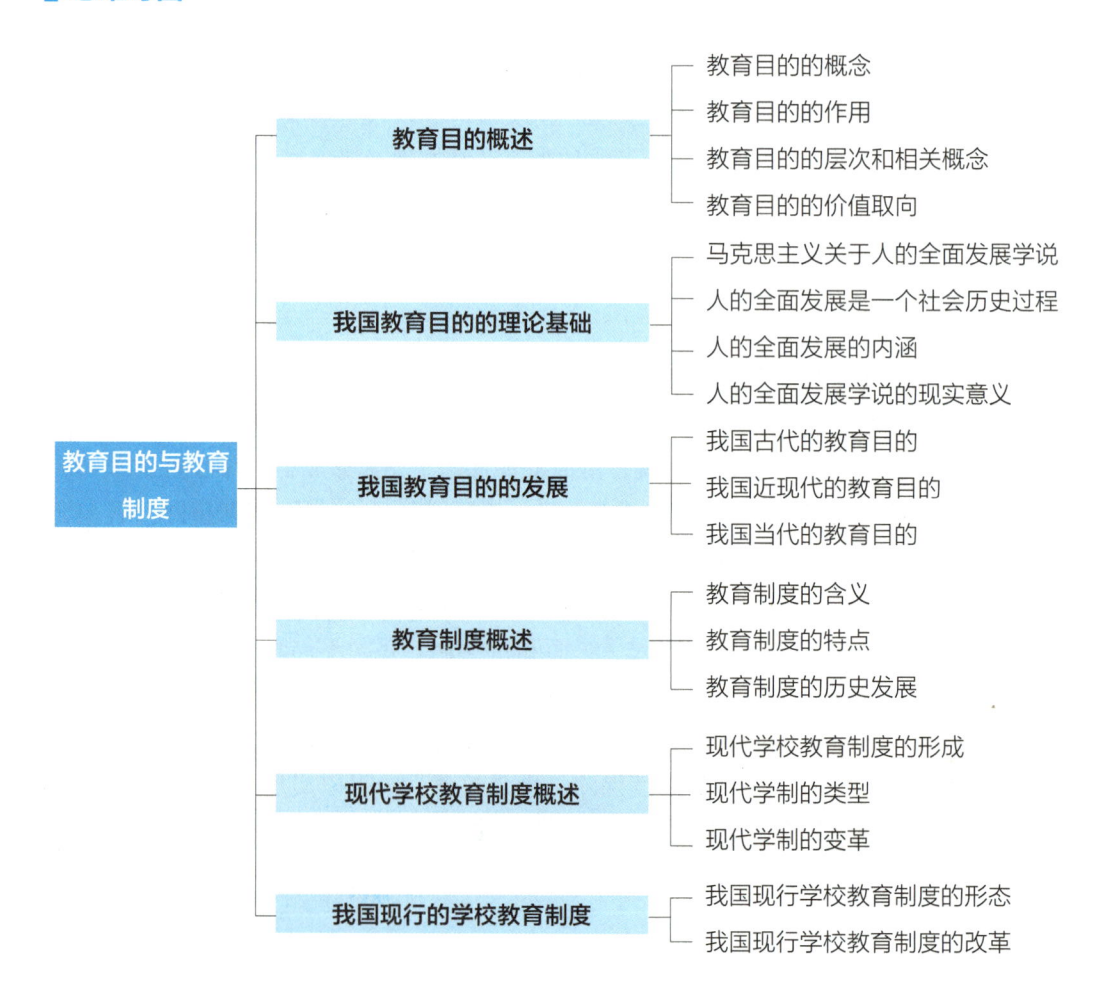

教育目的与教育制度
- 教育目的概述
  - 教育目的的概念
  - 教育目的的作用
  - 教育目的的层次和相关概念
  - 教育目的的价值取向
- 我国教育目的的理论基础
  - 马克思主义关于人的全面发展学说
  - 人的全面发展是一个社会历史过程
  - 人的全面发展的内涵
  - 人的全面发展学说的现实意义
- 我国教育目的的发展
  - 我国古代的教育目的
  - 我国近现代的教育目的
  - 我国当代的教育目的
- 教育制度概述
  - 教育制度的含义
  - 教育制度的特点
  - 教育制度的历史发展
- 现代学校教育制度概述
  - 现代学校教育制度的形成
  - 现代学制的类型
  - 现代学制的变革
- 我国现行的学校教育制度
  - 我国现行学校教育制度的形态
  - 我国现行学校教育制度的改革

> **教学导入**
>
> 教育的目的——个体成人
>
> 苏格拉底以德尔菲神庙上的名言"认识你自己"作为其教育思想与实践的中心，这意味着教育的根本目的不是为了升官发财，不是为了炫耀给别人看，而是为了自己的完善。它使人提升自我人格，而不是提升自我在世的资本。孔子曾说："古之学者为己，今之学者为人。"古代的学者读书是为了成就自己，而今天人们读书是为了取悦他人。孔子倡导的就是为自己学。教育的根本目的是认识你自己，成为你自己。好的教育并不是为了人生在世获得各种现实成功的资本，而是为了自身的完满，为了人格的健全。我们需要越过种种阻碍，回到人自身，明白学校教育的根本目的。
>
> 学校教育一方面需要加强对学生的哲学教育和世界观教育，促成个体成人的自觉自主；另一方面应该尽可能地摆脱、超越那些本不属于自身的目标，回归教育的本真。学校教育需要多一份自由，多一份从容。它要引导个体适应现实的需求，但适应现实需求并不是学校教育的根本目的，学校教育的根本目的是人的完成。不管社会对教育提出何种要求，学校教育的出发点始终应是人的自由而全面的发展，是个体人格的完善。

第一节　教育目的概述

马克思有一段经典的话："蜘蛛的活动与织工的活动相似，蜜蜂建筑蜂房的本领使人间的许多建筑师感到惭愧。但是，最蹩脚的建筑师从一开始就比最灵巧的蜜蜂高明的地方，是他在用蜂蜡建筑蜂房以前，已经在自己的头脑中把它建成了。"[1] 这段话说明，人类的社会实践活动都有其目的，这是人类社会实践活动区别于动物界本能活动的重要标志，教育活动尤为如此。

一、教育目的的概念

教育目的的概念通常有广义和狭义之分。广义的教育目的处处存在、时时可闻，家庭、社会等凡有教育发展，其背后必然蕴含实施教育的目的和意图，因而，广义的教育目的是指"存在于广泛的人民群众头脑之中的对受教育者的期望和要求[2]"。狭义的教

---

[1] 马克思，恩格斯.资本论（纪念版·第一卷）[M].中共中央马克思恩格斯列宁斯大林著作编译局，译.北京：人民出版社，2018：208.
[2] 王道俊，郭文安.教育学[M].7版.北京：人民教育出版社，2016：80.

育目的是指在社会中起主导作用的或由国家层面提出的教育总目的。它由政府提出，并反映社会发展的根本需求，明确而稳定，对各级各类学校的教育工作、人的成长、人才的培养具有重要的指导和规范作用。学校的教育主要根据狭义的教育目的来安排教育教学，"学校、教师根据国家层面的教育目的，按自己的理解放大或缩小、增加或改变，形成具体的、与自己活动相关的总目标并组织、选择相关的内容"。[①]

二、教育目的的作用

我们谈及教育目的的意义和价值时，往往聚焦于学校教育的实施。教育的目的主要有以下四种。

第一，导向（定向）作用。教育目的为学校教育和学生发展指明了方向，既是学校办学的根本指导思想，也是学生身心成长发展的的目标，是学校教育工作的起点和归宿，并制约教育的全过程。

第二，调控作用。教育目的规定了学校教育培养人才的基本质量和规格，对学校教育的内容和活动方式起选择、协作、调节和控制作用。

第三，激励作用。教育目的能够激发学生的学习行为的动机，激发其成就感，唤起其内在需要等。例如，素质教育面向全体学生，可以促进学生的全面发展、个性发展，培养其创新精神。

第四，评价作用。学校的办学质量和学生的发展质量如何，可以根据很多标准来衡量，但其中一个重要标准是教育目的。

三、教育目的的层次和相关概念

教育目的不是一个孤立的概念，我们经常听到一些与其相关的概念，它们和教育目的共同构成了一个概念系统，形成了相互关联的结构。

首先，处于最高层次的是教育目的，它是对教育总的质量标准和规格要求的表述，属于宏观层面的方向性的理论指导。

其次是教育方针，它属于宏观层面的教育目的，是我国教育工作总的依据，也是关于教育的根本宗旨和行动纲领的表述，与一定的教育发展历史阶段紧密相关，明确规定了教育的性质、方向、教育的目的及其根本的实现途径和方法。就我国而言，教育方针往往就是教育目的。

再次是培养目标，它可以归属于教育目的的中观层面，在一定程度上对教育目的进行了具体设计，一般是就各级各类学校各自的教育性质与实际而言的，反映其开办教育的最终任务或目标。

[①] 叶澜.教育概论[M].北京：人民教育出版社，2006：18.

最后是课程或教学目标，它是教育目的微观层面的表述，是课程实施或教学实践的具体工作指向，是学校教育教学工作的效果期望，反映在具体的教育教学工作各环节，尤其是课堂教学中，具有非常强的可操作性和可评价性。

四、教育目的的价值取向

教育目的的不同选择包含着对教育价值的不同追求，充分体现了人类实践活动的意向性与能动性。因此，教育目的本身有着确定的价值取向，即教育目的的提出者或从事教育活动的主体依据自身对人的发展和社会发展需要的理解，对教育价值做出选择时所持有的一种倾向。

在确立教育目的的价值取向过程中，影响最大的、最根本性的问题即是对教育目的的个人取向和社会取向的争论，由此构成了教育目的选择上的两种典型的价值取向，即个人本位取向和社会本位取向[①]。

（一）个人本位取向

历史上对教育目的持个人本位取向的思想家不少，尤其是西方文艺复兴人文精神旗帜下对人的价值与尊严复归的主流思潮，激发了许多教育家对儿童个体天性及其发展的教育意义的探讨，卢梭就是其中的重要代表人物，其名著《爱弥儿》是个人本位取向最重要的代表作。其后，西方世界涌现出不少持这种教育目的观的教育家，如福禄贝尔、裴斯泰洛齐等。直到今天，当代西方许多思想家的教育目的观的价值取向仍然多为个人本位取向。

个人本位论者认为，教育的根本目的就是充分发展个人的潜能与个性，而社会的要求是无关紧要的。个人本位取向的主要观点如下。

①教育目的是根据个人发展的需要制定的，而不是根据社会的需要制定的。教育的真谛在于使个人的发展的潜在可能与倾向得到完善的发展。

②个人价值高于社会价值。社会价值只有在有助于个人发展时才有价值，否则，单纯地关注社会价值的实现就会压抑和排斥个人价值。

③人生来就有健全的潜在本能，教育的基本职能就在于使这种潜能得到发展。卢梭认为，出自造物主之手的东西都是好的，一到人的手里就全变坏了。他在这里讲的人，是指社会人，因而必须把学生从社会的强制影响下挽救出来。

（二）社会本位取向

持社会本位取向观的思想家也不少，19世纪末20世纪初的一些社会学家以及具有社会学思想的教育家大都持有教育目的的社会本位观点，如德国哲学家纳托尔普、法国

[①] 王道俊，郭文安. 教育学[M]. 7版. 北京：人民教育出版社，2016：85.

思想家涂尔干、德国教育家凯兴斯泰纳等人。这种观点影响极深，很多国家兴办教育必然要重视整个国家和社会发展的需要和价值。

社会本位论者认为，教育的根本目的是由社会发展的需要所决定的，而人的潜能与个性的需要是无关紧要的。社会本位取向的主要观点如下。

①个人的一切发展都有赖于社会，社会发展是个人发展的决定因素。法国社会学家孔德认为："真正的个人是不存在的，只有人类才存在，因为不管从哪个方面看，我们个人的一切发展都有赖于社会[1]。"法国社会学家涂尔干也明确提出，"教育就是使年轻一代系统地社会化的过程"，"教育的目的就是在我们每个人身上造就这种社会特性[2]"。

②教育要以服务社会为唯一追求，除了满足社会需要以外，并无其他目的。正如那托尔普所说："在教育目的的决定方面，个人不具有任何价值，个人不过是教育的原料，个人不可能成为教育的目的[3]。"他认为，将个人视为具有无限独立性和潜能的观点是错误的，只能始有社会，才有个人；始有群性，才有个性。一旦脱离社会，就没有个性的产生与发展了。

③教育的结果或效果的好坏是以其社会功能发挥的程度来判断和衡量的。德国教育家凯兴斯泰纳认为，国家教育制度的唯一目标就是造就公民。教育结果或效果的好坏，只能以它能否维持人类的生存和社会的繁荣来加以衡量。离开了社会，就无法对教育的结果做出衡量。

作为一种培养人的专业性活动，教育目的的价值取向应该具有双重性，既要重视社会发展需要，又要满足个人发展需求，二者是对立统一地、辩证地向前发展的。马克思主义关于人的全面发展学说对此做了科学的论述，为我们选择教育目的价值取向奠定了理论基础。

第二节　我国教育目的的理论基础

一、马克思主义关于人的全面发展学说

我国是社会主义国家，从我国现代和当代的历史来看，马克思主义是指导我国革命、建设与发展的根本思想理论。因此，我国的教育理论与实践同样离不开马克思主义理论的指导，我国教育目的的理论基础是马克思主义关于人的全面发展学说。马克思运用历史唯物主义观点分析了人的发展与社会进步的关系，认为在人类这条通往未来的

---

[1] 奥古斯特·孔德.论实证精神[M].黄建华，译.北京：商务印书馆，2009：80.
[2] 瞿葆奎，陈桂生.教育学文集·教育与社会发展[M].北京：人民教育出版社，1989：19-20.
[3] 吴俊升.教育哲学大纲[M].北京：商务印书馆，1935：146.

道路上，社会历史的延伸与人的发展是互动互促、共同向前发展的。没有社会的充分发展，就不可能成就人的高度发展；同样，没有人的高度发展，就不可能促进社会的高度文明与进步，二者在历史的长河中总体来说是统一的。

二、人的全面发展是一个社会历史过程

马克思、恩格斯从历史辩证法出发，指出了人的全面发展过程的社会历史性，并且对人的发展的社会历程进行了全面考察，确立了以现实个人为发展主体的人的全面发展观。马克思、恩格斯认为，生产力水平决定着社会发展，因此，人类的历史发展与工业和交换发展历史是紧密相连的，马克思科学地考察了人的发展历史，预测了人的发展的未来。他将人类历史划分为三种形态，并根据三种社会形态的更替来揭示人的生存和发展境遇的历史进程。

在古代社会中，"人的依赖关系（起初完全是自然发生的）是最初的社会形态，在这种形态下，人的生产能力只是在狭窄的范围内和孤立的地点上发展着[1]"，而且"我们越往前追溯历史，个人，从而也是进行生产的个人，就越表现为不独立，从属于一个较大的整体[2]"。所以，古代社会突出的特点是以人的依赖关系为基础的，个人没有人身自由，没有独立性和个性，个人依附于群体、部落和国家及其统治者，包括君主与神明。

现代社会"以物的依赖性为基础的人的独立性是第二大形态，在这种社会形态下，才形成普遍的社会物质变换、全面的关系、多方面的需求和全面的能力的体系[3]"。现代社会的主要特点是以机器大工业为主导的生产生活方式，人际之间、地区之间、国家之间的交往走向频繁、扩大与关系的全面化，个人摆脱了对他人的依赖关系，在一定程度上获得人身的独立自主与自由。但是，人与人之间的关系又开始被物控制，由于人对物质利益的追求、享受和占有欲望的急剧膨胀，人逐渐异化，即人被物奴役。一方面，社会发展与科技进步对人的能力提出了更高的要求，对人的全面发展提供了客观的可能；另一方面，人受制于物质交换关系的现实束缚，因此不可能摆脱物的依赖与局限。资本主义社会中的社会化大生产在推动物质生活不断发展的同时，将身处其中的每个人异化，连人际关系也呈现出同样的状态，致使个人关系和个人能力的普遍性和全面性成为一种现实的要求。但是，由于资本主义生产的社会化和生产资料的私人占有之间存在着不可克服的矛盾，在这种社会形态里，个人的全面发展不可能真正实现。因此，马克思将其看作是"第二个阶段为第三个阶段创造的条件"。

---

[1] 马克思，恩格斯．马克思恩格斯全集（第46卷上）：经济学手稿（1857—1858年）[M]．北京：人民出版社，1979：104.
[2] 马克思，恩格斯．马克思恩格斯全集（第46卷上）：经济学手稿（1857—1858年）[M]．北京：人民出版社，1979：19.
[3] 马克思，恩格斯．马克思恩格斯全集（第3卷）：德意志意识形态[M]．北京：人民出版社，1965：516.

在第三个阶段，共产主义是以"建立在个人全面发展和他们共同的社会生产能力成为他们的社会财富这一基础上的自由个性"为特征的。在这个阶段，"私有制和分工的消灭同时也就是个人在现代生产力和世界交往所建立的基础上的联合①"，在这里，人们既摆脱了人的依赖关系，又摆脱了物的依赖关系，个人将得到全面而自由的发展，而"每个人的自由发展是一切人的自由发展的条件"，这就是人的彻底解放。

在马克思看来，人的社会实践的历史是在生产力发展的基础上人不断走向社会解放和人的解放的历史。只有在第三种社会形态里，人才能成为社会、自然和自身的主人，才能由必然王国进入自由王国，真正意义上人的自由而全面的发展才能成为现实。

三、人的全面发展的内涵

马克思曾说过："人不是抽象的纯生物的个体，而是一定社会的具体成员。人的体力、智力、知识、才能、兴趣、爱好和意识倾向、行为习惯等，都是由他们所处的生产关系和生产方式决定的。人们所生活于其中的各种社会关系，如民族的、阶级的、家庭的等，这些社会关系实际上决定了一个人能够发展的程度②。"

人是在不断走向自由和解放的过程中实现全面发展的，自由和解放是人类历史追求的真正目的。因此，我们就不难理解：为什么在资本主义社会中，人的发展无法摆脱片面性；为什么人的全面发展需要高度发达的社会生产力作为保障；为什么共产主义的实现与人的全面发展的真正实现是互为条件的。

案例呈现

教育是人类社会的基础，是培养人、提高人的素质的一种社会现象，也是实现全面发展的人必须通过的根本途径。全面发展的人必须通过教育来培养和造就。

马克思、恩格斯认为，全面发展的教育包括德育、智育、体育、综合技术教育，即教以一切生产过程的基本原理为基础，并同时使儿童或少年熟悉使用一切最简单的生产工具的方法。通过这几方面的教育，人的体力和智力就可以得到和谐发展，成为身心健康、体脑结合、各种才能都得到全面发展的新人。

……………

通过这种教育，实现那种"把不同社会职能当作互相交替的活动式的全面发展的个人，来代替只是承担一种社会局部职能的局部个人"的社会理想①。

---

① 马克思,恩格斯.马克思恩格斯全集(第46卷上):经济学手稿(1857—1858年)[M].北京:人民出版社，1979：19.
② 马克思,恩格斯.马克思恩格斯全集(第3卷):德意志意识形态[M].北京:人民出版社，1957：295-296.
③ 芮鸿岩.新中国初期中共教育方针政策的三维向度[M].北京:社会科学文献出版社，2011：43-44.

值得我们注意的是，深入理解马克思人的全面发展学说需要同人的自由发展联系起来，才能真正把握其要义。在马克思看来，这两者是人的发展同一个过程的两个不同方面，二者相互影响、相互制约。"全面发展"多从人的能力发展的角度出发，强调人的发展的多方面性和丰富性；"自由发展"多从人摆脱人的依赖、物的依赖关系和精神奴役的角度出发，强调人的个性的和谐与完善，二者共同构成了完整的人的自由而全面的发展。

四、人的全面发展学说的现实意义

马克思关于人的自由而全面发展学说是在继承和发展历史中的有关理论的基础上的新的探索和科学概括，是我们选择社会主义教育目的的价值取向的理论基础，其现实启示意义如下[①]。

其一，社会主义制度的建立为人的全面发展拓宽了道路。
其二，要依据我国的特点尽可能地促进人的全面发展。
其三，人的全面发展是构建社会主义和谐社会的基本内涵。
其四，追求人的全面发展与实现人的自由发展必须和谐统一。

第三节 我国教育目的的发展

我国的教育历史源远流长，因此，教育目的也有漫长的沿革发展历程。由于社会演进与发展的层次和阶段不同，我国在不同历史时段所兴办的教育在性质、方式、活动方面也有较大的差别，相应地，不同历史阶段的教育目的也有明显不同。总体来看，我国教育目的的发展历程分为古代、近现代和当代三个历史时段。

一、我国古代的教育目的

在古代，我国的教育主要注重培养个人的良好德行和理想人格。例如，大思想家孔子秉持"为政在人"的政治主张，倡导教育要以培养贤能之士的"君子""贤人"，将担当治理国家的重任作为最终目的和最高追求。孟子继承并发展了孔子的教育目的观，更加注重人伦道德教育，提出了"明人伦"的终极性教育目的。孟子讲的人伦是指"父子有亲、君臣有义、夫妇有别、长幼有序、朋友有信"，亦称"五伦"。

在中国两千多年的漫长历史中，以孔子为代表的儒家教育思想总体上来说是我国传统教育思想的主流，其目的是培养统治阶级所需要的统治人才，这种教育的价值取向在孔子本人的言语中就常有体现。

[①] 王道俊，郭文安. 教育学[M]. 7版. 北京：人民教育出版社，2016：90-91.

二、我国近现代的教育目的

我国近代史的开端标志性事件是 1840 年的鸦片战争。近代中国开始开眼看世界，探索自强图存之路。不少人远渡重洋寻求治世良方，西学东渐成为近代中国社会的真实写照。在"中学为体，西学为用"的号召下，教育界掀起了一股思潮。在此背景下，1906 年，清政府正式颁布新教育宗旨，即"忠君、尊孔、尚公、尚武、尚实"，这是我国近代教育史上第一个正式颁布并实施的教育宗旨。相比我国传统的教育目的观，这个宗旨有所改进，具有一定的求实色彩，然而其实质并没有改变，仍是培养封建统治阶级所要求的"顺民"。

1911 年，辛亥革命结束了中国两千余年的封建统治，开启了中华民国新纪元，国民党执政成为我国教育发展的主要政治条件，教育事业有了较为开放和灵活的发展环境。1929 年，国民党第三次代表大会确定的的教育宗旨为："中华民国之教育，根据三民主义，以充实人民生活，扶植社会生存，发展国民生计，延续国民生命为目的；务期民族独立，民权普遍，民生发展，以促进世界大同。"1936 年，国民党政府又在《中华民国宪法草案》中规定："中华民国之教育宗旨，在发扬民族精神，培养国民道德，训练自治能力，增进生活智能，以造就健全国民。"国民党统治时期规定的教育宗旨尽管有其进步性，但同时也具有其压迫性和欺骗性，其实质是国民党"一个政党""一个主义"政策的体现，是为国民党专制统治服务的。

自中华民国以来，与国民党统治区教育同时并存的还有中国共产党领导的革命根据地的教育，相比之下，中国共产党领导的革命根据地的教育目的、方针和宗旨有很大的不同，对发扬民主、科学精神和促进革命、解放具有积极的意义。1934 年，毛泽东在江西革命根据地就教育目的提出了新的观点：苏维埃文化教育的总方针"在于以共产主义的精神来教育广大的劳苦民众，在于使文化教育为革命战争和阶级斗争服务，在于使教育与劳动联系起来，在于使广大中国民众都成为享受文明幸福的人[1]"。1938 年，在延安根据地时期，毛泽东为延安中国人民抗日军事政治大学提出了"坚定正确的政治方向，艰苦奋斗的工作作风，灵活机动的战略战术[2]"的教育方针。1940 年，毛泽东在《新民主主义论》中又提出了"民族的、科学的、人民大众的新文化和新教育"[3]的新民主主义教育方针。这些方针在指导我国革命根据地不同时期的教育工作中起到了重要作用。

---

[1] 中华人民共和国教育部、中共中央文献研究室编.毛泽东邓小平江泽民论教育[M].北京：人民教育出版社，中央文献出版社，北京师范大学出版社，2002：5.
[2] 中华人民共和国教育部、中共中央文献研究室编.毛泽东邓小平江泽民论教育[M].北京：人民教育出版社，中央文献出版社，北京师范大学出版社，2002：22.
[3] 中华人民共和国教育部、中共中央文献研究室编.毛泽东邓小平江泽民论教育[M].北京：人民教育出版社，中央文献出版社，北京师范大学出版社，2002：45.

三、我国当代的教育目的

中华人民共和国成立后，党和国家非常重视确立我国新的教育目的。1957年，毛泽东在最高国务会议上提出："我们的教育方针应该使受教育者在德育、智育、体育几方面都得到发展，成为有社会主义觉悟的有文化的劳动者。"1958年，中共中央、国务院在《关于教育工作的指示》一文中明文确定了这一教育目的，且进一步提出"教育必须为无产阶级政治服务，教育必须同生产劳动相结合"的教育方针。

改革开放以来，我们党根据不同阶段社会主义建设和发展的需要，对我国教育目的的表述不断调整。有代表性的文件及其观点如下：

1981年，中共中央《关于建国以来党的若干历史问题的决议》提出："用马克思主义世界观和共产主义道德教育人民和青年，坚持德智体全面发展、又红又专、知识分子与工人农民相结合、脑力劳动与体力劳动相结合的教育方针。"

1982年颁布的《中华人民共和国宪法》规定："国家培养青年、少年、儿童在品德、智力、体质等方面全面发展。"

1983年，邓小平为北京景山学校题词："教育要面向现代化，面向世界，面向未来。"1985年，《中共中央关于教育体制改革的决定》将"三个面向"写入教育方针："教育要面向现代化，面向世界，面向未来，为90年代至下世纪初叶我国经济和社会的发展，大规模地准备新的能够坚持社会主义方向的各级各类合格人才。""所有这些人才都应该有理想、有道德、有文化、有纪律，热爱社会主义祖国和社会主义事业，具有为国家富强和人民富裕而艰苦奋斗的献身精神，都应该不断追求新知，具有实事求是、独立思考、勇于创造的科学精神。"

1986年颁布的《中华人民共和国义务教育法》规定："义务教育必须贯彻国家的教育方针，努力提高教育质量，使儿童、少年在品德、智力、体质等方面全面发展，为提高全民族的素质，培养有理想、有道德、有文化、有纪律的社会主义建设人才奠定基础。"这里首次将提高民族素质提高到教育目的的高度。

1993年，中共中央、国务院颁发的《中国教育改革和发展纲要》提出："教育必须为社会主义现代化建设服务，必须与生产劳动相结合，培养德、智、体全面发展的建设者和接班人。"

2004年，全国人大通过的《中华人民共和国宪法修正案》再次明确规定："国家培养青年、少年、儿童在品德、智力、体质等方面全面发展。"

2021年新修订的《中华人民共和国教育法》规定："教育必须为社会主义现代化建设服务、为人民服务，必须与生产劳动和社会实践相结合，培养德智体美劳全面发展的社会主义事业的建设者和接班人。"这是目前教育目的最规范的表述。

我国教育目的表述虽几经变化，但其基本精神却是一致的，就是培养学生成为未来国家、社会发展的实践主体与主人。其基本点包括以下几个方面。

第一，坚持培养"劳动者"或"社会主义建设人才"。

第二，坚持追求人的全面发展，保证受教育者在德、智、体、美、劳等方面都得到发展。

第三，坚持发展人的独立个性。

第四，坚持提高全民族素质。

新时代，党和国家对中小学生的全面发展的重视达到了前所未有的程度。自党的十九大和全国教育大会召开以来，"五育并举"受到高度重视，成为明确的教育方针。2019年，《中共中央国务院关于深化教育教学改革全面提高义务教育质量的意见》明确指出："突出德育实效，提升智育水平，强化体育锻炼，增强美育熏陶，加强劳动教育。"这些教育方针或目的不仅继承了素质教育以来对人全面发展的培养定位，同时也赋予了新时代全新的教育价值观，其最为根本的精神实质就是习近平总书记提出的"立德树人"这一教育的根本任务。为此，我国教育事业发展明确要求："要努力构建德、智、体、美、劳全面培养的教育体系，形成更高水平的人才培养体系。要把立德树人融入思想道德教育、文化知识教育、社会实践教育各环节，贯穿基础教育、职业教育、高等教育各领域，学科体系、教学体系、教材体系、管理体系要围绕这个目标来设计，教师要围绕这个目标来教，学生要围绕这个目标来学。"

党的二十大报告首次把教育、科技、人才进行"三位一体"统筹安排、一体部署，并摆在"全面建设社会主义现代化国家的首要任务"即"高质量发展"之后的突出位置，极具战略意义和深远影响。（出处：踔厉奋发迈向新征程——论学习贯彻党的二十大精神[N].中国教育报，2022—10—31.）由此，教育的育人目的及其价值达到前所未有的高度。（最后一句，是作者添加的。）

第四节　教育制度概述

当我们对国家的教育目的的产生与发展有清晰的认识后，接下来必然要探讨教育制度问题，教育目的引领教育制度，教育制度同时又是确保国家和社会教育目的实现的必不可少的制度性保障。无论教育目的听起来多么完美和富有理想色彩，缺少制度的保驾护航，其兑现的可能也是微乎其微，这对于专门性的学校教育而言尤为重要。

一、教育制度的含义

什么是教育制度？《中国大百科全书·教育》对此有两种解释：一是指根据国家的性质制定的教育目的、方针和设施的总称；二是指各种教育机构系统。第一种解释涉及教育思想、教育理论、教育方针政策、教育管理体制与设施，几乎涵盖了全部教育，过于泛化。第二种解释得到了较多的认同，如《教育大辞典》就把教育制度解释成"一个国家各种教育机构的体系"。[①]

我们认为，教育制度是指一个国家各级各类实施教育的机构体系及其组织运行的规则。它一般包括相互关联的两个方面内容：一是各级各类教育机构与组织；二是教育机构与组织赖以存在和运行的规则，如各种相关的教育法律、规则、条例等。

二、教育制度的特点

其一是客观性。教育机构的设置、层次类型的分化、各级各类教育机构的制度化，都受客观的生产力发展水平制约，具有客观性。

其二是规范性。任何教育制度都有其规范性，主要表现在入学条件即受教育权的限定和各级各类学校培养目标的确定上。在阶级社会中，教育制度总是为某一阶级的利益服务的。社会主义的教育制度则应为最大限度地保障和满足广大人民日益增长的文化教育需要服务。

其三是历史性。教育制度是随着社会的发展变化而发展变化的，具有历史性。在不同的社会历史条件下会有不同的教育需要，因而要建立不同的教育制度。教育制度是随着时代的变革而不断变革的。

其四是强制性。教育制度是先于作为年轻一代的个体而存在的，它对于受教育者个体的行为具有一定的强制作用，要求受教育者个体无条件地去适应和遵守制度。但随着教育制度的发展、改革、类型的多样化，以及自主意识、终身教育意识的兴起，受教育者个体的选择性也日益扩大。

三、教育制度的历史发展

教育制度不是从来就有的，它是随着社会生产与生活的发展而产生的，而且受社会生产分工、生活条件、生产力水平等各种社会因素的制约。

在原始社会，教育尚未从社会生产和生活中分离出来，没有专门的学校教育，因此不可能有教育制度。

古代社会（包括奴隶社会和封建社会）的生产和生活条件有了一定的提升，随之产生了体脑分离、阶级分化等社会现象，使得知识传授与学习成为上层阶级所享有的特权，并且成为了一种专门性活动。古代社会的教育制度层次简单，如我国古代教育只有蒙学和大学，没有严格的程度划分和年限规定，相互衔接不紧密。

现代教育制度是随着现代学校的产生、发展、分化和改革而形成和完善起来的。现

[①] 教育大辞典编纂委员会编.教育大辞典（第1卷）[Z].上海：上海教育出版社，1990：68.

代学校是适应社会化大生产和现代社会变迁需要的产物，它不但培养政治人才和管理人才，更重要的是它还培养各种科学技术、文化教育、经济管理人才和众多的有文化的劳动者。这就决定了现代学校发展程度的大众性、普及性和制度结构多层次性。

当代社会，教育制度还在不断变化和发展。它由过去单一的学校教育系统发展成为以学校教育系统为主体，包括幼儿教育、校外儿童教育、成人教育的立体化、多形式、全方位的强大教育体系，它的整体发展趋势是终身教育。越发达的国家，其教育制度的这种发展趋势就越明显。

1965年12月，联合国教科文组织在巴黎召开国际成人教育会议，保罗·朗格朗以"终身教育"为题在会议上做了报告，引起了强烈的反响。此后，他陆续撰写了《成人教育与终身教育》（1969）、《终身教育问题》（1970）等重要著作，大力倡导和促进终身教育活动的开展。1970年，保罗·朗格朗的力作《终身教育引论》出版，标志着其终身教育思想的体系化。终身教育是人一生各阶段所受各种教育的总和，也是人所受不同类型教育的综合。前者从纵向上讲，说明终身教育不仅仅是青少年的教育，而且涵盖了人的一生。后者从横向上讲，说明终身教育既包括正规教育，也包括非正规教育和非正式教育。正如英国学者里士满与终身教育的倡导者保罗·朗格朗在对话中所讲的："终身教育的含义相当简单，指教育并非局限于学校教育。相反，它的影响扩展到学习者的私人生活和公众生活的所有方面——他的家庭和职业关系、政治倾向、社会活动、业余爱好，等等。终身教育求助于各种各样的机构——学校、学院、大学，同时还有家庭、社区和工作领域、书籍、出版社、剧场和大众传播媒介。"[①]

终身教育概念也在不断发展。国际21世纪教育委员会在其向联合国教科文组织提交的《教育：财富蕴藏其中》的报告中，对终身教育的内涵做了进一步揭示："教育不仅仅是为了给经济界提供人才，它不是把人作为经济工具，而是作为发展的目的加以对待……特别是，尽管终身培训仍是20世纪末的一个重要思想，但是，最重要的是应使其超越纯粹的就业范围，而将其列入作为人的持续协调发展条件加以设计的终身教育这一含义更广的概念之中。"

20世纪60年代以来，终身教育思潮引起了世界各国的注意，为不同社会制度的国家普遍接受。联合国教科文组织把它作为教育领域活动的指导原则，很多国家把终身教育从原则和政策转向实际的应用。总之，各国教育制度均逐步向终身教育的方向发展。例如，我国对终身教育的理念就采取了积极接纳的态度，尽管接触时间不算早，但引进和传播得较为迅速和广泛。

[①] 瞿葆奎，黄荣昌．教育学文集·教育制度[M]．北京：人民教育出版社，1990：553．

第五节　现代学校教育制度概述

一、现代学校教育制度的形成

现代教育制度比以往任何时候都更加专业化和专门化，各级各类的现代学校是典型的专门性教育机构，因此，现代教育制度大多情况下就是指现代学校教育制度。学校教育制度简称学制，它是现代教育制度的核心，通常指一个国家各级各类学校的系统及其管理规则，一般会规定各级各类学校的性质、任务、培养目标、入学条件、修业年限、领导体制及各级各类学校的关系。

现代学校教育制度的形成是与现代学校的产生和发展联系在一起的。近代以来，随着商品经济和资本主义的发展，特别是随着为劳动人民子女设立的国民学校的发展，公共教育制度逐步建立起来，形成了大、中、小学三阶段既严格区分又相互承接的现代学校教育系统。

现代学校发源于欧洲中世纪末的文艺复兴前后。现代学校系统的发展沿着两条路线进行：一条是自上而下地发展，以大学为顶端，向下伸延，产生了大学预科性质的中学，经过长期演变形成了现代教育的大学和中学；另一条是自下而上地发展，是由小学（及职业学校）到中学（及职业学校），再向上发展至今天的短期大学。

二、现代学制的类型

学制的形成和发展受多种因素的制约，"除了受到生产力和科学技术的制约之外，还受到政治、经济、文化以及学习者身心发展规律等因素的制约"[1]。发达国家现代学制的形成和发展过程大多都经历了现代经济、政治、科技、文化等各种社会性因素的冲击和影响，而且必然与各自的传统与国情相关联，因此，其学制类型不完全一致。总体来看，现代学制主要有三种类型：一是双轨学制，二是单轨学制，三是分支型学制。原来的西欧学制属于双轨学制，美国学制属于单轨学制，苏联的学制则是分支型学制。[2]

（一）双轨学制

一般认为，双轨学制产生并兴起于十八、十九世纪的西欧，它包括由欧洲古代学校演变来的带有等级和特权色彩的学术性现代学校以及伴随资本主义萌芽和发展而新产生的、向劳动人民子女开放的群众性现代学校，二者的发展几乎是齐头并进的，由此形成了欧洲现代教育的双轨学制，简称双轨制：一轨自上而下，其结构是大学（后来也包括

---

[1] 杨晓平. 教育学 [M]. 上海：华东师范大学出版社，2016：72.
[2] 黄济，王策三. 现代教育论 [M]. 3版. 北京：人民教育出版社，2012：221.

其他高等学校）、中学（包括中学预备班）；另一轨自下而上，其结构是小学（后来是小学和初中）及其后的职业学校（先是与小学相连的初等职业教育，后发展为和初中相连的中等职业教育）。双轨制是两个相互平行的教育系列，它们之间不相通、不连贯，学术性一轨从中学开始（建基于最初的家庭教育），群众性一轨最初只有小学，严重影响了社会的进步。两轨分离的学制剥夺了在群众性小学上学的劳动者子女升入学术性中学和大学的权利。欧洲国家的学制大都曾为双轨制，但由于双轨制与工业技术革命所推动的普及初中、高中教育的发展趋势相矛盾的突出问题，很多国家后来被迫对其双轨制进行了一定的改革，将群众子女教育延伸到中学。

（二）单轨学制

北美多数地区最初都曾沿用欧洲的双轨制，但 1830 年以后，美国的小学得到了蓬勃的发展。后来美国由农业社会向工业社会急剧发展，于是从 1870 年起，中学教育的发展开始明显加速。在这种社会政治、经济与文化急剧发展的背景下，美国早期双轨制的学术性一轨没有得到充分发育，就被在短期内迅速发展起来的群众性小学和中学所湮没，从而形成了美国的单轨学制。美国单轨制的结构是：小学、中学、大学。其基础教育的特点是：一个系列、多种分段，即六三三、五三四、四四四、八四、六六等分段。单轨制最早产生于美国，被世界许多国家采用，是因为它有利于教育的逐级普及，有利于现代生产和现代科技的发展。

（三）分支型学制

近两百年沙俄时代的学制基本采用欧洲双轨制。经过十月革命，世界上第一个社会主义国家苏联诞生了，苏联在建国初始建立了单轨的社会主义统一劳动学校，后来在发展进程中恢复了沙俄时代文科中学的某些传统和职业学校单设的做法，于是就形成了既有单轨制特点又有双轨制因素的苏联型学制。苏联型学制与欧洲双轨制存在着区别，它一开始并不分轨，而且职业学校的毕业生也有权进入对口的高等学校学习。但是，它也不同于美国的单轨制，它规定了学生在升入中学阶段时开始分流，有的进入普通中学学习，有的则走向中等职业技术学校。简言之，苏联型学制是介于双轨制和单轨制之间的分支型学制。苏联型学制的中学上通（高等学校）下达（初等学校）、左（中等专业学校）右（中等职业技术学校）畅通，这是苏联型学制的优点和特点。俄罗斯现行学制基本保持了苏联学制的组成部分。

我们怎样看待世界上存在不同学制的现象呢？这种不同或差别有着复杂的、多维度的因素。同时，每个国家的学制也不是一成不变的，而是随着时代发展和社会变迁发生可能性的变革。下面这段文字对于我们正确把握和理解学制的演进、变化具有一定的启示和帮助作用。

学校教育制度的演进具有特定的社会、政治、经济、文化和历史背景。西方学校教育制度的建立与大工业的进程有着直接的联系，工业革命为学校教育制度的产生与发展提供了动力和条件。不同国家的中小学校及学制的形成与发展又是该国政治经济状况、文化历史传统、宗教习俗等诸因素共同作用的结果，也是人类对教育本质的认识不断深化的表现和贯彻教育平等思想的历程，任何将学校教育制度与社会发展割裂开来的做法都是危险的。正如法国教育社会学家涂尔干所说的："当人们历史地研究教育体系的形成及其发展方式时，人们就会看到它是依存于宗教和政治组织的，是依存于科学的发达程度和工业状况等的。倘如把这种历史因素同教育体系分开，那么，体系就会变得不可理解。"[1]

三、现代学制的变革

近百年来，现代学制不论学校系统还是学校阶段，都发生了重大变化。

（一）从学校系统看，双轨学制在向分支型学制和单轨学制方向发展

直到 20 世纪初，西欧双轨学制的一轨只有小学，另一轨则只有中学和大学。其初等教育是专为劳动者子女设立的，而上层人士的子女则是在家庭中或在中学预备班里接受初等教育，这就是双轨制。经过两次世界大战，通过劳动人民及其政党的努力和争取，德、法、英等国终于先后实行了统一的初等义务教育，初等教育并轨了；随着义务教育的上延，小学便与中等教育衔接起来。

第二次世界大战后，西欧各国普及教育逐步延长到十年左右，达到了初中阶段。过去，欧洲的中学是不分段的。现在实施义务教育，有的学生在高学术水平的完全中学的第一阶段学习，有的则在新发展起来的低学术水平的初级中学学习，二者的教育机会很不均等。于是，英、法、德等国采用综合中学形式，把初中的两轨并在一起。英国发展最快，20 世纪 80 年代初，综合中学的学生人数已超过学生总数的 90%。于是，西欧的双轨学制变成了分支型学制，即小学、初中单轨，其后多轨。现在，英国的高中也正在通过综合中学实行并轨。

（二）从学校阶段看，每个阶段都发生了重大变化

1. 幼儿教育阶段

近年来，发达国家的幼儿教育发展迅速，有的国家（如法国）已达普及水平，4~5 岁儿童的入园率接近 100%。幼儿教育制度也发生了重要变化：一是幼儿教育的结束期提前到 6 岁或 5 岁；二是加强了小学和幼儿教育的衔接，有的国家把幼儿的大班作为小学预备班（俄罗斯），有的国家把幼儿学校和小学连接起来（法国）。很多国家都把幼儿教育列入了学制系统，这是发展的趋势。

---

[1] 单中惠，杨捷. 外国中小学教育问题史 [M]. 济南：山东教育出版社，2005：2.

2. 小学教育阶段

数十年来，发达国家的教育已普及到初中和高中，小学已成了普通基础教育的初级阶段，加上青春期的提前，对儿童和少年智力、潜力的新认识，教育科学水平和小学教师水平的提高，这一切均使发达国家小学教育制度发生了深刻变化：小学已无初、高级之分；入学年龄提前到6岁或5岁；年限缩短到5年（法国）或4年（德国）；小学和初中衔接，取消初中的入学考试。

3. 初中教育阶段

由于很多国家的义务教育已延长到了初中阶段，初中教育便成为基础教育的重要阶段，这导致初中教育制度发生了变化：一是初中学制的延长，有的延长至4年；二是把初中看作普通教育的中间阶段，中间学校的名称即由此而来；三是把初中和小学连接起来，看作基础教育阶段，系统地进行文化科学基础知识教育，加强初中的结业考试，以便之后再进行分流。

4. 高中教育阶段

西欧双轨学制的中学过去没有严格的初、高中之分。美国单轨学制为了适应现代社会发展对人的文化修养日益提高的要求，最先出现了高中；接着苏联分支学制中也有了高中；欧洲双轨学制的中学在变革中也分为两段，有了高中。从此，三种类型的学制都有了高中。三种类型学制的小学和初中，尽管学习年限略有差别，但其基本任务却完全一样，都进行文化科学基础教育，因而变成了一种类型。所以，在当代，随着普及教育达到高中阶段，中小学学制终将被单轨学制所统一。

5. 职业教育

职业教育历史发展的轨迹是：由古代学徒制教育向现代职业教育发展。但因现代生产和科技发展对劳动者、科技人员与管理者的文化科技要求越来越高，于是现代职业教育进行的阶段也在逐步发展，最初，职业教育是在小学阶段进行的，后来依次发展到初中、高中和初级学院阶段进行。职业教育在哪个阶段进行，取决于现代生产与科学技术基础发展的状况。在当代，发达国家的职业教育已有移向高中后教育[①]的明显趋势：美国高中职业科缩小，而社区学院职业教育的比重却在增大；日本相当于短期大学的"专门学校"远远超过相当于高中程度的"专修学校"。这是因为发达国家在普及高中教育，而当代职业教育则需要建立在更高的文化科学技术基础之上。当代职业教育具有两个突出的特征：一是文化科学技术水平越来越高；二是职业教育的类型越来越多样化。

---

①高中后教育不是指一种专门的教育类型，而是指所受教育必须以完成中等教育作为前提和条件，中等教育是其入学基础，它的主要特点是非义务性和职业性。因此，高中后教育多指向专门性的、职业性的教育，目的在于培养专门的技术应用人才。

6. 高等教育阶段

19世纪至20世纪初，高等学校主要是3~4年制的本科教育。第二次世界大战后，高等教育有了重大发展，这和生产及科技的联系日益密切有关。在当今，现代生产和现代科技的发展更加迅猛，对高等学校培养人才的要求日益提高，从而推动高等教育发生了巨大的变化：一是多层次，包括专科、本科、研究生（硕士、博士）；二是多类型，现代高等学校的层次、类型、院系、专业均十分多样。有的注重学术性，有的侧重专业性，有的偏重职业性，与社会、生产、科技、生活的各个方面的联系越来越密切，对社会各方面发展的影响也越来越大。

第六节　我国现行的学校教育制度

自晚清以来，经过百余年的发展，我国建立起了较为完整的现代学制，其基本内容与相关要求在1995年颁布的《中华人民共和国教育法》文件中有具体的阐述。此外，我国现行的学校教育制度并不是完全固定的，它随着时代的变迁和社会的进步而呈现出不断改革和完善的发展势态。

一、我国现行学校教育制度的形态

我国现行的学校教育制度的形态主要包括以下几种。
①学前教育（幼儿园）：招收3~6岁的幼儿。
②初等教育：主要指全日制小学教育，招收六岁至七岁的儿童入学，学制为5~6年。此外，初等教育还包括成人业余初等教育。
③中等教育：指全日制普通中学、各类中等职业学校和业余中学。全日制中学修业年限为6年，初中3年，高中3年。职业高中修业年限为2~3年，中等专业学校为3~4年，技工学校为2~3年。属于成人教育的各类业余中学，修业年限适当延长。
④高等教育：指全日制大学、专门学院、专科学校、研究生院校和各种形式的业余大学。高等学校招收高中毕业生和同等学力者。专科学校修业年限为2~3年。大学和专门学院为4~5年。业余大学修业年限适当延长，学完规定课程且经考核达到全日制高等学校同类专业水平者，承认其学历，享受同等待遇。条件较好的大学、专门学院和科学研究机构设立研究生教育机构。硕士研究生修业年限为2~3年，博士研究生为3年，在职研究生修业年限适当延长。

20世纪初，我国开始从西方引入以单轨制为主的现代学制。中华人民共和国成立后，随着我国生产和社会发展的需要，有文化的劳动者和各类专门人才显得紧缺，于是我国建立了具有分支型合理因素单轨的新学制。改革开放以来，我国学制改革和发展的基本方向就是大力普及单轨的机会均等的基础教育，大力发展基础教育后的多样化的职业与专业教育，使学制日趋完善①（图4-1）。当前，中国特色社会主义进入新时代，我国对职业技术教育的重视达到了前所未有的高度，职业教育需要与普通教育并驾齐驱，推动人才培养走向合理化与科学化，从而更好地推动我国经济社会的发展。"加快构建纵向贯通、横向融通的中国特色现代职业教育体系，大幅提升新时代职业教育现代化水平和服务能力，为促进经济社会持续发展和提高国家竞争力提供多层次、高质量的技术技能人才支撑，我国职业教育承载着新的历史使命，也迎来了新的重大发展机遇。"

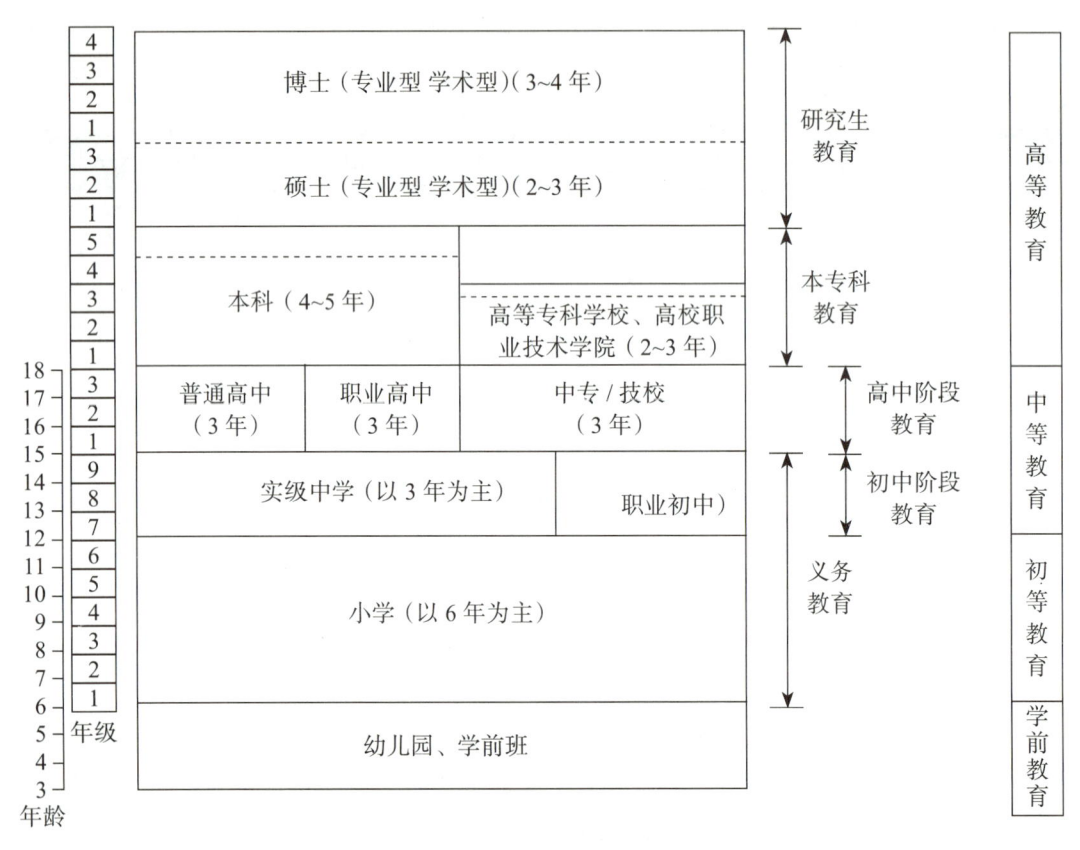

图 4-1　我国现行学制结构图

二、我国现行学校教育制度的改革

改革开放以来，我国社会主义现代化建设事业快速发展，教育事业也迈进了发展的快车道。然而，我国的教育改革总体上还不能完全满足社会主义现代化建设的需要，从而呈现出一定的滞后性，其主要问题在于三个方面：一是基础教育薄弱，城乡、地区、学校之间在经费支持、社会环境、师资力量、办学条件等方面存在较大差距，优质教育

---

① 《教育学原理》编写组编．教育学原理[M]．北京：高等教育出版社，2019：209．

资源严重短缺;二是经济建设急需的职业教育和技术教育未能得到社会各方的认同,因而没有取得持续和稳健的发展,甚至有些专业技术教育呈萎缩之势;三是对高等教育统一的程度过甚,学校缺乏活力,高等学校各层次之间、院系之间的比例失调,各自定位模糊。有鉴于此,1985年发布的《中共中央关于教育体制改革的决定》明确指出:"要从根本上改变这种状况,必须从教育体制入手,有系统地进行改革。"教育体制改革的主要内容包括以下几个方面:加强基础教育,有步骤地实施九年义务教育;调整中等教育结构,大力发展职业技术教育;改革高等教育招生与分配制度,扩大高等学校办学的自主权;对学校教育实行分级管理。

为了指导20世纪末21世纪初我国教育的改革和发展,1993年2月13日,中共中央、国务院颁发了《中国教育改革和发展纲要》,确定了20世纪末教育发展的总目标:基本普及九年义务教育,基本扫除青壮年文盲;全面贯彻党的教育方针,全面提高教育质量;建设好一批重点学校和一批重点学科。

1999年1月13日,国务院发布了《面向21世纪教育振兴行动计划》,其目标是:到2000年,全国基本普及九年义务教育,基本扫除青壮年文盲,大力推进素质教育;完善职业教育培训和继续教育制度;积极稳步发展高等教育,入学率达到11%左右;深化改革,建立起教育新体制的基本框架,主动适应经济社会发展。到2010年,城市和经济发达地区有步骤地普及高中阶段的教育,全国人口受教育年限达到发展中国家先进水平,高等教育规模有较大扩展,入学率接近15%,基本建立起终身学习体系。

2010年7月29日,《国家中长期教育改革和发展规划纲要(2010—2020年)》正式颁布。这是我国进入21世纪以来第一个教育改革和发展规划纲要,它描绘了我国2010—2020年教育改革和发展的宏伟蓝图。它所确定的我国教育改革和发展的战略目标是:到2020年,基本实现教育现代化,基本形成学习型社会,进入人力资源强国行列。其基本要求是:实现更高水平的普及教育;形成惠及全民的公平教育;提供更加丰富的优质教育;构建体系完备的终身教育;健全充满活力的教育体制。在普及教育方面的具体要求是:基本普及学前教育;巩固提高九年义务教育水平;普及高中阶段教育,毛入学率达到90%;高等教育大众化水平进一步提高,毛入学率达到40%;扫除青壮年文盲。2019年2月23日,中共中央、国务院印发了《中国教育现代化2035》,文件勾画了新时代我国教育现代化的未来,其主要发展目标是:建成服务全民终身学习的现代教育体系,普及有质量的学前教育,实现优质均衡的义务教育,全面普及高中阶段教育,职业教育服务能力显著提升,高等教育竞争力明显提升,残疾儿童少年享有适合的教育,形成全社会共同参与的教育治理新格局。

根据我国社会主义现代化建设发展的需要,我国现行学制还要进行下述改革。

(一)基本普及学前教育

现代学前教育的发展十分迅速。发达国家的学前教育有结束期提前、由高班到低班逐步普及、加强学前教育与小学低年级教育的联系和衔接的趋势。近年来，我国学前教育发展较快，也显现了上述趋势。但应注意我国国情，既要积极发展，也要量力而行。发达国家是在普及小学、初中甚至高中之后，才使学前教育由高班向低班逐步普及的。随着我国义务教育和高中阶段教育的逐步普及，学前教育也将逐步普及。

（二）均衡发展义务教育

义务教育是国家统一实施的所有适龄儿童、少年必须接受的教育，是国家必须予以保障的公益性事业。它对于人的发展、教育发展和社会发展都具有重大意义。《中华人民共和国义务教育法》规定，我国的义务教育年限为九年。2015年修订的《中华人民共和国义务教育法》第四条规定："凡具有中华人民共和国国籍的适龄儿童、少年，不分性别、民族、种族、家庭财产状况、宗教信仰等，依法享有平等接受义务教育的权利，并履行接受义务教育的义务。"经过各方面的努力，到2008年年底，我国实现了免费的普及义务教育，这是我国教育取得的伟大成就。但我国的义务教育也存在着发展不平衡的问题，促进义务教育均衡发展已成为我国现阶段教育改革和发展的重大任务。

（三）努力普及高中教育

在普及九年义务教育以后，普及高中教育就成为教育发展的重要趋势。为了适应青少年的升学与就业的选择并满足社会的需要，高中阶段的学制应该多样化，即应有普通高中、职业高中、中等专业学校和技工学校等不同类型的学校供学生选择；应当扩大普通高中在高中阶段所占的比例，以满足我国高等学校不断扩大招生的需要；九年义务教育后的职业教育则应当多样化，使未能升入普通高中的学生可以选择接受就业前的各种职业培训。这样就弥补了我国过去学制在这个阶段的缺陷，使它得到完善。

（四）大力发展高等教育

近几十年来，世界上发达国家的高等教育的发展十分迅速，日益趋向开放与大众化，我国高等教育也出现了这种趋势。据统计，2014年，我国各种形式的高等教育在学总规模达到3559万人，高等教育毛入学率达到37.5%，提前实现了《国家中长期教育改革和发展规划纲要（2010—2020年）》确定的2015年要达到37%的目标。经过十几年的努力，我国高等教育实现了从精英教育到大众化教育的跨越式发展。高等教育的变化主要有三个方面：一是高等教育的多层次，如果过去的大学主要是本科的话，现在则有大专、本科、硕士和博士研究生多个层次；二是高等教育的多类型，如果过去的高等教育就是综合性大学少数科系的话，现在则是理、工、农、林、医、师、文、法、财经、军事、管理等多种院校、科系和专业；三是高等教育向在职人员开放，主要是通过函授教育、广播电视教育、网络教育和自学考试等形式，使在职人员有机会进修高等学校的课程。

思考与练习

一、单项选择题

1. 人们既摆脱了人的依赖关系，又摆脱了物的依赖关系，从而得到全面而自由的发展是（ ）。
   A. 古代社会　　　B. 现代社会　　　C. 原始社会　　　D. 共产主义社会
2. 关于我国教育目的最规范的表述是（ ）年的《中华人民共和国教育法》提出的。
   A. 1993　　　B. 2004　　　C. 2015　　　D. 1986
3. 我国教育目的的理论基础是（ ）。
   A. 中国特色社会主义理论　　　B. 马克思的人的全面发展学说
   C. 人本主义理论　　　D. 实用主义理论
4. 人的全面发展过程是（ ）。
   A. 人不断走向自由和解放的过程　　　B. 人摆脱社会的过程
   C. 人对自然绝对控制的过程　　　D. 人的绝对自由化的过程
5. 古代社会的突出特点是（ ）。
   A. 人的独立性　　　B. 人的依赖关系
   C. 物的依赖关系　　　D. 以物的依赖关系为基础的人的独立性
6. 我国首次将提高民族素质提高到教育目的的高度的文件是（ ）。
   A.《中国教育改革和发展纲要》　　　B.《中共中央关于教育体制改革的决定》
   C.《中华人民共和国宪法修正案》　　　D.《中华人民共和国义务教育法》
7. 终身教育的首个倡导者是（ ）。
   A. 里士满　　　B. 朗格朗　　　C. 马克思　　　D. 涂尔干
8. 改革开放以来，我国学制的发展特点是（ ）。
   A. 总体上是单轨制
   B. 总体上是双轨制
   C. 基本方向是普及单轨制基础教育，多样化发展基础教育后的职业和专业教育
   D. 主要是分支型学制
9. 我国在（ ）年实现了免费的普及义务教育。
   A. 2008　　　B. 2015　　　C. 2010　　　D. 2000

二、辨析题

教育目的等同于培养目标。

三、简答题

1. 教育目的概念的层次结构是怎样的？
2. 教育目的的作用或功能有哪些？

3. 现代学制的类型主要有哪些？

四、思考题

应如何理解人的全面发展学说的现实意义？

推荐阅读

1. 保罗·朗格朗《终身教育导论》(华夏出版社，1988 年版)
2. 阿尔弗雷德·诺思·怀特海《教育的目的》(上海人民出版社，2018 年版)
3. 袁振国《教育原理》(华东师范大学出版社，2001 年版)

参考文献

[1] 刘铁芳. 什么是好的教育：学校教育的哲学阐释 [M]. 北京：高等教育出版社，2014.

[2] 马克思. 资本论：节选 [M]. 中共中央马克思恩格斯列宁斯大林著作编译局，译. 北京：人民出版社，2018.

[3] 王道俊，郭文安. 教育学 [M]. 7 版. 北京：人民教育出版社，2016.

[4] 叶澜. 教育概论 [M]. 北京：人民教育出版社，2006.

[5] 卢梭. 爱弥儿·论教育（第一卷）[M]. 李平沤，译. 北京：人民教育出版社，2001.

[6] 卢梭. 爱弥儿 [M]. 李平沤，译. 北京：商务印书馆，2017.

[7] 孔德. 论实证精神 [M]. 黄建华，译. 北京：商务印书馆，2009.

[8] 瞿葆奎. 教育学文集·教育与社会发展 [M]. 北京：人民教育出版社，1989.

[9] 吴俊升. 教育哲学大纲 [M]. 北京：商务印书馆，1935.

[10] 马克思. 马克思恩格斯全集（第 46 卷上）：经济学手稿（1857—1858 年）[M]. 北京：人民出版社，1979.

[11] 马克思，恩格斯. 马克思恩格斯全集（第 3 卷）：德意志意识形态 [M]. 北京：人民出版社，1965.

[12] 芮鸿岩. 新中国初期中共教育方针政策的三维向度 [M]. 北京：社会科学文献出版社，2011.

[13] 中华人民共和国教育部，中共中央文献研究室. 毛泽东邓小平江泽民论教育 [M]. 北京：中央文献出版社，2002.

[14] 教育大辞典编纂委员会. 教育大辞典（第 1 卷）[Z]. 上海：上海教育出版社，1990.

[15] 瞿葆奎. 教育学文集·教育制度 [M]. 北京：人民教育出版社，1990.

[16] 杨晓平. 教育学 [M]. 上海：华东师范大学出版社，2016.

[17] 黄济，王策三. 现代教育论 [M]. 3 版. 北京：人民教育出版社，2012.

[18] 单中惠. 外国中小学教育问题史 [M]. 济南：山东教育出版社，2005.

[19]《教育学原理》编写组. 教育学原理 [M]. 北京：高等教育出版社，2019.

第五章

课　程

■ **关键词**

课程　课程内涵　课程取向　课程结构　课程实施　课程改革

■ **学习目标**

1. 理解课程定义的主要类型。
2. 了解课程组织的基本取向。
3. 掌握和理解课程的横向与纵向结构。
4. 了解课程实施的基本观点。
5. 了解改革开放以来我国课程改革的历程。
6. 增强对新一轮基础教育课程改革的三维目标的价值认同，坚定贯彻落实以培养学生创新精神和实践能力为根本指导思想的信心与信念。

■ **内容提要**

本章主要学习课程的相关知识，首先探究了"课程"一词产生与发展的历史，讨论了课程定义的三种主要类型。接着探讨了不同的课程组织。课程的组织离不开对课程结构的把握，可以对课程的结构从纵向和横向两个维度进行分析，纵向结构从抽象到具体包括课程计划（以往多称教学计划）、课程标准、教科书三个层面，横向结构主要表现为四组概念相对的不同课程类型，分别是显性课程与隐性课程、必修课程与选修课程、学科课程与活动课程、分科课程与综合课程，其划分的依据依次为呈现方式、学习要求、组织形式和内容属性。人们对于课程实施的认识同样存在着不同的观点，几种常见的观点有忠实观、相互适应观和课程创生观。我国现在新课改不是一蹴而就的，而是经过了漫长的探索与思考的历史过程，尤其是改革开放以来我国社会对人的发展需求的不断强化，在素质教育的理念下，新课程改革得以推动并不断深化，坚持以提高国民素质为宗旨，全面推进素质教育，培养学生的创新精神和实践能力。新教材呈现出教材体系和结构的创新，教材内容体现了现代性和开放性，更加重视相关学科的整合，注重更新基础知识，立足于促进学生学习方式的改革，有利于教师改进教学设计和教学策略。

思维导图

- 课程
  - 课程的内涵概述
    - 课程的词源分析
    - 课程定义的基本类型
  - 课程组织的基本取向
    - 学科取向的课程组织
    - 学习者取向的课程组织
    - 社会问题取向的课程组织
    - 混合取向的课程组织
  - 课程的结构
    - 课程的纵向结构
    - 课程的横向结构
  - 课程实施的基本观点
    - 忠实观
    - 相互适应观
    - 创生观
  - 我国基础教育课程改革历程及内容
    - 中国课程改革的回顾
    - 我国新一轮基础教育课程改革的特点
    - 新课程下义务教育新教材的特点

教学导入

西部某中后山区一所学校,由于政府的关怀,老百姓的支持,在原来极其破旧的校园里建起了两栋白色崭新建筑,一栋是教学楼,一栋是宿舍楼。在褐色贫瘠的山岭怀抱中,显得特别漂亮。可是校舍的周围却是光秃秃的一片,显得很不相宜。校长很想借着新校舍的落成大做"校园建设"的文章。但是,又没钱去买花、种草,怎么办?校长和学校领导班子一帮人多次开会反复研究,同时也与镇里的领导商量。在商量的过程中,镇里的一位领导提出,我们这里是有名的茶叶生产基地,生产的茶叶"外形扁平挺直、汤色嫩绿明亮、滋味清爽、品质优良,属名茶中的上等品",并多次在全省乃至全国农业博览会上获奖。镇里的老百姓也希望自己的孩子能够掌握茶叶的种植技术。另外,茶树也可以美化校园呀。学校领导听了,深受启发,确立了将学生综合实践活动与当地经济发展相结合的校园建设的思路。于是,学校在镇领导的关心下,请来了当地的茶叶种植大王,从茶树苗移栽,到施肥、剪枝,再到采摘、加工,一一教给学生。后来,校长又在思考:学校近几年来考上大学的学生不算少,目前茶叶种植的前景很好,为学生今后的发展考虑,是不是可以将"茶树种植"开成一门课?几年过去了,"茶树种植"这门综合实践活动课程,在学校、教师、学生共同呵护下,内容不断充实,活动形式不断创新,成了培养茶叶种植大王的摇篮,也为校际间交流综合活动课程的开设搭建了新的平台。

第一节 课程的内涵概述

关于课程教育的意义,仁者见仁,智者见智。随着课程改革的不断深入,课程早已走出了开发范式主导一切的思路,对于课程的理解和创生显得越来越为重要。由此可见,课程理论的学习不再是简单的、片面的,而是系统的、全面的。

一、课程的词源分析

"课程"是一个使用广泛且具有多种意义的词语,它的内涵与外延因人而异,因时而变,因情境不同而转换更新。每个人都有对"课程"的认识和理解,因此,要想有一个完全一致的含义,是非常困难的。

"课程"的历史久远,初始和简朴的课程元素产生于原始社会,人们向后代传授采撷、捕鱼、狩猎等技能,这些属于当时的课程活动内容。春秋时期,儒家"六艺"——

礼（礼仪）、乐（音乐）、射（射箭）、御（骑术）、书（识字）、数（计算）等内容，以及后来对教育内容及其进程的记载，就是课程实践的例证。古希腊时期，从苏格拉底"产婆术"对青年灵魂的塑造，到柏拉图拟定的人的终生教育计划，皆可被认为是西方较早的课程雏形。虽然当时还没有"课程"一词，但就其实质而言，上述现象与内容就是今天我们所指的"课程设置""课程进程"。

"课程"一词在我国始见于唐代。唐代学者孔颖达在《五经正义》里为《诗经·小雅·巧言》的"奕奕寝庙，君子作之"句注疏："教护课程，必君子监之，乃得依法制也。"南宋朱熹在《论学》一文中亦有"宽着期限，紧着课程""小立课程，大作功夫"等句。这里的"课程"已含有学习范围、进程、计划之义。

在国外，"课程"一词的英语为"curriculum"。该词源于拉丁文"currere"，即"race-course"，意为"跑道"，规定赛马者的行程，与教育中的"学习内容进程"之意较为接近。根据英国课程学者汉密尔顿的考证，教育范畴内的课程概念最早出现在彼德·拉莫斯（Peter Ramus，1512—1572）发表于1576年的《知识地图》中[1]"。后来，英国教育家斯宾塞在其名著《什么知识最有价值》一书中提出"课程"这一术语，并将之概念化为"教育内容的系统组织"。斯宾塞将"课程"术语广泛运用于教育学的理论著述中，并很快被西方教育者普遍采用。

二、课程定义的基本类型

关于课程的定义，视角和见解的不同催生了不同的类型，课程定义的基本类型可做如下分析。

（一）课程即学科

持该观点的学者认为，课程即"学科或教材"。将课程理解为教学科目的历史由来已久，我国古代课程有礼、乐、射、御、书、数"六艺"，欧洲中世纪课程有文法、修辞、辩证法、算术、几何、音乐、天文学"七艺"。西方现代学校的课程体系是在"七艺"的基础上增加了其他学科而形成的。斯宾塞把知识的系统组织定为课程的内涵，确立了课程即知识或系统化知识的观点：把有价值的知识系统化，形成一定的科目或学科，将这些学科知识传授给学生，以实现教育目标[2]。

（二）课程即学习结果或目标

有些学者认为，课程重心在于学习的预期、结果或目标，教育教学目标的选择和制

---

[1] 小威廉姆·E.多尔，诺尔·高夫.课程愿景[M].张文军，译.北京：教育科学出版社，2004：32.
[2] 钟启泉，汪霞，王文静.课程与教学论[M].上海：华东师范大学出版社，2008：3.

定是课程的核心任务。基于此，课程应首先制定一套结构完整、条理清晰的学习目标，其次是"围绕预定的教育教学目标而选择组织学习经验，实施教育教学活动，并进行教育教学评价"。[①]持这种课程观的主要有博比特、泰勒、加涅等人。

(三)课程即"计划"

课程即教育计划或学习计划，具体指向教育教学的目标、内容、活动和评价等。这种观点在20世纪50年代较为流行，代表人物有麦克唐纳、比彻姆、斯坦豪斯等。我国也有学者持这种观点："课程是指一定学科有目的的、有计划的教学进程。"[②]

(四)课程即"经验"

20世纪20年代的美国盛行进步主义教育思想，其中，美国实用主义教育家杜威的教育思想主导着美国教育改革与发展。区别于传统教育"课堂中心""教材中心""教师中心"的"旧三中心论"，他提出了"儿童中心""活动中心""经验中心"的"新三中心论"。杜威强调，要尊重儿童的兴趣与需要，发展儿童的个性，主张以儿童的生活经验为课程。杜威的经验课程理论在其创办的芝加哥大学实验学校（通常也称"杜威学校"）的教育中得到了充分实施，他的学生克伯屈等人也进行了大力实践与发展。持这种课程观点的学者一般视课程为"学生在教育环境中与教师、学习材料等相互作用的所有经验"。此处所讲的经验实质上包括"活动""学习经验"和"学习活动"等，具体可分为两种情况：一是强调教育者有意识（有目的、有计划）提供的经验；二是泛指儿童习得的教育性经验，如"课程即儿童在学校的经验"等。这种课程观点强调了学习者的兴趣、爱好、需求和个性，重视学习者与环境的相互作用，重视教育环境的设计与组织，兼顾课程过程与结果，以及预期的与未预期的经验。

通过以上对课程定义主要观点的梳理、描述和归纳，我们可以对"课程"下定义："课程是按照一定的教育目的，在教育者有计划、有组织的指导下，受教育者与教育情境相互作用而获得有益于身心发展的全部教育内容[③]。"

第二节　课程组织的基本取向

课程组织即课程内容的组织，它具有两种功能：第一是通过课程要素的有效安排激发学习者的学习动机；第二是使学习产生最大的累积效果，达成课程目标。[④]关于如何设置课程内容的问题，美国课程专家泰勒提出的三个基本准则引起过强烈反响，至今仍

[①] 钟启泉，汪霞，王文静.课程与教学论[M].上海：华东师范大学出版社，2008：3.
[②] 上海师范大学《教育学》编写组.教育学[M].北京：人民教育出版社，1979：97.
[③] 钟启泉，汪霞，王文静.课程与教学论[M].上海：华东师范大学出版社，2008：4.
[④] 钟启泉，汪霞，王文静.课程与教学论[M].上海：华东师范大学出版社，2008：130.

常被一些课程专著所引述。这三个基本原则分别是连续性、顺序性和整合性。连续性是指直线式地陈述主要的课程要素；顺序性是强调每一项后继内容时都要以前面的内容为基础，同时对有关内容加以深入、广泛地展开；整合性是指各种课程内容之间横向联系，以便帮助学生获得统一的观点，并把自己的行为与所学的课程内容统一起来[①]。由此，我们可以看出，课程组织包括纵向组织和横向组织两类，前者"或称序列组织，就是某些准则以先后顺序排列课程[②]"，如直线式组织和螺旋式组织。后者指向不同学科之间的横向整合，其关键点在于：课程编制工作者在编制课程时必须考虑到各门学科内容之间的横向联系，做到各门学科内容相互呼应、相互配合；课程编制工作者打破原有学科界限和传统的知识体系来重新组织课程内容，通常存在"科目中心整合理论""儿童中心整合理论""注重学科与儿童心理统一的整合理论[③]"等。

无论是纵向组织还是横向组织，根据起支配作用的基本价值观的差异，我们可区分出课程组织的四种基本取向，即学科取向的课程组织、学习者取向的课程组织、社会问题取向的课程组织和混合取向的课程组织[④]。

一、学科取向的课程组织

学科取向的课程组织专注于人类积累传承的知识体系的学习，强调依据知识本身内在的逻辑体系和结构原理所形成的学科来组织课程，以期通过这样的课程使学习者获得学科知识和求知方法，吸收文化传统的精华，接受前人的思想观念。学科取向课程组织的萌芽可追溯到古希腊罗马时期的"七艺"课程和欧洲中世纪的教育内容。现代学科取向课程组织的理念来自19世纪美国的哈里斯，他认为学校课程应由许多独立的学科组成，每门学科要有目的、有意识地陈述专门的和同质的知识体系。进入20世纪，学科取向的课程组织得到了永恒主义课程流派、要素主义课程流派和结构主义课程流派的支持和推动。

永恒主义课程流派产生于20世纪30年代，代表人物有美国的赫钦斯和艾德勒。永恒主义主张以"永恒学科"作为课程组织的基础。"永恒学科"主要指历代的特别是古希腊、罗马的"伟大思想家"的著作。

要素主义课程流派也出现于20世纪30年代的美国，代表人物是巴格莱、科南特等。要素主义主张把人类文化遗产中永恒不变的和共同的"要素"作为课程组织的基础。所谓"要素"，是指人类文化遗产中的精华。巴格莱认为，学校课程要以读、写、

---

① 拉尔夫·泰勒.课程与教学的基本原理[M].罗康，张阅，译.北京：中国轻工业出版社，2008：89-90.
② 施良方.课程理论：课程的基础、原理与问题[M].北京：教育科学出版社，1996：115.
③ 汪霞.小学课程与教学论[M].上海：华东师范大学出版社，2011：131-132.
④ 钟启泉，汪霞，王文静.课程与教学论[M].上海：华东师范大学出版社，2008：134.

算为主，开设语文、数学、物理、化学、历史、地理、外国语和古代语等基础学科。要素主义课程观的提出巩固了学科取向的课程组织的地位，加强了基础知识和基本技能的学习。

结构主义课程流派诞生于20世纪50年代，美国的布鲁纳是其积极的倡导者。结构主义主张以"学科结构"作为课程组织的基础，"学科结构"即学科的基本原理、概念和范畴。布鲁纳认为，"学生对所学材料的接受，必然是有限的。怎样能使这种接受在他们以后一生的思考中有价值？对这个问题的回答，在已经从事新课程的准备和教学的人们中占优势的观点是：不论我们选教什么学科，务必使学生理解该学科的基本结构。这是在运用知识方面的最低要求，这样才有助于学生解决在课堂外所遇到的问题和事件，或者日后课堂训练中所遭到的问题"。

学科取向的课程组织便于学习者系统地学习人类文化，从整体上掌握学科知识，促进智力发展，同时也有利于教师设计和实施教学。但是，学科取向课程组织的缺陷也是显而易见的：首先，它在某种程度上限制了知识的范围，不具备包容性的特质，因而妨碍多重目标的追求；其次，它对学习者不够重视，无法照顾到每个学生的需求、兴趣和经验等。

学科取向的课程组织有四种类型：单一学科课程组织、相关学科课程组织、融合课程组织和广域课程组织。

二、学习者取向的课程组织

学习者取向的课程组织旨在以学习者为中心，围绕学习者的兴趣、需要、心理逻辑等组织课程。课程学习活动以学生的需要和兴趣为基础，注重调动学生内在的学习动机。学习者取向的课程组织理念源于卢梭在《爱弥儿》中提出的观点：教师的任务在于为儿童提供学习机会，让他们自发地发现和掌握知识。其后，不同的学者如裴斯泰洛齐、福禄贝尔、杜威等在理论和实践中都倾向于学习者取向的课程组织。

学习者取向的课程组织在重视学习者的同时，忽视了对教育具有关键意义的社会目标。过分偏重学习者中心的课程组织也不利于学生建立逻辑严密的知识体系和掌握各种必备的技能。

典型的学习者取向的课程组织包括活动经验取向的课程组织、人本主义取向的课程组织、持久生活情境取向的课程组织。

三、社会问题取向的课程组织

社会问题取向的课程组织旨在围绕主要的社会问题组织课程，强调课程学习对干预和改变社会秩序的作用及影响，课程成为研究社会问题的工具。

这种取向的课程组织理念可以追溯到18世纪的斯宾塞，他明确提出教育的"生活准备说"，从而引起人们对社会生活问题的关注。20世纪初，斯特里默进一步强调课程与社会适应的问题，他主张课程组织需要关注社会变化和现实社会生活问题。在20世纪，社会问题取向的课程组织的积极倡导者还有博比特、康茨、布拉梅尔德、阿普尔等。

以阿普尔为代表的社会批判主义者推动课程组织的社会问题取向走得最远，他把课程的本质概括为一种"反思性实践"，即要通过对社会现实、社会文化的不断反思、批判建构意义，使课程为"意识解放"服务。因此，课程的组织不仅是社会问题取向的，还是社会问题、社会现实的反思与批判取向的。[1]

社会问题取向的课程组织能够使学习者意识并关注人类社会所面临的许多严重问题，关心实际社会生活问题的解决，便于学生探究和理解课程内容的社会意义与价值，加强了学习者与社会的联系，使社会目标在课程中直接得到体现。但是社会问题取向的课程组织缺少对社会文化遗产的全面认识，因此也难以准确地识别社会问题的根源与本质，只是意图通过课程改变社会秩序，把课程作为激发对社会的不满情绪的工具，因此对于社会发展来说并不能真正取得普适性的效果。

社会问题取向的课程组织有三种，分别是社会行为主义的课程组织、社会改造主义的课程组织和社会批判主义的课程组织。

四、混合取向的课程组织

混合取向的课程组织的初衷在于追求课程组织的兼容性与整合性，试图将学科逻辑、学习者的心理逻辑和社会问题几个方面统筹起来组织课程。这种课程组织强调学科、学习者、社会彼此间的平衡与整合。支持混合取向的课程组织的学者大都认为，学校课程的组织应重视学习者素质的全面提高，以学习者多方面经验的统整为基础。

比如，核心课程就可以是一种混合取向的课程组织。20世纪四五十年代的核心课程就尝试把学科内容、学生需要和社会问题结合在一起，这种核心课程组织"以学习者的需要以及社会生活的问题和领域为核心，融合必要的学科知识，以使学习者共同际遇人类经验的最重要的领域，由此达到平等与优异兼得的教育理想"[2]。

第三节　课程的结构

课程的组织结构简称课程结构，国内教育学界的大多数学者都把课程组织结构理解

---

[1] 钟启泉，汪霞，王文静.课程与教学论[M].上海：华东师范大学出版社，2008：137.
[2] 张华.课程与教学论[M].上海：上海教育出版社，2000：280.

为课程类型的组织体系。基于此,"课程的组织结构应该是课程各要素、各成分、各部分之间合乎规律的配合与组织[①]"。这种配合、组织不是单一维度的,而是全方位的,包括纵向水平和垂直水平两个维度。因此,课程的组织结构可分为纵向结构和横向结构。

一、课程的纵向结构

纵向结构涉及课程是如何展现的,即怎样将观念层面的课程目标和课程理念最终转化为学生在课程中的学习活动;怎样将宏观课程目标具体化为微观课程形式的层次结构。目前,最常见、最一般的纵向结构为"课程计划(教学计划)、课程标准(教学大纲)、教科书"。尽管其名称不同,但其内容大致是相同的。自中华人民共和国成立以来,我国一直采用这样一种结构来规范课程。在其他国家,这种课程结构也被广泛采用。

(一)课程计划(教学计划)

教学计划是根据教育目的和不同类型学校的教育任务,由教育主管部门制定的有关教学和教育工作的指导性文件。依照苏联教学计划和教学大纲的体例结构,1953年,教育部制订了我国第一个《中学教学计划(修订草案)》,从此确定了我国沿用40余年的教学计划的基本结构和名称。20世纪80年代以后,我国启动了中小学课程教材的改革,重新制订义务教育阶段的教学计划。20世纪90年代初出台的新的教学计划,其外延和内涵已大大突破了数十年前的教学计划的外延和内涵,它的内部结构更复杂,功能更全面,某些内容的性质也发生了变化。一些教育学家提出应顺应这些变革,建议将"教学计划"改成"课程计划",新的"计划"的核心是课程设置和结构,"课程结构与以前历次的教学计划相比较有一定的突破,如将活动内容纳入课程,活动内容包括学校的各种教育活动和社会实践活动;增设了选修课,增加了职业预备教育的内容等。因此,延用'教学计划'的名称不妥,更名为'课程计划'与内容更为贴近"。更名后还可以避免与教师自己安排的教学计划相混淆。所以,在我国1992年颁发的《九年义务教育全日制小学、初级中学课程计划(试行)》中,正式改称"课程计划"。下面均使用"课程计划"一词。

课程计划的基本内容由培养目标、课程设置、考试考查、实施要求四个部分组成,具体包括七个方面:①培养目标,即预期的课程学习结果;②课程设置,即某一级或某一类学校应开设哪些学科;③学科开设顺序和各学科的主要任务;④课时分配;⑤学年和学周安排,包括学年阶段的划分、各个学期的教学周数、学生参加生产劳动的时间等;⑥考试考查的科目、要求、方法;⑦执行计划的若干实施要求。

[①] 钟启泉,汪霞,王文静.课程与教学论[M].上海:华东师范大学出版社,2008:138.

科学、合理的课程计划的制订需要认真把握好这样一些原则：①指导思想明确。就我国而言，现在的教育培养的儿童、少年是要能面对竞争激烈的社会的，他们应不仅具有良好的思想素质，还要有过硬的生活、生存、建设的本领，能满足社会发展的需求，促进国家的繁荣昌盛；②目标层次清楚。一方面，目标的制订应全面、恰当，不仅要有对知识、能力的要求，也要有思想品德、审美、体质、个性心理特征等方面的要求和标准。它们相互依存、前后衔接。另一方面，从课程的总目标出发，力求体现阶段性和层次性，使小学和中学的教育和教学要求有明显的阶段和层次之分；③整体结构合理。即要合理安排各类课程，实现课程门类设置的优化。

（二）课程标准（教学大纲）

教学大纲根据课程计划以纲要的形式编定，是有关学科教学内容方面的指导性文件。在教学大纲的使用过程中，大家普遍感到这种形式便于教师学习和直接运用，但是不利于教学创造性的发挥。教学大纲的出发点毕竟是直接指导教学工作，作为国家的课程方案，教学大纲中应该规定的是国家对国民在各方面素质的基本要求，而不是过多地规定通过怎么样的一个教学过程达到这一素质要求。从20世纪90年代开始，"教学大纲"改称为"课程标准"。下面我们均使用"课程标准"一词。

课程标准规定了国家对国民在某方面或某领域的基本素质要求，一般包括前言、课程目标、实施建议三个部分，如果有"附录"，则为四个部分。前言部分的基本内容包括课程的性质与地位、课程的基本理念和课程标准的设计思路。课程目标部分包括总目标和阶段目标。实施建议部分的内容有教材编写建议、课程资源的开发与利用、教学建议和评价建议。

课程标准的制订必须以课程计划为依据，并为后者的贯彻落实服务。在具体的编制过程中，需要注意这样一些问题：①在了解本学科现状及发展趋势的基础上，确定基本的学科体系和知识结构；②使学科逻辑与学生的心理结构有机结合起来；③研究本学科内部各部分内容之间纵向上的衔接，以及与其他学科横向上的相互联系与配合；④处理好理论与事实、观点与材料、知识与技能的关系，使学生既牢固掌握知识，又能灵活地对知识加以运用；⑤重视培养学生的独立思考能力、自学能力、动手能力和创造力，设计好必要的参观、访问、社会调查、实验和观察。

（三）教科书

"教科书"一称出现于19世纪70年代。1877年，来华基督教传教士成立学校教科书委员会。1897年，上海南洋公学编辑的《蒙学课本》是近代中国最早正式出版的具有教科书体例的自编教科书。

教科书简称课本，是根据课程标准（教学大纲）系统阐述学科内容的教学用书，是课程标准（教学大纲）的具体化。教科书的采用或认可制度有三种。国定制是指由国家教育行政部门按照课程标准统一组织编制，适用于全国各地学校，地方和民间不得自行编辑出版教科书。在我国，中小学教科书长期采用国定制，但这种无视地区差异的做法一直受到有识之士的批评。直到20世纪80年代以后，教育部决定在义务教育阶段进行多样化的教材实验，这一状况才得以改变。在多年实验的基础上，终于在21世纪初，教科书的编制开始放开，人民教育出版社作为由国家专门管理的教科书出版机构，一统全国所有中小学教科书的局面终于被打破，由国定制变为审定制，竞争机制的引进必将有力地推动教科书编纂质量的提高。审定制是指由民间编辑出版教科书，经中央或地方教育行政部门根据所颁课程标准审查合格，供各地学校选用。课程纵向结构只是对课程作静态的分析，而实际上，课程是一个动态系统，我们需要运用过程性、实践性的思维研究它、掌握它。因为现代课程的演变是把课程的重心从外在的规范转移到以课业为主体的现实的活动中，即把"课程链"从"正式的课程"延伸到教师与学生共同参与的课程，并关注"学生经验的课程"，从而形成活生生的"课程系统"[①]（表5-1）。

表 5-1 课程演变的形态与层次

课程链	课程系统分析
课程改革方案	理想的课程层面
课程计划	正式的课程层面
课程标准	
教材	
课程表	
教学计划—教案	教师理解的课程层面
课—上课	师—生运作的课程层面
考查、考试、课程评价	学生经验课程层面

二、课程的横向结构

课程的横向结构探讨的是在共时性前提下并存的课程类型。课程类型是课程的横向结构中按照课程设计的不同性质和特点形成的课程门类。在课程发展的历史进程中，课程的横向结构的一个变化在于，从课程"门数"的增减逐步过渡到"类别"的变化。20世纪中期以前，课程的横向结构的演变主要表现为"门数"的增减，但基本没有改变学

[①] 陈桂生.课程引论[M].上海：华东师范大学出版社，2019：45.

科课程一统天下的状况。随着美国进步主义教育运动的兴起与发展，活动课程在美国等国家兴盛起来，从而成为课程结构的一个新类型。其后，课程领域又相继出现其他的新类型，从而丰富了课程的"类别"。经过梳理，我们根据"呈现方式的不同""管理方式的不同""学生在课程中学习方式的不同""知识性质的不同"，[①] 可以归纳出以下四组两两相对的课程类型及其组织。

（一）显性课程与隐性课程

1. 显性课程

显性课程又被称作正式课程、官方课程、公开课程、显露课程。它一般指为实现一定的教育目标而在学校课程计划中明确规定的学科，同时还包括学校有目的、有计划、有组织的课外活动，按照预先编订的课程表实施。显性课程是教科书编定、学校施教、学生学习和考核的依据之一。

2. 隐性课程

隐性课程又被称作非正式课程、非官方课程、潜在课程、隐蔽课程。它一般指学校政策及课程计划中没有明确设定的、非正式和无意识的学校学习经验。

1968年，美国著名教育学者菲利普·W.杰克逊在其《课堂生活》一书中首次提出了"隐性课程"这个概念。杰克逊认为，学生在读、写、算或其他学术课程上的进步其实并不足以证明学校教育的效果，除此之外，学生从读、写、算之外感受、体验富有人生意义的那部分生活内容中所获得的态度、动机、价值和其他心理状态的成长更为重要。此后，越来越多的学者开始加入杰克逊的研究行列，从而促进了学校的课程改革和课堂教学的变化。

隐性课程有多种表现形式，从校园环境看，包括雕塑、绿化、规划布局、建筑风格等；从学校文化传统看，包括校史、校歌、校训、校服、校徽、学校名人；从校内课外生活看，包括讲座、文体活动、兴趣小组、展览；从民主管理体制看，包括领导之间、教师之间、学生之间、教工之间等的关系、交往和管理；从学习氛围看，包括教风、学风、考风，教师乐教，学生乐学，文明应试，学习自由。

3. 显性课程与隐性课程的关系

显性课程与隐性课程二者在性质、特点、功能等方面有所不同，前者偏重有计划和有组织地教学，强调系统知识的学习；后者重视学习的非计划性、随机性和非预期性，倾向于对学生态度、价值观和行业方式的影响。

尽管存在明显差别，但是显性课程与隐性课程二者之间具有内在的联系：其一，

---

① 柳海民.教育学概论[M].北京：北京师范大学出版社，2015：195-197.

二者相互渗透、相互补充。学生的知识学习、能力培养不是学生发展的全部，隐性课程对学生性情的陶冶，对学生人格、审美、习惯等方面的促进同样不容忽视。其二，二者相互促进。显性课程通过普遍性的知识技能的系统化教学，在一定程度上推动隐性课程的发展，隐性课程反过来又为显性课程的完善提供直接经验的参考和价值观的支撑。

（二）必修课程与选修课程

1. 必修课程与选修课程的含义

必修课程是指由国家、地方或学校规定，学生必须学习的课程。它体现了国家和地方对各个学段全体学生成长和发展的基础性要求，是普通教育、职业教育的共同基础，也是学校教育质量的根本保证。选修课程是指学生根据自己的兴趣、爱好和特长自愿选择修习的课程。二者的划分依据在于课程学习的要求不同，如果说必修课程的学习是使学生得到基本素质的种种训练，获得必须具备的基本知识和技能，那么选修课程的学习则是使学生开阔知识视野，培养兴趣爱好，强化素质训练，发展个性特长。

为贯彻《中共中央国务院关于深化教育改革全面推进素质教育的决定》和《国务院关于基础教育改革与发展的决定》，教育部提出要大力推进基础教育课程改革，调整和改革基础教育的课程体系、结构、内容，构建符合素质教育的新的基础教育课程体系。为宏观指导和统筹课程改革的推进，教育部组织制定了《基础教育课程改革纲要（试行）》，并于2001年7月27日正式颁布。该文件明确指出，初中阶段，学校应努力创造条件开设选修课程；高中阶段，为使学生在普遍达到基本要求的前提下，实现有个性的发展，课程标准应有不同水平的要求，在开设必修课程的同时，设置丰富多样的选修课程。我们相信，随着基础教育课程改革目标的全面贯彻，以及《基础教育课程改革纲要（试行）》的真正落实，中学的选修课程将会得到更为有效的实施。

2. 必修课程与选修课程的关系

在学校教育实践中，必修课程与选修课程是教育适应社会要求、促进个性发展、培养学生全面素质的不可或缺的两种课程形式，两种课程缺一不可，认为选修课程不重要的观点是错误的。在逻辑上，必修课程与选修课程在课程价值观上其实具有内在的一致性。从选修课程与必修课程在学校中的地位看，选修课程与必修课程拥有同等的价值，处于同等的地位。选修课程既不是必修课程的附庸，也不应成为必修课程的陪衬，它是一个独立的课程领域。必修课程、选修课程、活动课程作为课程的三大领域相辅相成、互相补充，构成了完整的课程结构。

(三)学科课程与活动课程

1. 学科课程

学科课程是以前人积累传递下来的文化遗产为主要内容而组织起来的传统课程形态的整个知识体系,它由一定数量的不同学科组成。各个学科的知识都具有其内在的逻辑和结构,并且是事先安排、预设好的。这类课程自古至今应用广泛,且有着悠久的历史。当前,学科课程仍然是世界各国中小学课程编制和实施中的一种主要课程类型,在中小学课程中起着重要作用。

2. 活动课程

活动课程又称"经验课程""生活课程""儿童中心课程"。相比于学科课程,它打破了学科知识逻辑组织的界限,以学生的兴趣、需要和能力为基础,是通过引导学生自己组织活动而实施的课程,其主要倡导者是以美国实用主义教育家杜威为代表的一些学者。

活动课程的思想产生于18世纪法国启蒙思想家卢梭,他反对按部就班地学习书本知识,主张儿童到大自然中去,通过身体锻炼、劳动、观察事物等活动而获得经验。卢梭之后,裴斯泰洛齐的教育适应自然的原则和福禄贝尔的儿童自动发展的思想对活动课程的产生起到了重要的启发作用。活动课程作为一种课程形态,是19世纪末20世纪初欧美"新教育运动"和"进步教育运动"的产物。杜威一生力求彻底扭转传统教育及其学科课程的三中心(课堂中心、书本中心、教师中心)统治课堂的局面,而代之以进步教育及其活动课程的三中心(活动中心、经验中心、学生中心)。他提出应根据儿童本能生长生活的需要,在复演和模拟社会生活的过程中,组织儿童主动作业,让儿童"从做中学",通过主动的活动对经验进行转化与改造。

3. 学科课程与活动课程的关系

活动课程自诞生以来,就鲜明地站在了学科课程的对立面,因此,学科课程与活动课程的争论从未停息。施良方先生从九个方面对学科课程与活动课程进行了较为细致的划分:①认识论方面。学科课程属于知识本位,活动课程属于经验本位;②方法论方面。学科课程属于分析,活动课程属于综合;③教育观念方面。学科课程属于社会本位论,"教育为生活做准备";活动课程属于个人本位论,"教育即生活";④知识的传递方式方面。学科课程属于间接经验,活动课程属于直接经验;⑤知识的性质方面。学科课程教授学术性知识,活动课程教授现实有用的经验性知识;⑥课程的排列方面。学科课程是逻辑顺序,活动课程是心理顺序;⑦课程的实施方面。学科课程注重学习的结果,活动课程注重学习过程;⑧教学组织形式方面。班级授课制,活动课程则灵活多样;⑨学习的结果方面。学科课程要求学生掌握"双基",活动课程要求教师培养社会生活能力、态度等。[1]

我们认为，学科课程与活动课程都有其存在的价值和意义，二者对于学校教育活动来说是缺一不可的，以牺牲任何一方为代价而张扬另一方，都是不恰当的，也是不可取的。

（四）综合课程与分科课程

1. 综合课程

综合课程是一种具有对学校课程内容进行统整的特点的课程类型，是将具有内在逻辑或价值关联的原有分科课程内容以及其他形式的课程内容统整在一起，旨在消除各类知识之间的界限，使学生形成关于世界的整体性认识和全息观念，并养成深刻理解和灵活运用知识综合解决现实问题的能力的一种课程。[2] 综合课程的实践尝试开始于19世纪，20世纪后得到进一步的、多样化的发展。

我国古代很多儒家经典著作就其实质内容来说，可看作以伦理道德教育为中心的综合课程，如"四书"、"五经"、《千字文》、《三字经》等，从孔子的思想中可以发现最早的综合教育与教学的思想的萌芽。在现代的学校教育中，综合课程的产生通常是几门相近或相关课程的整合。例如，1958年，我国将以前的世界历史、中国历史和世界近代史等科目合并为"历史"综合课程，将自然地理、世界地理、中国地理和中国经济地理合并为"地理"综合课程等。

2. 分科课程

分科课程与综合课程概念相对。就其本质而言，分科课程就是学科本位取向的课程形态。就其内容而言，分科课程有可能以知识学习为主，也有可能以技能培养为主，还有可能二者兼具。因此，它有可能与前文所述的学科课程相重合，但也有可能不同于学科课程。此处之所以用分科相称，主要是考虑其与综合课程的相对性。就其组织而言，"分科课程是一种单一学科的课程组织模式，它强调不同学科门类之间的相对独立性，强调一门学科逻辑体系的完整性[3]"。在古代，中国的"六艺"课程和西方的"七艺"课程都属于早期的分科课程。近现代以来，分科课程基本成为专门性教育机构中课程的主流，然而，随着当今课程的不断改革，分科课程已经不再具有绝对的权威，各门课程逐步走向融合。

3. 综合课程与分科课程的关系

综合课程与分科课程存在相关而非对立的关系。我们认为，不可用简单的优劣标准

---

[1] 施良方. 课程理论：课程的基础、原理与问题 [M]. 北京：教育科学出版社，1996：279.
[2] 有宝华. 综合课程论 [M]. 上海：上海教育出版社，2002：25.
[3] 闫守轩. 课程与教学论：基础、原理与变革 [M]. 北京：北京师范大学出版社，2015：109.

评判综合课程和分科课程，它们各有所长、各有所短，是两种功能互补的课程形态。两者共存于学校的教育实践中，构成基础教育的完整的课程结构。

综合课程与分科课程之间的关系需要辩证看待。首先，综合课程与分科课程的区别是相对的。前者作为一门课程，作为课程计划的一部分，也表现出一定的分科形式；后者虽然强调学科本位，但在某种程度上也存在知识的综合化现象，其完整的学科逻辑体系也不是纯粹独立的、封闭的。其次，二者相互依赖、相互作用。在当今课程与教学不断变革的背景下，以及实际的课程实践中，各学科间完全分立并不现实，也不符合人的全面发展的需求。此外，综合课程也有其学科逻辑，它的学科逻辑超越了分门别类的、片面化的那种学科逻辑。

第四节　课程实施的基本观点

课程实施就是把新的课程计划付诸实践的过程，也可以说是把书面的课程转化为具体教学实践的过程。[①]课程实施的研究兴起于20世纪70年代，伴随着世界各国的课程改革而兴盛起来。课程改革的成败关键在于实施，正如古德莱德所说："改革在很多时候都被视为失败，其实不然，因为它们从来就未得到实施。"因此，人们转而开始研究课程实施的问题。课程实施研究的重点在于考察实际中发生了什么，以及哪些因素影响了实施的过程。

课程实施的实质就是将课程方案付诸行动或把课程改革付诸实践的过程。课程实施意味着课程由理论、观念或文本向操作、运行或行动转变。由于这种转变背后隐藏着不同学者对课程内涵、价值及其目标看法的区别，因此必然也存在着不同的课程实施的观点。这里，我们总结出三种基本观点，即忠实观、相互适应观和创生观。

一、忠实观

课程实施的忠实观看重课程设计的优先性和重要性，强调课程在实施中对课程设计的认同与顺从，认为事先经过规划的课程具有示范作用和明确的效用，能够被教师无条件地全部接受，并在行动中被教师忠实地执行。课堂中付诸实际教学行动的课程实施，必须完全符合课程设计人员事先计划的意图与理想，如果新的课程计划得不到忠实的实施，则意味着在设计环节投入的人力、物力、财力白白浪费了。这种观点拒绝教师对已设计课程进行调整和变通，认为教师在课程实施过程中的调整、修改等会使课程效果大打折扣。

[①] 钟启泉，汪霞，王文静.课程与教学论[M].上海：华东师范大学出版社，2008：166.

课程实施的忠实观适用于某些特定的课程情境，特别适用于课程内容极为复杂困难且师生不容易准确理解、全面把握的新的课程计划，或是学生的理解需要建立在对课程内容做特定安排、详细说明的基础上。因此，有必要对课程实施的程度预先加以具体的规定。

总体而言，忠实观并不利于课程的真正实施，而且还会产生负面效应。20世纪60年代，美国课程改革将忠实观的课程实施发挥到了极致，甚至设计出"提防教师"的"套装课程辑"。也就是说，"课程材料具体规定了教师必须知道、讲解和要做的每一件事情，以及学生需要做出的各种反应。教师几乎没有任何改动的余地"[1]，大大限制了教师的主动性和学生学习的自主性、探究性。

二、相互适应观

持这一观点的人把课程实施看作一个连续的动态过程，相互适应意味着课程的实施是一个由课程的设计者和课程的实施者共同对课程进行调整的过程。调整包括两个方面：一是课程计划为适应具体教学情境和学生特点而进行的调整；二是课程的实际以及教师和学生为适应课程计划而进行的调整。

与忠实观相比，相互适应观的基本特征如下：第一，良好教学的知识技能大部分是隐含的，是教师与教学对象及教师在阅读、讨论、观察中相互学习而获得的；第二，课程实施是教师多元诠释的过程，他们会根据教学层面的不同情况，确定实施方案，选择教学策略，促进学生的发展；第三，课程实施是一个复杂的、非线性的和不可预知的过程；第四，学校组织的变革、实施者知觉的转变，尤其是在职教师的培训，是影响课程实施程度的重要因素；第五，课程实施并非由一套预设目标引导，而是以一套有关教师与教学、学习者与学习、学科内容及其潜在意义，以及学校教育与社会政治力量的关系等作为指引。

案例呈现

《坐井观天》是一篇非常有趣的寓言。文章通过生动有趣的对话，为学生讲述了一个寓意深刻的故事。有人曾说，学寓言应该让课堂充满童趣，还学生一份童真，不能让唯一的、标准的寓意来框定学生的思想。案例中，教师对教学的处理体现了教师对童心的珍爱与对童趣的珍视。

师：同学们，小青蛙听到大家把井外的世界说得这么精彩，它真想跳出井口来看一看（出示课件：青蛙跳出了井口）。说说青蛙跳出井口后，将会怎么样呢？

---

[1] 施良方.课程理论：课程的基础、原理与问题[M].北京：教育科学出版社，1996：133.

（学生活跃思维，争相发言。）

生：它会看到绿绿的小草，还有五颜六色的花儿。

生：它会看到校园里开满了桂花，闻到阵阵花香。

生：老师，我觉得青蛙可能没有看到这么美的景色。

师：（教师一愣，然后用充满好奇和疑惑的语气）说说你是怎么想的？

生：它可能看到路边垃圾成堆，蝇蚊成群，闻到一阵阵很刺鼻的臭味。

（学生开始小声议论了起来。）

生：它看到人们往小河里倒垃圾，河面上还漂浮着鱼的尸体，心里很害怕。

生：它看到有人砍伐大量树木，鸟儿没有了家。

…… ……

（教师灵机一动。）

师：那么，我们能不能用什么好办法来挽留小青蛙，让它安心快乐地和我们生活在一起呢？

（学生思考片刻，跃跃欲试，兴趣盎然。）

生：我们做个广告牌，上面写上"保护动物，人人有责"，告诉人们应该与动物成为好朋友。

生：看到有人乱砍树、捕杀动物时要报警，让警察来抓这些坏人。

生：我们要保护好环境，不能把动物的家弄脏。

…… ……

师：同学们说得棒极了！只要大家共同保护环境、爱护家园，小青蛙就会被我们挽留下来，动物们才会快快乐乐地生活在我们身边！

三、创生观

持这一观点者把课程实施过程看成是师生在具体教学情境中共同创造新的教育经验的过程。也就是说，课程并不是在实施前就固定下来的，课程是经验性、情境化和人格化的，课程实施本质上是在具体的教学情境中缔造新的教育经验的过程，在课程创生的过程中，已有的课程计划只是可供选择的一种参考。

依据创生观，教师的作用、师生关系都呈现出新的特点。教师不再"按图索骥"或"小修小补"，而是课程的开发者，是课程设计的主体，其价值观、兴趣、教学经验、个性特征、教学才能都可得到充分发挥。教师不再单向进行教学，而是成为学生的合作者，与学生共同制定课程目标。

创生观有四个基本理念：一是相信学生对课程的理解，并具有教学实践的才能；二是每个教学情境都是独特的，需要教学者和学习者在选择教学资源、确定教学方案等方面均发挥创造才能；三是做自己需要做的事，即不受预定计划的限制，不以达标的程度为指向，追求意义的统整和师生持续的发展、成长；四是注重合作，即完整的教育经验是在互动、合作、交流、沟通中形成的。

上述三种课程实施的基本观点都有其各自的特点和适用之处。对于学校的教育和教师的课堂教学而言，并不存在唯一的或完全正确的课程实施观点，因为课程实施是一个复杂的过程，不仅涉及课程设计人员事先的精心规划，也涉及学校教育与课堂教学的独特情境，以及教师与学生之间的多形式互动。因此，需要具体情况具体分析，以辩证的和整合性的思维来思考三种基本观点，将三者有机融合起来。

第五节　我国基础教育课程改革历程及内容

一、中国课程改革的回顾

中华人民共和国成立以来，中小学课程经历了多次改革和调整，对历次的改革、调整进行细分，我国的课程改革可分为七个阶段。[①]

（一）第一个阶段

改造旧课程，建设中小学课程体系（1949—1957）。这一时期共制订与修改过两次小学教学计划、七次中学教学计划、三次中小学的各科教学大纲，编写过两套中小学通用教材。

（二）第二个阶段

总结经验教训，构建我国自己的课程模式（1958—1965）。1957年开始，鉴于中苏关系和国内政治发展的情况，我国需要尽快纠正因学习苏联教育经验产生的失误，总结社会主义革命的建设和经验，建立自己的教育体制。1958年，国务院发布了《关于教育工作的指示》，文中规定："党的教育工作方针，是教育为无产阶级政治服务，教育与生产劳动相结合。"这一时期的课程改革正是在这样的教育方针的指引下展开的。

（三）第三个阶段

课程发展的倒退（1966—1976）。"文化大革命"时期，中小学的教学秩序遭到破坏，教学计划、教学大纲、教材建设处于停滞状态。

---

① 钟启泉，汪霞，王文静. 课程与教学论[M]. 上海：华东师范大学出版社，2008：222-226.

(四)第四个阶段

拨乱反正,恢复中小学的课程秩序(1977—1984)。1977年,党的十一大开始纠正以往错误的政治思想路线,我国的社会主义建设事业重新迈向健康发展的道路,教育发展的危局也开始得到扭转。1978年1月,教育部颁发《全日制十年制中小学教学计划试行草案》,统一规定中小学学习年限各五年。小学开设政治、语文、数学、外语、自然常识等八门课程,中学设置政治、语文、数学、外语、物理、化学、地理等14门课程。新的教学计划清除了"左"的思潮的影响。自1981年起,教育工作进入调整改革的新阶段。这一年,国家颁布了新的中小学教学计划。小学开设11门课程。中学有五年制和六年制两种,都设14门课程。

(五)第五个阶段

基础教育课程改革的深化(1985—1993)。我国中小学的课程改革自20世纪80年代中期进入一个新的阶段,开始向深度和广度进发,改革以实施九年制义务教育为核心,实现了课程观念、课程结构体系、课程管理上的重大突破。

(六)第六个阶段

适应性的课程调整(1994—1997)。1994年6月,为了执行国务院颁布的每周44小时工作制的规定,以实行新的学制为契机,减轻中小学生过重的课业负担,国家教委在多方听取意见、广泛调研和论证的基础上,对我国普通中小学教学计划进行了调整。调整后,义务教育阶段,"6·3"学制九年课时总量共减少912节,"5·4"学制九年课时总量共减少946节,高中三年课时总量共减少252节。

(七)第七个阶段

全面推进素质教育的新一轮基础教育课程改革(1998年至今)。1998年,教育部颁发《面向21世纪教育振兴行动计划的通知》,该计划要求2000年初步形成现代化基础教育课程框架和课程标准,改革教育内容和教学方法等,由此拉开了新一轮基础教育课程改革的帷幕。次年6月,党中央召开了改革开放以来第三次全国教育工作会议,公布《中共中央国务院关于深化教育改革全面推进素质教育的决定》,全面推进素质教育成为新时期课程改革总任务,为我国基础教育课程改革指明了方向。

二、我国新一轮基础教育课程改革的特点

本次课程改革是以提高国民素质为宗旨,以全面推进素质教育、培养学生创新精神和实践能力为根本指导思想。新课程的培养目标体现了时代的要求,即培养学生具有爱国主义、集体主义精神,热爱社会主义,继承和发扬中华民族的优秀传统,具有社会主

义民主法制意识，遵守国家法律和社会公德……成为有理想、有道德、有文化、有纪律的一代新人。

新的课程体系涵盖幼儿教育、九年义务教育和普通高中教育，小学阶段以综合课程为主，初中阶段设置分科与综合相结合的课程，高中以分科课程为主。但为使学生实现有个性的发展，设置了丰富多样的选修课程，开设技术类课程，积极试行学分制。义务教育课程进行整体设置，九年一贯。新课程方案强调课程的综合性，加强了课程内容与学生生活、现代社会和科技发展的联系，使它们有效地融合起来。重视学生的主动学习，倡导学生主动参与、乐于探究、勤于动手，从而学会学习、思考、创新和发展，同时具备收集和处理信息的能力、获取新知识的能力、分析和解决问题的能力、交流与合作的能力。

新课程标准体现了国家对不同阶段学生的知识与技能、过程与方法、情感态度与价值观三维目标的基本要求，规定各门课程的性质、目标、内容框架，提出教学和评价建议，为培养学生的生存能力、实践能力和创造能力打下良好的基础。

课程体系中增加了新的课程门类。"综合实践活动"是从小学到高中的必修课程，内容主要包括信息技术教育、研究性学习、社区服务与社会实践、劳动与技术教育。"科学"综合了生物、物理、化学学科的内容，增加了贴近学生生活、科技发展、技术应用、实践操作等方面的知识，强调科学意识、科学方法、科学道德的教育。"历史与社会"整合了历史、人文地理和其他人文社会科学的相关内容，重在培养当代中国公民的人文素养和民族精神。"艺术"不再局限于传统的音乐和美术课，而是结合我国各地的文化传统，将舞蹈、戏曲等多种富有特色的艺术内容纳入其中。

新一轮课程改革明确了课程的三级管理体制，即实行国家、地方和学校三级管理。其中，国家课程由国家组织人员设计和编制，体现国家意志和主流意识形态。教育部总体规划基础教育课程，省级教育行政部门制订本地实施国家课程的计划、规划、开发地方课程，学校在执行国家和地方课程的同时，结合当地社会、经济发展的具体情况和学校的实际，研制、开发或选用适合本校的课程。总的课时比例为：国家课程占80%~84%，地方和学校安排的课程占16%~20%。

三、新课程下义务教育新教材的特点

实验新课程的教材具有新的特点，其研究和编写采取开放的组织方式，任何个人、团体、机构经资格审查，皆可组织教材的编写，通过审定后，可供各学校选用。由教育部课程教材研究所编写、人民教育出版社出版的"义务教育新教材"是一套面向21世纪的九年制的教材，与以往的同类教材相比，新教材具有六方面的特点。

第一，对教材体系、结构进行了革新。

第二，注重教材内容的现代化和开放性。

第三，重视教材内容的综合性和相关学科的整合。

第四，及时更新基础，着力培养学生的创新精神和综合实践能力。

第五，立足于促进学生学习方式的改革。

第六，有利于改进教学设计和教学策略的选择和运用。

思考与练习

一、单项选择题

1.（　）不属于"六艺"的范畴。

　　A. 礼　　　　　　　　　　B. 乐

　　C. 射　　　　　　　　　　D. 律

2. 在西方，（　）将"课程"这一术语概念化为"教育内容的系统组织"。

　　A. 苏格拉底　　　　　　　B. 斯宾塞

　　C. 柏拉图　　　　　　　　D. 夸美纽斯

3. 认为"课程即经验"的学者主要受（　）的思想影响。

　　A. 赫尔巴特　　　　　　　B. 杜威

　　C. 泰勒　　　　　　　　　D. 斯坦豪斯

4. 结构主义课程流派的倡导者是（　）。

　　A. 巴格莱　　　　　　　　B. 赫钦斯

　　C. 布鲁纳　　　　　　　　D. 科南特

5.（　）把课程的本质概括为一种"反思性实践"，提倡课程组织对现实的反思与批判。

　　A. 博比特　　　　　　　　B. 康茨

　　C. 布拉梅尔德　　　　　　D. 阿普尔

6. 我国在（　）取消了"教学计划"的说法，改为"课程计划"。

　　A. 1953 年　　　　　　　　B. 1992 年

　　C. 1995 年　　　　　　　　D. 2010 年

7. 依照课程学习的要求来划分，可以将课程划分为（　）。

　　A. 必修课程与选修课程　　B. 学科课程与活动课程

　　C. 显性课程与隐性课程　　D. 分科课程与综合课程

8. 新课改在课程体系中增加了一些课程门类，其中，（　）是从小学到高中的必修课程。

　　A. 科学　　　　　　　　　B. 历史与社会

C. 综合实践活动 D. 艺术

9. 课程实施的忠实观强调（   ）的优先性和重要性。

A. 课程编制 B. 课程设计

C. 课程组织 D. 课程评价

10. 2001 年 7 月，教育部颁布了《基础教育课程改革纲要（试行）》，明确指出（   ）阶段以综合课程为主。

A. 初中 B. 高中

C. 学前 D. 小学

二、辨析题

学生在学校主要学习间接经验。

三、简答题

1. 课程组织的基本取向主要有哪些？
2. 课程计划的基本内容有哪些？
3. 课程实施的基本观点有哪些？
4. 你对教师的作用、师生关系有哪些认识？
5. 社会问题取向的课程组织的优缺点分别是什么？

四、思考题

我们应如何看待中小学实施的综合实践课？

推荐阅读

1. 佐藤学《课程与教师》(教育科学出版社，2003 年版)
2. 钟启泉《课程的逻辑》(华东师范大学出版社，2019 年版)
3. 施良方《课程理论：课程的基础、原理与问题》(教育科学出版社，1996 年版)
4. 帕梅拉·博洛廷·约瑟夫《课程文化》(浙江教育出版社，2008 年版)

参考文献

[1] 刘宇. 学生课程参与论 [M]. 济南：山东教育出版社，2012.

[2] 钟启泉. 课程与教学论 [M]. 上海：华东师范大学出版社，2008.

[3] 派纳，等. 理解课程：历史与当代课程话语研究导论（上）[M]. 张华，等译. 北京：教育科学出版社，2003.

[4] 麦克尼尔. 课程：教师的创新（第3版）[M]. 徐斌艳，陈家刚，译. 北京：教育科学出版社，2008.

[5] 范斯科德. 美国教育基础：社会展望[M]. 北京师范大学外国教育研究所，译. 北京：教育科学出版社，1984.

[6] 泰勒. 课程与教学的基本原理：英汉对照[M]. 罗康，张阅，译. 北京：中国轻工业出版社，2014.

[7] 施良方. 课程理论：课程的基础、原理与问题[M]. 2版. 北京：教育科学出版社，2020.

[8] 汪霞. 小学课程与教学论[M]. 上海：华东师范大学出版社，2011.

[9] 张华. 课程与教学论[M]. 上海：上海教育出版社，2000.

[10] 陈桂生. 课程引论[M]. 上海：华东师范大学出版社，2019.

[11] 柳海民. 教育学概论[M]. 北京：北京师范大学出版社，2015.

[12] 有宝华. 综合课程论[M]. 上海：上海教育出版社，2002.

[13] 闫守轩. 课程与教学论：基础、原理与变革[M]. 北京：北京师范大学出版社，2015.

第六章

教学（上）

▌**关键词**

教学　教学理论　教学规律　教学原则　教学方法

▌**学习目标**

1. 理解教学的含义、教学的任务、教学与学校教育的关系。

2. 联系实际，掌握古今中外各教育家提出的重要的教学思想和理论。

3. 理解教学过程的规律，能科学地遵循教学规律。

4. 理解每个教学原则的含义，能根据教学情境正确判断出其所体现的教学原则，能结合具体的教学情境理解贯彻教学原则的基本要求。

5. 了解教学方法与教学方式的关系，能根据具体的教学情境正确判断出其所使用的教学方法，并能够理解相关教学方法的使用要求；了解国外的教学方法。

6. 树立课堂教学的开展要遵循教学规律、教学原则的正确态度，科学地使用教学方法。

▌**内容提要**

"教学"一词主要应用于学校的教育活动中，指课堂教学。"教学"一词很早就有，随着时代的发展，其内涵也在不断变化。教学的含义体现了教学的任务，以及教学与教育之间的关系。古今中外的教育家在不同的社会历史条件、不同的理论指导和不同的教育实践下，对教学活动有着不同的理解。

我们应该在历史唯物主义的指导下，辩证地去认识相关教育思想和理论，在教学实践活动中去检验自己学习的成果。教学过程的本质是人类的认识活动，只是在学校教育的范围内具有一定的特殊性。教学过程的规律揭示了直接经验与间接经验、掌握知识与发展能力、传授知识与思想教育、教师地位和学生地位、智力活动与非智力活动之间的辩证关系。若要实现教学目标，教育者应在教学理论的指导下，遵循人的身心发展规律，遵循教学过程的规律。

思维导图

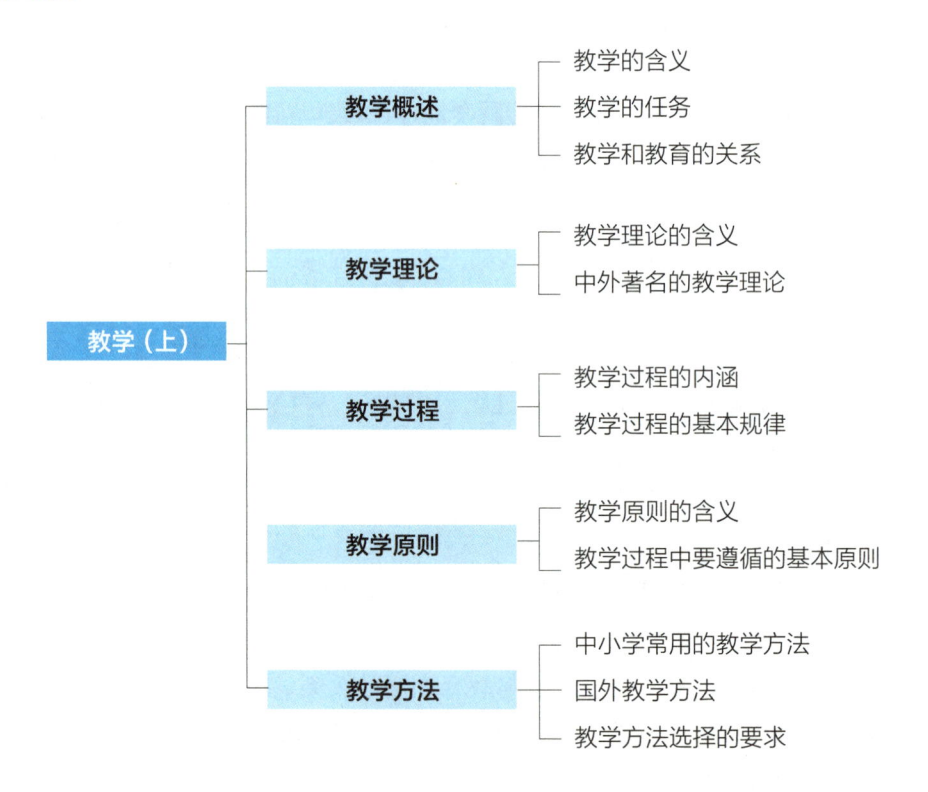

- 教学（上）
  - 教学概述
    - 教学的含义
    - 教学的任务
    - 教学和教育的关系
  - 教学理论
    - 教学理论的含义
    - 中外著名的教学理论
  - 教学过程
    - 教学过程的内涵
    - 教学过程的基本规律
  - 教学原则
    - 教学原则的含义
    - 教学过程中要遵循的基本原则
  - 教学方法
    - 中小学常用的教学方法
    - 国外教学方法
    - 教学方法选择的要求

> **教学导入**
>
> "衔远山，吞长江，浩浩汤汤，横无际涯，朝晖夕阴，气象万千……"
>
> "老师，还有，还有——"
>
> 刚一上课，学生们就争着将自己查到的描写洞庭湖景色的美文佳句吟诵出来，想和大家分享洞庭湖的美景。
>
> 在请学生大致介绍完洞庭湖的名胜风景后，我给学生们看了洞庭湖的美景图，随后介绍了有关洞庭湖的传说、历史、物产等。学生们沉浸在了课堂中。
>
> 片子放映完，我紧接着出示了洞庭湖的地理环境及其四周的工业布局图，然后要求学生根据自己搜集到的资料描述洞庭湖的现状，并分析其原因和可能出现的后果。同时，我还给出了长江中下游地区的年泥沙沉积量及洞庭湖的有关数据，请同学们动手计算洞庭湖的体积及填满它所需的大致时间。在随后的小组发言中，学生们以翔实的资料、令人信服的数据分析出"长江泥沙沉积""围湖造田""工业环境污染"等是导致"湖泊面积缩小""调蓄能力减弱""酸雨形成""农田减产""洪涝灾害"等现实问题的主要原因，并得出"洞庭湖及其四周的生态环境已逐渐恶化"的结论。
>
> 议论至此，学生们仍意犹未尽，他们开始讨论环境治理的具体措施。听着一个个充满社会责任感的建议与设想纷纷被提出，课程也正朝着我设想的目标有序地"迈进"着。

第一节　教学概述

一、教学的含义

"教学"一词由"教"和"学"两个字构成。小篆的"教"是𣁳，爻（爻，算筹）是学习内容，子（子，孩童）是学习者，攴（手持教鞭）是教育者对学习者的教育手段。金文的"学"是𭕃，𭕃的左右两边是手，有用两手帮助、教导之意，冖（房屋）表示儿童学习的场所。两个字合在一起，表示人在某个地方采取某种方法教孩子学习某些知识。

对于教学的含义，虽然不同书籍的表述不同，但表达的内涵是基本相同的。教学的定义是教学是教育目的规范下的，由教师的教与学生的学共同组成的一种教育活动。在这一活动中，学生在教师有目的、有计划、有步骤的积极引导下，主动地掌握系统的科学文化知识和技能，让智力和体力得到发展，陶冶性情，成为全面发展的个才。理解这个定义需要掌握以下几点。

第一，教学活动开展的依据是教育目的。教育目的是教学活动开始之前确立的，在教学活动开始之前引导教学活动前进的方向，在教学过程中调节控制教师的教育教学行为，在教学活动结束之后评价教学质量。

第二，从事教学活动的人有两种——教师和学生。教学是教师和学生的双边活动，即教师的教学和学生的学习是一个活动的两个方面。教师的教学与学生的学习不同，教学主要是一种外化过程，学习主要是一种内化过程。两者相互依存，教之于学如同卖之于买。两者相辅相成，教师的教学被学生内化，教育才有意义；学生的成长反过来又能促进教师的教学，为其提供基础条件。

第三，教学是一种教育活动，既包括"教"，也包括"育"。教师既要让学生掌握知识，又要帮助学生陶冶品德和个性。

二、教学的任务

任务，即指定担任的工作或指定担负的责任。教学的任务，就是教学活动中指定教师担任的工作或指定教师担任的责任，即教师必须要完成的工作。教学的一般任务有五种。

第一，引导学生掌握系统的科学文化基础知识和基本技能。知识，是人类对物质世界和精神世界探索的结果。基础知识包括学科中的基本事实、概念、原理和公式。技能是运用知识完成实际任务的能力。基本技能是学科中主要的、常用的技能。基础知识和基本技能在学校教育中通常被称为"双基"。因为学校的学习时间有限，学生所需要的知识和技能不可能在学校教育中全部学到。因此，学生以学习基础知识和基本技能为主。

随着社会的发展和科技的进步，我们对"双基"的理解有了新的认识与定位，也赋予了它更丰富、更具时代特征的内涵。基础不仅仅是指基础知识与基本技能，还包括非智力因素，如浓厚的学习兴趣、积极的探索精神、坚持真理的态度，以及获取新知识的能力、搜集和处理信息的能力、分析和解决问题的能力、交流与合作的能力。基础是多个方面的有机整合，基础是为学生终身发展服务的。

第二，发展学生智能，特别是培养学生的创新精神和实践能力。教学不仅要发展学生的一般智能，还要培养学生的创新意识和学以致用的能力。

第三，发展学生体能，提高学生的身体健康水平。体育教学要向学生传授体育知识，培养其体育技能，增强学生体质。

第四，培养学生高尚的审美情趣和审美能力。通过美育培养学生认识美、爱好美和创造美的能力。

第五，培养学生养成良好的道德品质和个性心理特征。通过德育教育使学生在道德认知、道德情感、道德意志和道德行为方面获得发展。

这就是我们常说的德、智、体、美全面发展。几个方面是有机统一的，在教学工作中单纯强调某一项任务的完成是片面的。

三、教学和教育的关系

教学和教育是两个不同的名词，两者既有区别，又有联系。教育是一种社会实践活动，从教育环境来说，可以把教育分成家庭教育、学校教育和社会教育。学校教育活动主要有两种，即教育活动和管理活动。教育活动包括教学活动、课外活动、生产劳动和社会活动，教学活动是学校教育活动中的一种。

（一）教学活动是学校教育的中心工作

在学校的教育活动中，教学活动占用的时间最长，比例最大，作用最大，目的性、计划性、组织性最强，是实现学校培养目标的主要活动。教学不是学校教育的唯一工作，而是中心工作，其他工作都要围绕它、配合它来进行，要与它结合在一起，共同实现学校的培养目标。

（二）教学是实现学校培养目标的基本途径

学校里的教育活动有多种，教学活动作为中心工作，是实现学校培养目标的根基，是最重要的力量。

（三）教学具有教育性

在教学活动中，教师不能仅关注学生知识和技能的习得，还要重视习得过程中学生品德的养成。知识和技能的习得让教育对象成"才"，品德的养成让教育对象有"德"，学校培养的应该是德才兼备的人。

第二节　教学理论

一、教学理论的含义

人们的认识有两种——感性认识和理性认识。系统化了的理性认识就是理论。正确的理论是人们对客观事物的本质和规律的正确反映。理论来自实践，反过来又指导人们的实践活动，如此循环往复，使人们对世界的认识不断深入。

教学理论是人们对教育教学实践的理性认识，具有科学性，对实践具有积极的指导作用。教师在从事教育教学活动之前，应该了解古今中外的教学思想和教学理论。

二、中外著名的教学理论

（一）孔子的教学理论

1. 有教无类和因材施教

孔子说："自行束脩（一束干肉）以上，吾未尝无诲焉。"意思是求教的人给受教育的人一些见面礼，真心求教，就可以得到孔子的教诲。"束脩"是见面礼，不是学费。这种要求并不高，也没有对教育对象有其他的要求，所以，孔子的教育对象之间差异比较大。这种情况让孔子发现，一种教学方法并不能适合所有的人，因此提出了"因材施教"的观点。

2. 学、思、行结合

孔子提倡学、思、行的结合。"多闻择其善者而从之，多见而识之"，告诉人们要学习直接经验。"博学于文""好古敏以求之"，告诉人们要学习间接经验。"饱食终日，无所用心，难矣哉"，意思是"学而不思则罔"。"吾尝终日不食，终日不寝，以思，无益，不如学也"，意思是"思而不学则殆"。"学以致用"，"君子耻其言而过其行"，"君子欲讷于言而敏于行"，告诉人们要重视"行"。

3. 启发诱导

孔子最早提出启发教学，"不愤不启，不悱不发，举一隅不以三隅反，则不复也"。强调不要把答案过早地告诉学生，要抓住适当的教育时机通过"启发"使学生获得真知。

4. 复习与实践

孔子说："学而时习之，不亦说乎。"对于这句话，人们有不同的理解，主要是对"时"和"习"的看法不同。"时"可以理解为"及时""时常"和"时机"，"习"可以理解为"学习""复习""实习"和"实践"。说法很多，不管是哪一种解释，都强调一点，学习不是一次就能够完成的，学过之后还要学以致用。

（二）《学记》中的教学理论

1. 学习的重要性

"玉不琢，不成器；人不学，不知道。"表明学习对人的成长来说是一件非常重要的事情。

2. 藏息相辅

"大学之教也，时教必有正业，退息必有居学"，"故君子之于学也，藏焉修焉，息焉游焉"。"时教"是指在校学习的时间，由学校计划和安排。"退息"是指课后时间，学生可以自己安排和利用。这两种时间里，学生活动的具体形式可能不同，但活动的基本内容和活动的目的应该是一致的，如课外好好学习调弦的技能，课内才能完成乐教的任务。因此，两者应该相辅相成，为实现培养目标形成合力。所谓的藏（原为"臧"，通"内脏"的"脏"）息（呼吸的气息）相辅就是这个意思。

3. 豫时孙摩

"禁于未发之谓豫（通"预"，预防）。"当学生的不良行为还没有发生的时候就加以防范，把苗头扼杀在萌芽状态，这样教育就会省力很多，效果也会更好。

"当其可之谓时（教育的时机）。"当学生能够接受某种学习的时候，要抓住时机，及时施教，这样效果更好。如果错过了时机，不是不能教育或学习，而是"时过然后学，则勤苦而难成"。

"不陵（超越）节（时期、阶段）而施之谓孙（通"逊"，顺应，循序渐进）。"儿童的身心发展是有阶段性的，教师的教育教学必须考虑到学习者的年龄特征。不考虑学习者的年龄特征施教，尤其是不等待儿童心智成熟，便揠苗助长般施教，就会出现"杂施而不孙，则坏乱而不修"的情况，学生很难学到系统的科学文化知识，这会影响到学习的质量。

"相观（看）而善（长处）之谓摩（观摩）。"学生在学习过程中是相互影响的，看到别人的长处，取长补短，相互学习，就能共同进步。

4. 长善救失

"学者有四失，教者必知之。人之学也，或失则多，或失则寡，或失则易，或失则止。此四者，心之莫同也。知其心，然后能救其失也。教也者，长善而救其失者也。"人和人之间是有个别差异的，在学习行为上的表现也不一样，如"多""寡""易""止"。每一种学习行为都是有利（"善"，长处）有弊（"失"，短处）的，要一分为二地看待。比如，"多"可能博学，但也可能会导致不求甚解，对知识了解个大概，不彻底，不深刻。学习者在学习行为或学习态度上的表现不一样，是因为他们的心思或个性不同。

清代学者王夫之认为，如果教法得当，"多""寡""易""止"的缺点也可以转化为优点。"多"则知识渊博，"寡"则精深专一，"易"则充满信心，"止"则认真对待。这就要求教师要善于因势利导，对待事物要一分为二地去看，利用事物的积极因素，克服其消极因素，将缺点转化为优点。

5. 启发诱导

《学记》中说："君子之教，喻也。道而弗牵，强而弗抑，开而弗达。道而弗牵则和，强而弗抑则易，开而弗达则思。和、易、以思，可谓善喻矣。"这段话表达的启发诱导（"喻"）和孔子的启发式教学在本质上是一样。同时，《学记》还论述了启发的好处。引导（"道"，通"导"，诱导）学生，而不是牵着学生的鼻子走；督促勉励（"强"）学生，而不是强制压抑学生；打开学生的思路，而不是把答案直接告诉学生。"道而弗牵"，尊重学生，师生关系就会比较和谐（"和"）；"强而弗抑"，鼓励学生，便不会让学生感受到特别大的压力，学生觉得学习不是那样得难（"易"），就会有信心学下去；"开而弗达"，学生发挥主观能动性，真正开动脑筋去思考（"思"），从而使思维能力得到锻炼和发展。三个方面相结合，才是真正的启发。总之，教师的教育行为一定要注意"度"，"过"和"不及"都是不好的。

6. 教学相长

"虽有佳肴，弗食不知其旨也；虽有至道，弗学不知其善也。故学然后知不足，教然后知困。知不足，然后能自反也；知困，然后能自强也。故曰：教学相长也。"对客观世界的认识和对自己的认识都是一样的，要亲自实践，才能真正了解。了解过后要反思，反思过后要奋发进取。无论是学的人还是教的人，都能通过教学过程得到提高，有所收获。

（三）苏格拉底的教学理论

古希腊哲学家苏格拉底在和人讨论问题时，常用诘问法，这种方法又叫作苏格拉底法、产婆术、精神助产术。苏格拉底法从外部形式上看是一问一答——苏格拉底问，对方回答。对于对方的回答，苏格拉底并不会直接说对与错，而是在对方回答的基础上继续提出问题。通过一个个问题的提出，对方逐渐认识到，自己开始的回答和认识是错误的。苏格拉底法从本质上看贯彻了启发性原则，即不把答案直接告诉学生，而是通过不断地提问，引导学生得出真知。

（四）夸美纽斯

1. 教育内容

夸美纽斯提出了泛智教育思想，"把一切事物教给一切人类"。"一切事物"体现泛智，"一切人类"体现民主。通过学习尽可能多的知识，智慧可以获得普遍的发展。

2. 教学原则

夸美纽斯说："秩序是把一切事物教给一切人们的教学艺术的主导原则。""秩"侧重于有条理、不混乱，"序"侧重于有先有后、不颠倒次序。我们日常生活中的很多事情都要讲究秩序，一个一个来，不能随便插队。秩序原则就是按顺序来。

3. 系统论述班级授课制

班级授课制是指将学生以班级为单位组织起来教授课程内容的制度。第一个实行班级授课制的人不是夸美纽斯，但第一个进行系统论述的是他。

（五）卢梭的教学理论

卢梭在《爱弥儿》中说："出自造物主之手的东西都是好的，而一到了人的手里，就全变坏了。"这句话体现了卢梭对于人性的肯定性认识。卢梭提出了自然主义教育理论，认为教育有三种，即自然教育、人的教育和事物的教育，三种教育有机结合，才能达到预期目的。教育培养自然人，自然人不是回复到原始社会的退化之人，而是自由、平等、独立自主、自食其力的人。卢梭认为教育应该顺应儿童自然发展的规律，儿童有他的地位，把孩子看作孩子。[①]

（六）赫尔巴特的教学理论

1. 教学永远具有教育性

赫尔巴特认为，"不存在'无教学的教育'这个概念，正如反过来，我不承认有任何'无教育的教学'一样"，知识和技能的教学与品德的教育同样重要。"

2. 教学形式阶段理论

赫尔巴特认为，人的一切心理活动全部是观念活动，观念的交互作用形成意识，达到个人的觉知状态，构成心之内容。新观念进入意识必须先经过意识阈（界限），之后进入众多观念的组合体，成为其中的一部分。这一过程叫统觉，众多观念的组合体叫统觉团。人不断认识新事物，获得新知识，并把新知识与原有知识融为一体，要么巩固原有观念，要么形成新的观念。

赫尔巴特认为统觉过程有三个环节，并提出了相应的教学方法。在此基础上，首次提出教学的阶段理论。这个理论不仅反映了人类对于教学过程、教学活动本质认识的发展，而且具有广泛的实践意义，为课堂教学讲授新知识、设计新课程提供了可供参照的模式。德国的戚勒和莱因在赫尔巴特的教学形式阶段理论的基础上进行扩充，提出了课堂教学的五个阶段（表6-1）。

表6-1　教学形式阶段理论和五段教学法的比较

赫尔巴特	戚勒和莱因
明了	预备：唤起有关的旧观念，以引起学生对新知识的兴趣
联想	提示：讲授新教材
系统	联想（比较与抽象）：对新旧知识进行分析比较，使之建立联系
方法	总结：得出结论、定义或法则
	应用：运用得出的概念或法则解答题目或练习

每种理论都是时代的产物。赫尔巴特的教学形式阶段理论产生于资本主义上升时期，教育领域重视的是量的扩大。一百多年后，当资本主义发达国家的教育领域的追求

---

① 吴式颖.外国教育史教程[M].北京：人民教育出版社，1999.

已经不再是量的增加而是质的发展时，杜威的理论就随时代的变化产生了。

每种理论都有它的适用性，理论要想发挥良好的作用，不仅需要正确的理解，更需要正确的运用。威勒和莱因的五段教学法在使用的时候如果教条、死板、走极端，就会出现只重教师作用、只围绕教材进行教学、把主要精力放在课堂教学上的错误倾向，导致出现以教师、教材和课堂为中心的情况，忽视学生的地位，忽视教材背后丰富的人类文化，忽视课堂以外的社会生活对人的发展的影响。

(七) 杜威

杜威提出的教育观点有如下几个：

1. 教育即生活

教育的过程和生活的过程是合一的，教育过程不能忽略社会生活。因此，学校即社会，要让学校具有和社会一样的环境，只是学校的环境是一个特殊的社会环境。

2. 教育即个人经验的生长

经验是主体和对象、有机体与环境之间相互作用的结果，这一观念扩大了学习的范围，也扩大了知识获得的范围。相互作用把主体和对象、有机体与环境之间的关系变得复杂，表现为互相联结、互相斗争、互相促进和互相制约，作用不是单向的，也不是一次性的。教育的本质和作用是促进学生生长的过程，包括有机体的生长、智慧与能力的发展、习惯与道德的形成。

3. 教育即经验的持续不断的改造

经验不仅是知识的积累，也是人的身心的改造、发展和生长。人是具有主观能动性的，人不仅接受环境的塑造，还会主动改造环境。因此，教育活动应该尊重儿童的主观能动性，努力提高儿童的积极性和主动性。

4. 从做中学

知行是紧密联系的，教学过程也应该这样。"做"是人的生物本能活动，杜威认为人有4种基本的本能，即制造、交际、表现和探索，这4种本能活动产生了4种兴趣，这些本能和兴趣为儿童的学习活动提供了心理动力。

对于杜威的理论，在应用的时候要掌握度，否则也会出现问题，即以儿童为中心、经验为中心、活动为中心，忽视系统知识的传授。

(八) 赞科夫

赞科夫是苏联著名教育家、心理学家，著有《教学与发展》。赞科夫认为偏重于死记硬背的传统教学体系使学生的思想缺乏灵活性和创造性，不符合时代的要求，必须进行改革。他提出"以尽可能大的教学效果来促进学生的一般发展"。相对于特殊发展而言，一般发展指的是由各门学科引起的共同的、一致的发展，是学生身心的全面发展。特殊发展指的是一门学科或某一组学科引起的独特的发展。

赞科夫提出了指导教学工作的五条原则：

第一，以"高难度"进行教学。教学不能停留在学生的现有水平，而是要有一定的难度，让学生在学习过程中克服障碍，激发学生的求知欲。"高难度"不是越难越好，而是应该掌握一个度。

第二，以高速度进行教学。不要让简单的、重复的讲授和练习拖慢教学的进度，但速度也不是越快越好，要与学生"最近发展区"的实际相适应。

第三，理论知识起主导作用。学生具有理解抽象概念、掌握规律的能力，学生掌握理论知识后，可以实现知识的迁移，促进一般发展。

第四，使学生理解学习过程。学生不仅要理解知识本身，还应该理解知识是怎样学到的。

第五，使全体学生都得到一般发展。学生之间有个别差异，差生之所以差，是因为差生看得少、想得少，导致学的东西少，从而发展水平低。教学要面向全体学生，特别是要促进差生的发展，教材必须符合大多数学生的学习水平。

（九）布鲁纳

杰罗姆·布鲁纳是美国心理学家，他提出了结构主义教学理论。

1. 学习和掌握学科的基本结构

基本结构，即每门学科的基本概念、基本原理和法则的体系。学习和掌握学科的基本结构，可以使学科更容易被理解，有利于知识的记忆、保持、迁移和运用，达到举一反三、触类旁通，可以缩小高级知识和低级知识之间的差距，有利于各级教育的贯通，可简化教学内容。

2. 组织螺旋式课程

螺旋式课程就是以与学生思维方式相符的形式将学科结构置于课程的中心地位，随着年级的提升，不断加深学科的基本结构，使学科结构在课程中呈螺旋式上升。也就是说，同一学习内容在不同的年级可以重复出现，但这种重复不是简单的重复，而是不断提升。每次出现时面对的儿童不一样，表现的形式也就不一样。因此，布鲁纳提出，"任何学科的基本结构都可以用某种形式教给任何年龄的任何学生"。

3. 广泛使用发现法

要培养具有发明创造才能的人才，仅仅让学生掌握学科的基本结构是不够的，还应该培养学生的探索性态度。发现法是指在学生学习学科的基本结构时，教师提供给学生一些事例和问题，让学生积极思考、独立探究，自行发现并掌握相应的原理和结论。发现法以学生为主体，重视学生主观能动性和探究精神的培养。

（十）范例教学

第二次世界大战后，联邦德国各级学校开始重视提高教学质量，但不少学校却采取了不断扩充教材内容和注入式教学的方法，使青少年的智力活动受到抑制。在这种情况下，瓦根舍因和克拉夫基等人提出了范例教学，即借助教材中精选的示范性材料，使学生从个别到一般，掌握带有规律性的知识。

范例教学的一般程序是：范例性地阐明"个"的阶段—范例性地阐明"类"的阶段—范例性地掌握规律性、范畴性关系的阶段—范例性地获得关于世界（以及生活）经验的阶段。

（十一）维果茨基

苏联著名心理学家维果茨基提出了"最近发展区"理论。维果茨基认为，在测定学生智力发展时，应至少确定学生的两种发展水平：一是现有的发展水平，二是潜在的发展水平，这两种水平之间的区域称为"最近发展区"。教学应从潜在的发展水平开始，不断创造新的"最近发展区"。

（十二）罗杰斯

美国人本主义心理学家罗杰斯提出了非指导性教学，这种教学以解决学生的情感问题为目标。罗杰斯把学习分成无意义学习和意义学习。无意义学习不是真的无意义，而是这种学习对学习者来说缺少情感的投入和个人意义，学习起来枯燥乏味，记忆的东西容易遗忘。意义学习是一种非指导性学习，学习过程中不仅仅涉及事实的累积，还掺杂着学习者本人的行为、态度、个性，如带着感情地学习英语单词、朗读课文、背诵课文。

（十三）建构主义

建构主义是一种关于知识和学习的理论，这种理论认为学习是学习者基于原有知识经验的生成意义、建构理解的过程，这一过程常常是在与社会文化互动中完成的。

1. 知识观

知识只是人们对客观世界的一种解释、假设或假说，不是问题的最终结论。随着人们认识程度的深入，会出现新的解释和假设，知识也会发展。知识反映的是规律，在面对具体情境时要具体问题、具体分析、具体对待。对于同一个知识，不同的人基于自身的经验背景，会有不同的理解。

2. 学习观

学习不是教师简单地传递知识、学习者简单地被动接受知识的过程，而是学习者主动建构知识的过程。也就是说，学习是学习者根据自己的经验背景主动建构意义的过程，是对新旧知识反复、双向的相互作用的过程。学习者在原有知识的基础上，建构自己的理解。

3. 学生观

教师在教学之前要考虑学习者已有的知识经验，因为学习者不是空着脑袋进入学习情境的。教师应在新旧知识之间建立联系，把学习者原有的知识经验作为新知识的生长点。教师与学生是对话和交往的关系。师生、生生之间共同探索、交流、质疑，在教学过程中都会有所发展。

4. 师生角色的定位及其作用

教师的角色是学生建构知识的忠实支持者、积极帮助者和引导者。学生的角色是教学活动的积极参与者和知识的积极建构者。

5. 教学方法

①支架式教学。支架是建筑行业使用的脚手架，这里用支架形象地描述这种教学方式。学生像是一座建筑，学生的学习不断地、积极地建构着自身；教师如同脚手架，支持儿童不断地建构自身。这种教学方式以"最近发展区"理论为依据，教师应了解儿童的现有发展水平和潜在发展水平，不断创造新的"最近发展区"。教学中的"支架"应根据"最近发展区"来建立，通过支架的作用使学生的智力不断地从一个水平发展到另一个水平，使建筑越来越高。

②抛锚式教学。这个名称也是一个对教学方式的形象描述。建构主义认为，让学生建构知识的最好办法是让他们获取直接经验，到现实世界的真实环境中去感受。为了尽可能地达到这个目的，教学首先要创设一种学习情境，这种情境和现实情况基本一致或相似，在这种情境中选择与学习目的密切相关的真实性事件或问题（"锚"）作为学习的中心内容，这个选择的过程就是"抛锚"。"锚"抛下去之后，像船固定了一样，整个教学过程就确定了。在后面的学习过程中，学生在教师的帮助下通过自主学习、协作学习解决问题，解决问题的过程就是评价的过程。这种教学方式也被称为"实例式教学"、"基于问题的教学"或"情境性教学"。

③随机进入教学。因为事物具有复杂性，问题具有多面性，学生在某一时间段内很难对所学知识进行全面而深刻的意义建构。为了达到对某一知识的全面认识和理解，教育者可以对同一教学内容，在不同的时间、不同的情境下，为了不同的教学目的，用不同的方式加以呈现，让学习者可以通过不同途径、不同方式学习同样的内容，从而达到对知识全面而深入的掌握。

第三节　教学过程

一、教学过程的内涵

（一）教学过程的含义

教学是教师的教学和学生的学习构成的一种双边活动。过程是事情进行或事物发展所经过的程序。教学过程是教学活动的开展和进行。教师根据教学目的、任务和学生身心发展的特点开展教学活动，指导学生有目的、有计划地掌握系统的文化科学基础知识和基本技能，同时促进学生身心发展，培养其思想品德。

（二）教学过程的本质

本质即固有的品质，是指事物的根本性质，以及事物固有的内部联系。教学过程的本质表现为以下三点。

1. 教学过程是一种特殊的认识过程

首先，教学过程是认识过程，受认识过程的一般规律制约。其次，教学过程具有特殊性，表现为间接性、引导性和简捷性。

因为学校教育的内容特别丰富，如果事事都要通过亲身实践来获得直接经验，然后再总结出概念、原理、规律，那么即使穷其一生，所学也十分有限。因此，在教师的指导下，在一定的直接经验的基础上以学习间接经验为主，学习的效率就可既简便又快捷。

2. 教学过程是师生交往的过程

交往，即互相来往。教育活动的基本要素——教育者和学生都是人，人是社会的人，交往是人类特有的存在方式和活动方式，人们为了共同的需要与他人接触，在接触的过程中相互作用。交往是影响认识过程的重要因素，交往条件下的认识过程的成效与个体独自活动时有明显的不同。在教学活动中，师生、生生在共同目标的导向下互相来往、共同进步，对教学和学习会更加有利。

3. 教学过程是促进学生身心发展、追寻与实现价值目标的过程

教学过程不仅仅是学生获得知识、认识世界的过程，同时也是情感、态度、价值观和个性的发展过程。

二、教学过程的基本规律

规律是事物之间内在的本质联系。教学过程的规律是教学过程中各基本要素之间内在的本质联系。教学过程的规律有五个，从内容、目的、师生在教学过程中的地位等角度阐明了教育活动各要素（教育者、学生和教育影响）之间的关系。

（一）直接经验与间接经验相统一

经验，顾名思义，是经历过的体验，主要指人们从多次实践中得到的知识、技能或人的亲身经历。在教学过程中，学生获得的经验有两种，即直接经验和间接经验。两者之间的关系包括三个方面。

①学生以学习间接经验为主。

②间接经验的学习要以直接经验为基础。

③防止只重系统知识传授或只重直接经验累积的偏向。

直接经验是学生亲身经历获得的。教学过程中学生的认识虽然具有特殊性，但仍然要符合人类认识的一般规律，使对间接经验的认识建立在直接经验的基础上。有直接经验做基础，理解间接经验的效果会更好。

间接经验是学生从其他途径获得的，间接经验来自人类文化，经过特殊加工后作为教学内容存在，供学生在教师的指导下进行有组织、有目的的学习。学习间接经验可以不受个体时空的限制，也可以少走弯路，使学习者在有限的时间内就能学到大量的系统的科学文化知识。

两种经验都要学，不过主要学习的是间接经验。教师的教学工作要使直接经验与间接经验相统一。

（二）掌握知识与发展能力相统一

掌握知识和发展能力是学校教育的目标，在教学过程中要正确认识两者之间的关系。

①掌握知识是发展能力的基础。

②能力发展是掌握知识的重要条件。

③掌握知识与发展能力相互促进。

④防止只重知识教学或只重能力发展的片面性。

知识和能力既有区别，又有联系。知识是人类对物质世界和精神世界探索结果的总和。能力，顾名思义，是指具有能胜任某项任务的力量，是人们成功完成某种活动所必须具备的个性心理特征。知识与能力相互辅助，相互成就。知识是基础，没有知识，则不能形成能力。比如，在学习知识的基础上发展人的记忆力，记忆力强的人记得多、记得快、忘得慢，记忆的效果也更好。在学习知识的基础上发展思维力，思维力强的人善于分析、综合、比较，善于解决问题，更助于知识的学习和掌握。

片面强调掌握知识和发展能力，就会出现两种理论——实质教育论和形式教育论。实质教育又称"实质训练"，相对于形式教育而出现，认为普通教育应该以获得有价值的知识为主要任务。形式教育也称为"形式训练""心智训练"，该理论认为普通教育应该以训练官能、发展能力为主要任务。比如，古罗马教育家昆体良认为，教学在于"能力"、"口才"和"形式"的训练。两种看法都是片面的，没有正确认识掌握知识与发展能力的关系。

(三) 传授知识与思想教育相统一

传授知识与思想教育都是学校教育的目标，两者之间是辩证统一的。
①知识是思想品德形成的基础。
②思想品德的提高更有利于知识的学习。
③传授知识和进行思想品德教育要有机结合。
④防止只重知识传授或脱离知识教学。

赫尔巴特提出的"教学永远具有教育性"，强调的就是知识的掌握和品德的养成是统一的。司马光在《资治通鉴》中也说道："是故才德全尽谓之圣人，才德兼亡谓之愚人，德胜才谓之君子，才胜德谓之小人。"

(四) 教师主导与学生主体相统一

要根据教师和学生的特点，科学认识两者的地位。教师是专业人员，具有教育教学的专业知识、专业能力和专业精神。教师是教学活动的设计者、组织者和管理者，在教学过程中发挥导向作用，可以帮助学生有效地学习知识。学生是以系统学习间接经验为主的、具有明显发展特征和主体性的人，是教学活动的主要组成部分。教师的教学是为了学生的学习，教师应依据学生的身心发展特点，建立合作、友爱、民主平等的师生关系，发挥学生的主观能动性，促进学生发展。

(五) 智力活动与非智力活动相统一

智力因素和非智力因素都参与认知活动，两者之间既有区别，又有联系，要正确认识它们之间的关系。智力活动是一种精神的思维运动，参与这种活动的智力因素包括记忆力、观察力、思维力、注意力、想象力等，即认知能力的总和。非智力因素包括需要、兴趣、动机、情感、意志、性格等，不直接参与认知过程，但对认知过程起到制约的作用，对认知过程有激励、维持、调节和弥补作用。夸美纽斯强调："对于儿童来说，对使视觉、听觉和其他感官愉快的那种东西产生了某种兴趣，那么，它将能促进身体健康和智力的发展。"学生按教学需要调节自己的非智力活动，才能有成效地进行智力活动。

第四节　教学原则

一、教学原则的含义

教学即教师教和学生学构成的双边活动，原则即说话或行事所依据的法则或标准。

教学原则是指根据教育教学目的、反映教学规律而制定的指导教学工作的基本要求，需要教师在教育教学活动中好好遵循、贯彻、实施。

二、教学过程中要遵循的基本原则

（一）直观性原则

1. 直观性原则的含义

在"直观"一词中，"直"是"直接"，"观"是"观看"。直观性原则要求教师根据教学活动的需要，让学生直接感知学习对象。直接感知有助于集中学生的注意力，让人记忆深刻，更好地理解间接经验，避免产生词、概念、原理等理论知识与它们所代表的事物脱离的矛盾。

2. 提出直观性原则的原因

教学过程本质上是一种认识过程，符合人类的一般认识规律，学生对客观事物的认识是从感性到理性、从现象到本质的过程，所以教学过程中就必须要有直接经验。

3. 贯彻直观性原则的要求

①明确直观的本质

直观是手段，不是目的。直观手段的使用是为了实现教学目标，因此不能为了直观而直观，要避免直观的形式化、庸俗化。

②恰当使用直观手段

基本的直观手段有三种，即实物直观、模象直观和语言直观。实物直观是最基本的，有实物当然最好，没有实物或看不到实物可以用模象，如图片、图表、模型、电影、录像等能够提供实物形象。如果没有实物和模象，可以使用语言直观。三种直观手段也可以同时使用，以增强直观的效果。

③直观性原则的贯彻要与其他教学方法相结合

若只有单纯的直观（看或听），没有其他的指导，则会影响学习的效率、效果。教师只有在直观基础上通过指导提高学生的认识，才能发挥直观应有的作用，实现教学目标。

（二）理论与实际相结合的原则

1. 理论与实际相结合原则的含义

理论与实际相结合原则是指教师引导学生用在教学过程中掌握的间接经验解释、解决实际问题，发展实践能力和解决问题的能力。

2. 提出理论与实际相结合原则的原因

人类不仅要在实践中认识和发现真理，还要在实践中检验和发展真理。直观性原则让学生在感性认识的基础上获得理论知识，理论与实际相结合的原则让学生在实践中运用知识。理论与实际相结合，可让学生加深对知识的理解，感受到知识的价值，提升学生能力。

3. 贯彻理论与实际相结合原则的要求

①贯彻好直观性原则，联系实际，学好理论知识。恰当地运用直观手段使学生获得直接经验，在直接经验的基础上学习间接经验，联系生活，运用间接经验解决实际生活问题。

②引导学生运用知识。教师引导学生使用恰当的方法运用知识，在运用知识的过程中培养能力。通过练习法巩固知识，掌握相关技能；通过实验法培养实践能力和科学精神；通过研究法培养学生的探究能力。

③引导学生学以致用。教师要引导学生将学校教育中传授的知识应用到日常生活中，引导学生发现生活中的实际问题，围绕问题进行学习。

（三）科学性与思想性相统一的原则

1. 科学性与思想性相统一原则的含义

在教学活动中，教师要以科学理论为指导，以事实为依据，教授学生科学知识，并结合知识教学培养学生良好的思想品德和个性。科学性包括两个含义：一是要以科学思想为指导，所教学的内容不能和已经经过实践检验的科学原理相违背；二是要以客观事实为依据，不能凭空想象。

2. 提出科学性与思想性相统一原则的原因

教育目的是培养德才兼备的人才。教学的任务不仅要培养学生成为一个有知识、有能力的人，还要培养其成为有品德的人。教学过程的规律告诉我们，知识传授要与思想教育相统一，智力活动要与非智力活动相统一，要充分重视思想在人才培养过程中的重要作用。

3. 贯彻科学性与思想性相统一原则的要求

①保证教学的科学性。教学内容应有客观事实作为依据，有科学思想作为指导，知识不能讲错了，道理不能讲歪了。

②挖掘教材的思想性。要发掘教学内容的思想意义和社会意义。教科书中教学内容的选择和设计都是有目的的，教师要能够发现这种目的。比如，语文课本中《春晓》一诗就出现在春季学期的课本里。

③通过教学活动各个环节对学生进行思想品德教育。发挥整个教学活动的育人作

用，如课前预习、上课、布置作业、课外拓展等，对学生进行思想品德教育。

④教师要不断提高专业素养和思想修养。课程是国家制定的，教学内容是在教师领悟的基础上通过课堂的实施传递给学生的。教师要有能力领悟教学内容，把教学内容中蕴含的科学性和思想性解读出来并传达给学生。

（四）启发性原则

1. 启发性原则的含义

在教学中，教师要善于抓住教育时机，激发学生学习的主动性，引导他们经过积极思考与探究，自觉地掌握科学知识，学会分析问题和解决问题，培养学生的科学精神和人文精神。

世界上最早提出启发式教学的是孔子，原文是："不愤不启，不悱不发。举一隅不以三隅反，则不复也。"朱熹的解释是："愤者，心求通而未得之状也；悱者，口欲言而未能之貌也；启，谓开其意；发，谓达其辞。"意思是不到学生努力想弄明白但仍然想不透的程度时，不要去开导他；不到学生心里明白却又不能完善表达出来的程度时，不要去启发他。如果他不能举一反三，就先不要往下进行了。启发教学就是不能把答案直接告诉学生，要注重启发的时机，掌握好教学的尺度。

2. 提出启发性原则的原因

教学任务规定，教学要发展学生的智力、体力，培养学生的能力，教会学生学习。教学过程的规律告诉我们，要把教师主导与学生主体统一起来。

3. 贯彻启发性原则的要求

①发扬教学民主。注重调动学生的主观能动性，让学生充分地参与课堂的教学活动，就是课堂教学民主的一种表现。学生有发表意见、参与课堂教学的权利。

②调动学生学习的主动性。学生本身有主观能动性，有参与课堂教学的意愿。学生主动学、愿意学，学习效果会更好，学习效率会更高。孔子说的"知之者不如好之者，好之者不如乐之者"就是这个道理。

③要善于引发学生思考，使教学步步深入。教师可以用提问的方式激发学生求知的兴趣。疑问引发思考，思考引发学习。

④在解决实际问题中启发学生获取知识。书本知识来自生活，启发学生运用恰当的知识、方法、策略解决生活中的实际问题，让其感受知识和生活的密切联系。

（五）循序渐进原则

1. 循序渐进原则的含义

教师在教学过程中要按照一定的步骤逐步开展教学活动，各步骤之间有先后的逻辑关系。教学过程分成几步，每个步骤有多大，授课的速度是不是适合学生的发展水平，各个步骤之间的逻辑关系,都是教师在教学过程中需要考量的问题。

2. 提出循序渐进原则的原因

知识具有系统性,层次分明,可以形成一定的秩序,具有清晰的逻辑关系。人的认知发展具有顺序性,按照感知动作、表象思维、运算图式和抽象逻辑推理的顺序发展。因此,教师在教学过程中要按照科学的逻辑系统和学生认识发展的顺序进行教学,从低级到高级、由浅入深、由易到难、由简到繁,使学生系统地掌握基础知识、基本技能,提升自我的思维能力。

古今中外的教育家们在循序渐进的方法上颇有共识。《学记》中说:"杂施而不孙,则坏乱而不修。"朱熹认为,学习要"循序而渐进,熟读而精思""未得乎前,则不敢求乎后,未通乎此,则不敢志乎彼"。

3. 贯彻循序渐进原则的要求

(1) 按教材的系统性进行教学

教师要了解教材内容的顺序,每节课的教学建立在之前教学的基础上,为后面的教学打下基础。新知识的讲授、练习、实习作业、复习等各种教学活动,也要循序渐进地进行。

(2) 抓主要矛盾,解决好重点问题与难点问题

教学过程中存在学生与所学知识之间的矛盾、教师的教学与学生的学习之间的矛盾、教师与教材之间的矛盾。学生每节课都要学习新的知识,建立旧知识与新知识之间的联系,这对学生来讲是个挑战。教师的教学和学生的学习相互依存,两者之间的契合程度影响着教学的质量。教师要基于教材进行教学,其对教材的解读和处理的质量决定着教学的质量。

复杂事物包含多种矛盾,处于支配地位且对事物发展起决定作用的叫作主要矛盾。新课教学的主要矛盾是"怎样在旧知识的基础上学习新知识",这是新课教学的重点。因此,教师对于教学内容的不同部分和教学活动的不同环节不能等量齐观。

(3) 由浅入深、由易到难、由简到繁

教学要遵循教学规律,循序渐进,"欲速则不达",揠苗助长带来的是不好的结果。

(4) 将系统连贯性与灵活多样性相结合

考虑知识的系统性学习,考虑人的发展顺序,这是循序渐进原则的要求。在遵循这个原则时不能教条死板。在适当范围之内,处理教学问题的方式方法可以灵活多样,遇到新情况时,要探索新的对策。

(六) 量力性原则

1. 量力性原则的含义

量力性原则又称可接受性原则。教学活动要从儿童发展的实际可能性出发,与儿童的发展水平相适应,同时又要有一定的难度。

2. 提出量力性原则的原因

人的身心发展具有阶段性，教师要考虑学生的年龄特征和实际发展水平。

3. 贯彻量力性原则的要求

（1）重视儿童的年龄特征

儿童的年龄特征是教学首先要考虑的问题。比如，对于同一篇课文，不同的教师可能会采用不同的导入方式，有的用音乐，有的用古诗，有的用情景剧，有的用谜语，等等。不管用哪一种，教师首先要想到教育对象处在哪个年龄阶段，导入的方式是否适合教育对象。

（2）了解学生的实际发展水平

学生的实际发展水平是教学的出发点，教师要了解学生的已有知识和能力状况，以此为基点的教学活动才容易被学生理解和接受。

（3）适当提升难度

在考虑学生的接受能力的基础上，可以适当提升教学的难度，让学习更有挑战性，让学生通过努力才能达到学习目标，激发学生学习的主动性，发挥其潜能。教师既要考虑学生目前能够解决什么问题，又要考虑学生经过努力还能解决什么问题；既不能让学生轻而易举地就完成学习目标，也不能使学生负担过重，要确定好儿童的最近发展区。

（4）考虑学生发展的时代特点

不同时代的学生的人生体验不一样，为学习做的准备也就不同。比如，七年级语文教材下册中《土地的誓言》一文，写于"九一八"事变十周年。有位教师在讲授这一课时，为了让学生更好地理解课文，导入环节以视频的形式展示了"九一八"事变给东北人民带来的巨大痛苦，为学生理解课文中饱含的爱国热情奠定了基础。

人的身心发展的具体表现会随着时代而发生变化，当代小学生的认知发展与二三十年前的小学生有很大差异。教师要与时俱进，更新教学理念，采用先进的教学手段，提高教学起点。

（七）因材施教原则

1. 因材施教原则的含义

教师要从学生的实际情况出发，有的放矢地进行有区别的教学，使每个学生都能获得最佳发展。因材施教原则要求教师根据人的资质和能力的不同而施以不同的教育，不存在"万金油式"的教育。

2. 提出因材施教原则的原因

人是共性与个性的统一体，每个人都是在遗传、环境、学校教育和自身主观能动性四个因素的影响下形成的独特个体。孔子在教育过程中意识到了人的个别差异对教育的影响，意识到了要尊重人的个别差异，因此提出因材施教。

3. 贯彻因材施教原则的要求

（1）要了解学生

客观地了解学生是实施因材施教原则的前提和基础。孔子了解学生的方法是"听其言，观其行，退而省其私，视其所以，观其所由，察其所安"。了解别人，既要看其外在表现，又要审视其内在心理。不仅要听对方说什么，还要看对方如何做；不仅要看对方在公众场合表现如何，还要看他私下的行为怎么样。外在行为的结果有时与内在的心理动机不一致，动机是好的，而实际行为产生的结果有可能是坏的。现代教育理论告诉我们，教师既要了解学生以往的知识经验，还要了解学生的文化背景，只有这样才能管理好学生。

（2）尊重学生的差异

每个人都是独特的个体，教师应尊重学生的差异性，不应用完全一样的标准去要求每个孩子。

（3）针对学生的特点进行区别教学

对于学生出现的各种情况，教师要想办法，创造性地解决问题。比如，著名班主任魏书生教学习差的学生写作文，学生说不会写作文，魏书生让他们有什么写什么；学生说不会写字，魏书生让他们用拼音来代替汉字；学生说不会写拼音，魏书生让他们用圈来代替不会写的字，然后再一点点地教学生拼音、汉字和作文。

（八）巩固性原则

1. 巩固性原则的含义

巩固性原则是指在教学过程中使用恰当的方法，使学生记牢和掌握所学的知识。

2. 提出巩固性原则的原因

夸美纽斯说："如果一个人只学习不复习就像流水泼在筛子上。"如果一个人学习新知识后不及时复习，那么很快就会将部分新知识遗忘，也不会有很好的学习效果。

3. 贯彻巩固性原则的要求

（1）在理解的基础上进行巩固

要注重对知识的理解，在理解的基础上识记比死记硬背的效果要好得多。对于本身具有明显意义的材料，学习者可以利用已有的知识去理解材料的意义和内在联系；对于本身没有或有较少意义的材料，学习者可以人为地赋予其意义，以便识记。意义识记在识记的全面性、速度性和牢固性等方面，优于机械识记。

（2）保证巩固的科学性

了解记忆和遗忘的特点，尊重客观规律，按照客观规律去学习。比如，根据遗忘规律，记忆的最初阶段的遗忘速度快，随后逐渐减慢，所以，学习过后要及时复习。遗忘存在抑制现象，包括前摄抑制和倒摄抑制两种。前摄抑制是指先学习的材料影响人们识记和回忆后学习的材料；倒摄抑制是指后学习的材料影响人们保持和回忆先学习的材料。

（3）巩固的具体方式要多样化

除了指导学生遵循记忆的科学规律进行学习，教师还应该教会学生记忆的方法，如记忆历史朝代的歌诀记忆法、记忆英语单词的词根词缀法。此外，重复、抄写、记录、划线、思维导图等复述策略都可以巩固知识。

（4）经常提供反馈信息

反馈就是在教学活动中，把学习的结果及时提供给学习者。学习是有目的的行为，是包括目的、过程、结果的完整活动，学生可以通过查看结果来了解目的是否达到。教师经常给学生提供反馈信息，可以让学生及时了解自己的学习状况，纠正错误，查缺补漏。

（5）保证学生的身心健康

身体不健康会影响心理，心理问题会影响认知。比如，过度的焦虑、紧张会影响记忆力。教师要教育学生合理分配时间以保证充足的睡眠，调节情绪，培养自身良好的生活习惯，增加营养的摄入。教师要合理分配教学时间，保证作业量合理，加强对学生的心理健康教育。

第五节　教学方法

教学方法是教学活动中教师为实现教学目标所采用的师生共同活动的方法，包括教师教的方法和学生学的方法。教学方法的具体运用叫作教学方式。

以教学活动的外部形态为标准，可以将教学方法分为以下五种。

①讲：讲授法、读书指导法。
②谈：谈话法（讨论法、问答法）。
③看：直观演示法。
④练：练习法。
⑤用：实验法、研究法、实习作业法。

一、中小学常用的教学方法

（一）讲授法

1. 讲授法的含义

讲授法是教师通过语言向学生传授系统的科学文化知识，并促进学生思想品德发展的方法。讲授法有四种具体的运用方式：一是讲述，即系统叙述和形象描述；二是讲解，即对复杂知识、难点的解释、说明、论证；三是讲读，即把讲述、讲解同阅读教材有机结合起来；四是讲演，即教师讲述学术知识或自己的见解。

2. 讲授法运用的基本要求

（1）讲授内容要有科学性、系统性、思想性、启发性和趣味性

科学性是指讲授的内容以客观事实为依据，讲授的是科学原理而不是错误的理论。

系统性是指讲授时既要考虑学生身心发展的顺序性、阶段性特点，又要考虑学科知识的逻辑顺序，从低到高、从简单到复杂、从易到难，循序渐进地进行教学。

思想性是指讲授不仅是传授知识，而且要促进学生情感、态度和价值观的发展，要贯彻好科学性与思想性相统一的教学原则。

启发性是指讲授不是简单的授—受关系，不是让学生被动地接受知识，讲授过程中也要贯彻启发性原则，用语言引导学生积极思考。

趣味性是指讲授并不意味着知识的传授是平铺直叙、机械死板、枯燥乏味的，科学知识的讲授也可以生动、有趣、引人入胜。

（2）注意讲授的策略和方式

教师要根据教学形势变化确定讲授法的具体运用，要具体情况具体分析。教师的普通话要标准，注意方言对学习者掌握知识的影响。要考虑学习者的注意力的集中时间和原有的知识基础，由此确定讲述时间和讲述内容。教师在讲授时要注意使用学科的专业术语，用词要准确。不要使用过长的句子，避免使用过多的口头禅和语气助词，注意语音、语调、语速的变化。

（二）读书指导法

1. 读书指导法的含义

读书指导法是教师指导学生通过阅读教科书、参考书、课外书，使学生巩固知识、开拓视野、培养自学能力和独立阅读能力并学以致用的一种方法。

2. 运用读书指导法的基本要求

①充分使用教科书。教师可以通过多种方式，如布置预习、复习的内容，指导学生使用教科书。教科书是根本，要仔细研读，认真解读。比如，教师可以教学生写批注，让学生针对疑难问题查阅参考书或网络资源，以达到对教科书知识的深入理解。

②引导学生进行课外阅读。以教科书为中介，为学生提供阅读书目，指导学生制订阅读计划，拓宽知识面。

（三）谈话法

1. 谈话法的含义

谈话法是教师通过问答、对话的形式，了解学生的学习状况，引导学生思考、探究，帮助学生获取、巩固知识，并促进学生智能发展的方法。

2. 谈话法的形式

谈话法包括讨论和提问两种形式。

（1）讨论法

讨论法是教师为实现教学目标，指导学生就某一问题交换意见，从而让学生获取知识、巩固知识的方法。讨论法运用的基本要求有以下四点。

第一，要有充分的准备。事先确定好讨论的问题，问题要和学生已有的知识相联系，有助于实现培养目标。教师和学生都要对这一问题做好充分的准备，以便能够在讨论过程中充分发表自己的见解，积极参与讨论。

第二，要做好组织管理工作。教师要管理好讨论的秩序，让每个人都有发言的机会和足够的发言时间。讨论要始终围绕问题进行，不要跑题。

第三，要善于启发诱导。启发学生利用原有的知识进行分析、思考，激发学生参与讨论的主动性。

第四，讨论结束时要做好小结。教师要概括讨论情况，使学生获得正确的观点和系统的知识，纠正错误、片面、模糊的认识。对于疑难和有争论的观点，可以保留意见。

（2）问答法

问答法就是常说的提问，即教师提出问题，并对学生的回答给予反馈，从而了解学生的学习状况，引导学生获取知识、巩固知识。

如果是教师问、学生答的话，整个流程有发问、候答、叫答和理答四个环节，即提出问题，给学生思考的时间，叫学生回答问题，对学生的回答给予反馈。问答法也可以是学生问、教师答。问答法运用的基本要求有以下六点。

第一，合适的问题及数量。教师要考虑一节课提多少问题合适，问题不是越多越好，问题的提出要能够为实现教学目标而服务。要确定每个问题在教学中起的作用，提出的问题可以是为了了解学生对学习的准备情况，也可以是建立新旧知识间的联系，开启新的教学环节。

第二，问题的水平及所占的比例。问题应该能够促进学生思考，能提升学生认知水平的问题应该占有较大的比例。

第三，每次提的问题不能太多。要考虑一次性提出的问题的数量与学生接受能力之间的关系。

第四，提出的问题要明确、具体。问题不能模棱两可，不能过于笼统。

第五，提出的问题要具有启发性。问题要能够引发学生的思考，提升学习者学习的主观能动性。

第六，要及时反馈。学生回答问题后，教师的反馈决定了学生对教学内容的理解，影响学生学习的积极性。教师要发挥好课堂教学反馈的诊断、激励和调节的作用，促进学生学习。

(四) 直观演示法

1. 直观演示法的含义

直观演示法是以直观感知为主的教学方法，是教师在课堂上通过展示各种直观手段，让学生通过观察获得感性知识的教学方法。直观演示法是一种辅助性的教学方法，要和讲授法、谈话法等教学方法结合使用。

直观手段可以是实物、直观教具或示范性实验。实物是真实的东西，直观教具是模拟的实物（标本、模型）、图表（图片、地图）和直观视频资料（电影、录像），示范性实验是可供学习的规范性的实验。

比如，生物学科的教师可让学生观察活的生物体，如昆虫；数学教师讲解圆柱体时，可把圆柱的侧面展开，让学生看到展开后的形状。

2. 直观演示法运用的基本要求

①目的明确。使学生明确演示的目的是什么。

②做好准备。演示前确定好演示的目的，选择好演示的手段，明确演示的过程。

③演示规范。使所有学生都能看清楚演示的过程和操作规范，结合讲授法进行演示，引导学生观察和思考，排除无关因素的影响，确保演示顺利进行。

④做好总结。对演示过程的各种情况做分析和概括。

(五) 练习法

1. 练习法的含义

练习法是学生在教师指导下通过反复的学习达到熟练程度，从而巩固知识、运用知识、掌握技能的方法。练习有以下三种形式。

①语言的练习。包括口头语言、书面语言的练习，目的是培养学生的语言表达能力。

②习题练习。包括口头和书面的解答问题的练习，目的是帮助学生加深理解和记忆，培养学生运用知识解决问题的能力，是一种关于心智技能的练习，如解答数学题和物理题。

③实际操作的练习。这一练习旨在帮助学生掌握操作技能，如体育课学习游泳需要

反复练习。

2. 练习法运用的基本要求

①提高练习的自觉性。使学生明确练习的目的、要求、任务，掌握练习的原理和方法，减少练习的盲目性。注意练习者学习动机的变化，防止练习单调化引起的动机下降。

②循序渐进，逐步提高。练习是一种反复的过程，目标的完成不是一蹴而就的。要选择合适的练习材料，确定合理的练习时间，防止练习负荷过重。

③引进变式，形成正确的表象。心智技能的练习要避免操作过分单一，为使练习者形成正确的概念和表象，要注意引进变式。

④严格要求。要求学生克服困难，刻苦训练，精益求精。

（六）实验法

1. 实验法的含义

实验法是学生在教师的指导下，合理地控制或创设一定的条件，使用一定的仪器和设备，验证某种因果关系，从而获得知识，培养实践能力和科学精神的教学方法。实验法常用于物理、化学、生物等自然学科课程的教学。

2. 实验法运用的基本要求

①做好实验准备。使学生提前知晓实验的目的、要求和做法，准备好实验设备，清楚实验过程中可能会发生的问题并准备好应对措施。

②做好实验的组织和指导。教师应将实验法和讲授法相结合，安排好实验工作，指点、引导学生做好实验，以便实现教学目标。

③做好小结。教师可以对学生的表现做出评价，也可以提出问题，引导学生进行反思，或者要求学生写一份实验报告。

（七）研究法

1. 研究法的含义

研究法是学生在教师的指导下独立探索，创造性地解决问题，获取知识、发展能力的教学方法。这种方法有利于培养学生的创造能力和实践能力。

2. 研究法运用的基本要求

①正确选定研究课题。研究课题的选择要考虑培养目标的实现和教育对象的特点，紧密联系教学内容，还要对研究课题进行可行性分析。

②提供必要的条件。为学生研究活动的顺利开展准备好必要的客观条件和主观条件，如研究所需要的物质条件、教师的学识和指导能力、学生的研究意识和研究能力。

③让学生独立思考和探究。研究活动主要由学生来完成，教师的作用是帮助、指导和监督。

④循序渐进，因材施教。研究能力的培养不是一两次的研究活动就能实现的，教师要根据学生的特点有针对性地进行指导。

（八）实习作业法

1. 实习作业法的含义

实习，顾名思义，即在实践中学习或实际的练习。实习作业法是在教师的指导下，学生参加实际工作，把书本知识运用到实践中去，从而加深知识的理解和掌握，获取实践经验，提高实践能力的教学方法，如实地测量、地理课的地形测绘、生物课的植物栽培。实习作业法具有实践性、独立性和创造性的特点，学生在实践中独立地、创造性地完成学习任务。

2. 实习作业法运用的基本要求

①做好实习作业前的准备。教师根据课程标准的规定，围绕课程目标的实现，制订好实习作业的计划，联系好实习单位，准备好实习所用的设备。教师要做好实习作业工作的动员，让学生做好知识准备、组织准备和思想准备。

②做好实习作业过程中的组织和指导。教师要教育学生遵守实习纪律，爱护公共财物，引导学生理论联系实际，对实习过程中出现的偶发事件进行合理的解决。

③做好实习作业工作结束后的总结。对实习作业过程中的各种经验、情况进行分析研究，总结出具有指导性的结论。

二、国外教学方法

（一）纲要信号教学法

纲要信号教学法也被称为"沙塔洛夫纲要信号法"，它由苏联教育学家沙塔洛夫创立，核心是"纲要信号"图表。"纲要信号"图表是一种以字母、单词、数字或其他"信号"组成的直观性很强的教学辅助工具，可方便学生用来互相提问、复习巩固。

教师在课堂上讲授新的教学内容时要讲解两次：第一次按照教材内容详细讲解，使学生对新知识有一个全面完整的认识；第二次出示"纲要信号"图表，突出重点，分析难点，指出各知识点之间的逻辑关系，并加以概括。"纲要信号"图表有大小两种，大的贴在教室墙上，小的学生自己保留，贴在专门的手册上。

（二）探究发现教学法

和传授—接受式教学不同，使用探究发现教学法时，教师不把知识直接提供给学生，而是给学生提供一种问题的情境，在教师的帮助下，学生通过自己的积极思考、独立探究获得新知识。这种方法以学生为主体，有利于激发学生的智慧潜能，发挥学生的主观能动性，使学生获得解决问题的能力和探索的技巧。

（三）暗示教学法

暗示教学法由保加利亚心理学家洛扎诺夫创立，又称启发教学法，是一种学习语言的方法，在非语言学科方面的使用效果也很好。这种方法的要求是让大脑和身体都参与学习过程，把大脑左右半球都利用起来，让意识活动和无意识活动共同促进学习，让理智活动和情感活动相结合，让与学习有关的身体各部分共同配合，发挥整体功能。

比如，教师向学生介绍新的课文时，先借助手势、表情介绍学习内容，然后在优美的音乐中有感情地朗读课文，让学生以轻松愉快的心情阅读课文，听教师朗读，还可以进行模仿。

（四）范例教学法

范例教学法的倡导者为德国教育家瓦根舍因和克拉夫基。该教学法认为教师选择真正基础的、本质的知识作为教学内容，作为"范例"讲授，这个"范例"就是举一反三的"一"。通过对"范例"的讲授，学生可以举一反三，掌握同类知识的规律，实现知识的迁移。

三、教学方法选择的要求

教学方法的选择不能随意，要符合客观要求，结合具体情况，"教学有法，但无定法，贵在得法"。

（一）体现教学规律，符合教学原则

教学方法的选择要体现教学规律，符合教学原则提出的基本要求。

（二）符合教学目的和任务的要求

课堂教学中采用什么样的教学方法更合适，要看这种方法能不能更好地实现教学目的，完成教学任务。

（三）适合教学内容

教学方法的选择要与具体的教学内容相契合。比如，讲授法中的讲读在语文学科中经常使用，在体育学科中就不合适了。

(四) 考虑教育对象的特点

教学方法包括教师教的方法和学生学的方法，选择教学方法时，教育对象的特点是必须要考虑的因素。比如，讲授法中讲演这种教学方式不适合学龄前儿童，而且对学龄前儿童使用讲授法时还要注意讲授的时间不能太长，因为学龄前儿童的注意力集中的时间比较短。

(五) 考虑教师本人的特点

教师之间也存在个别差异，每个人都有自己的长处和不足，教学方法的选择要考虑这一点。比如，教师的朗读能力不强，做课件时可能更倾向于选择一个名家朗读音频作为课件的内容，而不是自己进行朗读。

思考与练习

一、单项选择题

1. 与"教学永远具有教育性"表达的意思一致的是（　　）。
   A. 传授知识与思想教育相统一　　B. 直接经验与间接经验相统一
   C. 教师主导与学生主体相统一　　D. 理论与实践相结合

2. 幼儿园的老师让小朋友们画苹果树，有的小朋友画出来的苹果树是红色的，老师问为什么是红色的，小朋友说，因为苹果是红色的。出现这种情况是因为（　　）。
   A. 理论没有和实际相联系　　B. 儿童的想象力丰富
   C. 儿童缺乏直接经验　　D. 儿童的随意性

3. 教育不在于重视课程和教材的训练作用或知识教学促进学生能力发展的作用，而是重视课程、教材的具体内容本身及其实用价值，使学生获得丰富的知识。这一观点属于（　　）。
   A. 非指导性教学　　B. 结构主义教学论
   C. 形式教育论　　D. 实质教育论

4. 有人说："德才兼备是正品，有德无才是次品，有才无德是危险品，无德无才是废品。"这种说法告诉我们（　　）。
   A. 间接经验要与直接经验相统一　　B. 传授知识要与思想教育相统一
   C. 教师主导要与学生主体相统一　　D. 掌握知识要与发展能力相统一

5. 布卢姆认为，只要给予足够的时间和适当的教学，几乎所有的学生对几乎所有的学习内容都可以达到掌握的程度。这句话告诉我们，要想促进所有人的发展，要注意（　　）。
   A. 循序渐进　　B. 直接经验的获得

C. 理论联系实际　　　　　　　　D. 因材施教

6. "与人论学，亦须随人分限所及。如树有这些萌芽，只把这些水去灌溉。萌芽再长，便又加水。自拱把以至合抱，灌溉之功，皆是随其分限所及。若些小萌芽，有一桶水在，尽要倾上，便漫坏他了。"（《传习录下·门人黄直录》）这种说法告诉我们，教育学生要（　　）。

A. 量力施教　　　　　　　　　　B. 理论与实践相结合

C. 采取直观手段　　　　　　　　D. 启发诱导

7. 有位教师在讲解一篇课文时，为了让学生提升感性认识，给学生播放了视频，让学生对课文内容有真切的感受。这位教师的做法贯彻了（　　）。

A. 因材施教原则　　　　　　　　B. 直观性原则

C. 循序渐进原则　　　　　　　　D. 发展性原则

8. 在化学课上，教师在给学生讲解"二氧化碳的性质"时，使用了两个装有气体的瓶子，其中一瓶是二氧化碳。教师将燃烧的木条分别放入两个瓶子，让学生们观察木条的变化，并告诉学生使木条熄灭的是二氧化碳。这种教学方法是（　　）。

A. 实验法　　　　　　　　　　　B. 练习法

C. 演示法　　　　　　　　　　　D. 实习作业法

二、辨析题

1. 学校教育中的教学任务就是传授给学生科学文化基础知识，培养其基本技能。
2. 教学过程是一种特殊的认知过程。
3. 利用直观性原则进行教学既是手段，也是目的。

三、简答题

1. 贯彻启发性原则的要求是什么？
2. 贯彻科学性与思想性相统一原则的要求是什么？

四、思考题

有位教师讲《植物的果实》一课，同学们坐好以后，教师走进教室，手里拿着托盘，托盘里放了很多已经切开的蔬菜和水果。当学生们争论"胡萝卜是不是果实"时，教师拿出了一半苹果和一半胡萝卜，告诉大家，胡萝卜不是果实。请对这一教学片段进行讨论，思考该教师的教学方法有没有需要改进的地方。

推荐阅读

1. 窦桂梅《听窦桂梅老师评课》(华东师范大学出版社，2011年版)
2. 郭春芳《福建省中学名师典型教学案例》(厦门大学出版社，2016年版)

参考文献

[1] 全国十二所重点师范大学联合编写.教育学基础[M].北京：教育科学出版社，2002.

[2] 王道俊，郭文安.教育学[M].7版.北京：人民教育出版社，2016.

[3] 余文森.新课程背景下的公共教育学教程[M].北京：高等教育出版社，2005.

[4] 杨晓平.教育学[M].上海：华东师范大学出版社，2016.

[5] 叶澜.教育概论[M].北京：人民教育出版社，2006.

第七章

教学（下）

▌**关键词**

教学组织形式　教学工作的基本环节　班级授课制　教学评价

▌**学习目标**

1. 了解教学组织形式的内容及要求。
2. 掌握教学工作的基本环节及要求。
3. 掌握班级授课制的概念，能分析班级授课制的优缺点。
4. 理解并掌握教学评价的理念和操作。
5. 树立以人为本的发展性评价理念。

▌**内容提要**

本章主要介绍了三个方面的内容，即教学工作的基本环节、教学的组织形式和教学评价。教学工作的基本环节包括教学设计、上课、作业的布置与批改、课后服务、学业成绩的检查与评定等环节；教学组织形式有班级授课制、个别教学制、特朗普制、现场授课和复式教学；教学评价有测验性评价、即时性评价、表现性评价和课堂教学评价。

思维导图

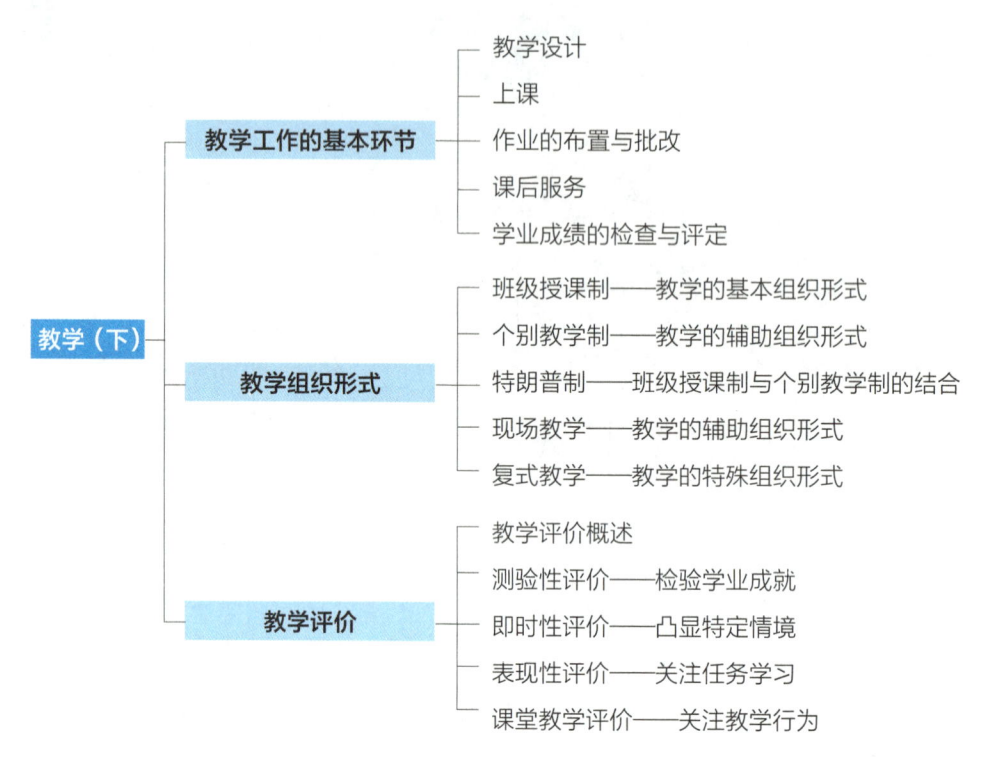

教学（下）

- **教学工作的基本环节**
  - 教学设计
  - 上课
  - 作业的布置与批改
  - 课后服务
  - 学业成绩的检查与评定

- **教学组织形式**
  - 班级授课制——教学的基本组织形式
  - 个别教学制——教学的辅助组织形式
  - 特朗普制——班级授课制与个别教学制的结合
  - 现场教学——教学的辅助组织形式
  - 复式教学——教学的特殊组织形式

- **教学评价**
  - 教学评价概述
  - 测验性评价——检验学业成就
  - 即时性评价——凸显特定情境
  - 表现性评价——关注任务学习
  - 课堂教学评价——关注教学行为

教学导入

（同学们，我们今天的考试项目是爬树。）

第一节　教学工作的基本环节

教学工作是一个完整的教学系统，是由一个个前后衔接、相互联系的环节构成的。从教师教的角度来看，教学工作一般包括教学设计、上课、作业的布置与批改、课后服务、学业成绩的检查与评定五个环节。每个环节中又有各自的一套程序、规范和技术，各环节相互协同配合。[①] 从学生学的角度来看，教学工作有预习、听课、练习、复习、自我检查与评价等环节。

教师教学工作的五个环节中：备课是课堂教学有效开展的前提，上课是教学工作的中心环节，课外作业是课堂教学的延伸，课外辅导是课堂教学的补充，学习成绩的评定为课堂教学提供反馈。专门从事教育教学工作的教师必须熟练地掌握教学工作的基本环节及其实施要求，努力提高教育教学能力，实现从教学新手到专家型教师的成长。

一、教学设计

教学设计是教师上课前的一系列准备工作，是教学活动的起始环节，是上好课乃至做好整个教学工作的基础和先决条件。备课是教师根据课程标准的要求，结合学生的具体实际，对上课进行预设和计划的工作。

教学设计需要做好三项工作，写好三种计划。三项工作包括准备教学内容、了解学生和制定教学目标。三种计划具体包括学期（或学年）教学进度计划、单元教学进度计划及课时计划（教案）。

（一）做好三项工作

1. 准备教学内容

教学内容分析是教学设计的重要环节，包括研究课程标准，钻研教科书和相关的教学材料，做到"胸中有书"。

（1）研究课程标准

课程标准是教材编写、教学、评估和考试命题的依据，是国家管理和评价课程的基础，它体现的是国家对不同阶段的学生在知识与技能、过程与方法、情感态度与价值观等方面的基本要求，规定了各门课程的性质、目标、内容框架，提出了教学和评价的建议。教师研究课程标准，就是要明确本学科的教学理念和教学目的，即本学科在知识掌握、能力培养和思想教育上的基本要求；了解本学科的教材体系和基本内容，掌握本学科知识的深度、广度；了解本学科教学和学生学习的基本方法。研究和把握学科课程标准，可以让教师的教学更加有方向、有目标、有效益。

[①] 叶澜.新编教育学教程[M].上海：华东师范大学出版社，2006：213.

（2）钻研教科书

教科书是师生开展教学活动的主要依据。钻研教科书要求教师对教科书内容的掌握达到"懂""透""化"三个层次。"懂"就是要求教师要弄懂教科书的每一个知识点，对教科书的每一个内容都烂熟于心；"透"就是要求教师对教材融会贯通，真正把握教学内容的重点、难点和关键点；"化"就是要做到"使其言皆若出于吾之口"，"使其意皆若出于吾之心"，要求教师的思想感情要和教材的思想性、科学性融合在一起。只有做到了"懂""透""化"，才算真正掌握了教材。

（3）研究相关的教学材料

教师要注意不能把教学内容简单地等同于教材内容，特别是在新课改"用教材而不是教教材"的理念下，教师更应广泛阅读教学参考资料，尽力开发课程资源，以充实和丰富自己的教学内容，提升教学质量。这要求教师在平日的学习和阅读中，要养成勤于动手和勤于思考的好习惯，随时将阅读和思考所得记录到自己的教学笔记中，不断丰富自己的教学参考资料库，以便在使用时能够信手拈来。就像苏霍姆林斯基所说："对这节课，我准备了一辈子。而且，总的来说，对每一节课，我都是用终生的时间来备课的。不过，对这个课题的直接准备，或者说现场准备，只用了大约15分钟。"只有平日用心积累，进行教学设计时才能得心应手。

2. 了解学生

学生是教学的对象，也是教学中认识活动的主体。教师为了使教学切合实际，有的放矢，就必须全面深入地了解自己的教学对象。教师要了解学生的认知发展特点、起点水平、学习风格、学习动机和个性特点等。

首先，教师要了解学生的认知发展特征。教师确立的教学目标、教学内容和教学方法等，都应以学生的认知发展水平为依据。比如，对抽象思维能力尚未发展起来的小学低年级学生，社会课教学内容就应避免选择过于概括和抽象的概念。所以，教师要了解每个年龄段学生的认知发展水平和心理、生理发展特点。

其次，教师要了解学生学习新任务的先决条件和起点水平。这里主要指学生在认知、情感态度、知识储备等方面是否已做好了准备工作，主要涉及学生的学习愿望、毅力、动机、兴趣、学习习惯、学法、策略和风格等。比如，教师同时任教同年级两个班的同一学科，一个班的学习成绩是年级第一，另一个班的学习成绩是年级倒数，教师需要基于两班学生的学习基础和学习水平的差异，制定不同的教学目标。

3. 制定教学目标

在清楚掌握教学内容（教什么）并完全了解教学对象（教谁）的基础上，教师需要确定教学目标。教学目标是教师和学生教学与学习活动的指南和出发点，同时也是评价教学活动的依据。教学目标（或学习目标）的制定是对学习者通过教学表现出来的可见行为的具体的、明确的表述。根据布卢姆的教学目标分类理论，教学目标分为认知领域、情感态度领域和动作技能领域的目标。

教师备课、编写教案时的首要任务是制定教学目标。《基础教育课程改革纲要》提出包括"知识与技能、过程与方法、情感态度与价值观"新三维课程目标，教学目标是课程标准的具体化。因此，教师编写教案、制定教学目标时一般从这三个维度展开。

美国心理学家马杰根据行为目标理论提出了教学目标编写的"ABCD法"：A是行为主体；B是行为动词，行为的描述必须可观察、可测量；C是明确的行为条件；D是行为需要达到的标准。例如：初中二年级学生（A）在观看各种云的图片时（C），能将卷云、层云、积云和雨云分别标记出来（B），准确率达90%（D）。

值得注意的是：第一，行为主体A一定是学生，在不引起歧义的情况下可以省略。例如，"能够用'因为……所以……'造句"这个目标从逻辑上可判断主体应该是学生，因此可以省略。一定要避免"使学生……""培养学生……"这样的表述，因为这类表述的行为主体是教师。第二，行为动词要力求明确、具体、详细，应选用可观察、可检验、可操作的词来陈述，如"复述""指认出""辨别"等，少用或不用"理解""欣赏""培养""体会"等抽象模糊的动词陈述教学目标。

（二）写好三种计划

备课工作最后要落实到三种计划上，即学期（或学年）教学进度计划、单元教学进度计划和课时计划（教案）。

学期（或学年）教学进度计划应在学期（或学年）开始之前制订，内容主要包括教材与学情分析、本学期或学年的教学要求、各章节内容的安排与教学时数、作业要求与教具制作等内容，一般用表格来表示。

单元教学进度计划是在对学期（或学年）教学进度规划的基础上拟定的单元计划，主要考虑单元知识在整个学科知识体系中所处的地位及与前后单元之间的关系、单元的教学目的和主题、单元的重难点、课时划分及各课时的类型和主要教学方法、必要的教具等。

课时计划（教案）是教师实施教学活动的具体方案，是教师备课中最重要的一环。教案一般有表格式和记叙式两种形式。内容一般包括十一个方面：课题（说明本课名称）、教学目标（知识与技能、过程与方法、情感态度与价值观三维目标）、课型（新授课还是复习课）、课时、教学重点（本课所必须解决的关键性问题）、教学难点（学生学习本课时觉得困难的知识点）、教学过程（教学进行的步骤及每一步骤里的内容、方法与时间分配）、作业布置（布置的作业）、板书设计（上课时写在黑板上的内容）、教具（辅助教学的工具）、课后分析（简要记录自己上课后的自我分析和体会）。教案的内容应详略得当，教学过程是教案的主要内容，应详写，要做到表达流畅，逻辑清晰，过渡自然。教学过程的设计应根据教师的教学经验和学科特点而定。

二、上课

上课是整个教学工作的中心环节,是将教学设计付诸实施的过程。上好课是提高教学质量的关键。教师要上好课,就应当了解课的类型与结构,明确一堂好课的基本标准。

(一)课的类型

根据一节课完成的任务数或主要的教学方法,可以将课划分为单一课和综合课。课堂教学工作的阶段相当于"工序",一个"工序"完成一个任务。[①] 只含单一"工序"的课属于单一课,如讲授课、复习课、练习课、检查课(测验)、实验课、参观课、实习课等。一节课中有两个或两个以上"工序"的课称为综合课。

教师了解课型的重要意义在于,要确认课完成的是什么"工序"或哪些"工序"。在综合课内,要确认各"工序"间的关系以及在一节课上各自所占的位置和比重。教师确认了课的类型,有助于教师明确一节课上要完成的教学任务。[②]

(二)课的结构

总的来讲,教学模式可以分为以教(教师)为中心的课型结构和以学(学生)为中心的课型结构两种类型。不同类型的课结构不同。所谓课的结构,是指一节课的操作程序。

1. 以教为中心的课型结构

受苏联教育学家凯洛夫的影响,我国传统的以教师为中心的讲授课型的基本操作程序是组、复、新、巩、布,即组织教学、检查复习、讲授新教材、巩固新教材、布置课外作业。

①组织教学:这是引起学生注意的过程,能使学生尽快进入课堂学习状态,也可以在课堂教学过程中实施课堂管理、维护课堂秩序时使用。

②检查复习:检查学生的作业、预习情况,加强新旧知识的联系。

③讲授新教材:帮助学生掌握新知识、新技能、新方法,形成新的情感态度价值观。

④巩固新教材:帮助学生及时巩固新知识,为课外作业做好准备。

⑤布置课外作业:帮助学生进一步巩固新知识、拓宽视野、学会思考和独立学习。

2. 以学为中心的课型结构

20世纪七八十年代,魏书生先生提出了"自学六步法":定向—自学—讨论—答疑—自测—自结。

①定向。定向就是确定这一节课的学习要点。例如,讲《桃花源记》一课时,学生

[①] 叶澜.新编教育学教程[M].上海:华东师范大学出版社,2006:216.
[②] 叶澜.新编教育学教程[M].上海:华东师范大学出版社,2006:216.

要明确需要掌握的字、词、句和需要翻译、背诵的段落，理解作者在这篇文章里所表达的政治理想。

②自学。学生对照学习要点自学，遇到不懂的问题，留待下一步解决。

③讨论。前后左右四人为一组，把自学中不懂的问题提出来，互相讨论；对于小组里也不能解决的问题，留待下一步解决。

④答疑。每个小组将自己不能解决的问题提出来，全班同学共同讨论，相互解答疑难问题。最后，全班同学都不能解决的问题由教师解答。

⑤自测。根据指出的重点、难点，以及学习后的自我理解，由学生拟出一组十分钟的自测题，由全班学生回答，自己拿出红笔评分，自己检查学习效果。

⑥自结。下课前，每位学生在自己座位上口头总结本节课的学习过程和主要收获，在不同类型的学生中选一两名单独总结，使学生接受的信息得到及时的反馈。

新课改以后，各地学校掀起了课堂教学改革的热潮，山东杜郎口中学的"10+35"课堂模式、山东昌乐二中的"271"模式、江苏灌南新知学校的"自学·交流"模式等一大批课堂教学模式陆续产生，这些教学模式的课堂结构或课堂操作程序虽各有不同，但都体现出了新课改提倡的"自主、合作、探究"的教学理念和以学生为中心的教育思想。

教学是一门艺术，艺术的特点在于不可重复和创新。因此，任何一种课的结构在实际运用中都会根据具体情况有所变化，我们在教学实践中对课的结构进行理解和设计时，应创造性地运用，切忌生搬硬套。

（三）一堂好课的标准

上课是完成教学任务的主要途径，是教师教学工作的中心环节，上课的效果直接决定着教学质量。为了使上课取得良好的教学效果，教师必须知道一堂好课的标准是什么。

1. 教学目标明确

教学目标是课堂教学的灵魂，是上课过程中师生共同努力的方向。目标明确包含两层意思：一是教学目标的编定要正确、全面、切实、可行；二是课堂上的各项活动，包括教学内容和方法的选择、教学环节的安排等，都应紧紧围绕教学目标展开。教学目标是课堂教学的出发点和落脚点。教学目标制定得是否恰当、教学目标实现程度如何是评价一堂课好坏的重要标准。

2. 教学重难点突出

教师要把主要精力和时间用于重要内容的教学上，帮助学生真正掌握基本概念、基本原理、基本方法，而不过多囿于细枝末节。例如，在朱自清先生的《背影》的课堂教学中，师生花了很多时间讨论父亲到底该不该横穿铁轨、有没有违反交通规则，而忽略了这个行为背后所表达的情感。

3. 教学内容正确

教师上课既要保证所授内容必须是科学的、确凿的，又要深度挖掘教材内在的思想性，保证教学内容科学性和思想性的高度统一；对内容的组织和呈现，需要条理清晰、层次分明，既要注意新旧知识之间的联系，又要注意理论联系实际，既要紧扣教材，又要补充必要的新内容。特别需要强调的是，当教学内容传递的主流价值观与当前的学生认知存在一定冲突的时候，教师应平衡好主流价值观和学生的创新思维。

4. 教学方法恰当

"教学有法，但无定法，贵在得法。"教师所选用的教学方法应符合学科性质、教学任务、教学内容和学生的特点。在课堂教学中，教师要善于将各种方法有机结合起来，创造性地加以使用。教师还应当选择和使用恰当的教具及现代化教学手段，以增强教学效果。

5. 教学结构紧凑

课堂教学要有严密的计划性和组织性。一堂好课要有良好的开端、流畅的过程和完美的结尾，做到有始有终；课堂教学的各个环节要井然有序、合乎逻辑、过渡自然，富有节奏感；课堂教学时间要合理分配，不出现空堂和拖堂现象；对课堂教学中的偶发事件，教师要机智处理，使课堂教学始终具有良好的纪律和秩序。

6. 教学效果良好

教学目标既是教学活动的出发点，也是教学活动的归宿。因此，评价一堂课的教学效果是否良好，首要标准是教学目标是否达成，学生是否真正学有所获、有所发展。新课改理念强调，教育要面向全体学生，要关注学生的全面发展。因此，评价一堂课的教学效果是否良好，还要关注整个课堂是否全员参与、师生互动是否积极有效、课堂气氛是否轻松活跃、师生关系是否和谐等。

7. 教学基本功扎实

教师教学基本功主要体现在听、说、写、画、作几个方面。"听"是善于倾听，课堂教学不是教师一言堂，教师要给予学生说话的机会，通过倾听及时回应学生的表达；"说"是语言表达能力，教师的普通话要标准，语言要清晰流畅、言简意赅、深入浅出、语速适中；"写"是指板书，板书应规范、字迹清楚，设计应新颖大方、简单明了；"画"是指能够准确、美观地画出教学所需要的图表、图形等，随着多媒体技术在课堂教学中的广泛使用，教师"画"的能力应一定程度地体现在对多媒体技术的选择和使用要准确规范的层面上；"作"是指教态，教师的着装要自然大方，体态手势要恰到好处，面带微笑，亲近平和。

新课改以后，教育界涌现出了很多对一堂课的评价标准的讨论。华东师范大学叶澜教授认为一堂好课没有绝对的标准，但有一些可供参考的基本要求，即一堂好课应遵循

"五实"，即扎实、充实、丰实、平实和真实。

①扎实。"一堂好课应该是一堂有意义的课"。有意义的课也就是扎实的课、有智慧的课，能让学生学到东西、能力有所提高，有良好的、积极的情感体验，进而产生对学习的强烈需求，从而越来越主动地投入学习中。

②充实。"一堂好课应该是有效率的课"。有效率的课就是充实的课、有内容的课。一是看对全班多少同学有效率，二是看效率的高低，没有效率就不算是好课。

③丰实。"一堂好课应该是有生成性的课"。一堂课应在课堂中有真情实感，应内容丰富、互动活跃、给人以启迪。

④平实。"一堂好课应该是常态下的课"。常态下的课意味着不是作秀，也不是表演，不图热闹，也不追求形式。不管谁在听课，教师都要做到心中只有学生。课堂的价值在于师生思想的碰撞。师生相互讨论，可生成许多新的东西。这样的课才能被称为平实的课。

⑤真实。"一堂好课应该是有待完善的课"。好课无须完美，也不可能完美。它应该是真实的、未经粉饰的、值得反思的、可以重建的、对教师有所启发的、对学生有所启迪的课。没有真实性，"好课"也就失去了价值。虚假的课不利于教师反思，也不利于学生获得成长。

总之，衡量一堂课的标准不仅要看教师教得怎样，也要看学生学得怎样，归根到底要看单位时间内教学的质量和学习效率。因此，教师在课堂教学中或课后要及时进行教学评价，获得教学反馈，以便不断改进教学工作。

三、作业的布置与批改

学生作业的布置与批改是教学工作的一个有机组成部分。学生的作业，从完成时间上看，有课内作业和课外作业两种；从完成作业的形式来看，有口头作业（如朗读、背诵、复述、问答等）、书面作业（如书面练习、书面答题、验算练习、作文、绘制图表等）、实践活动作业（如实验、实地观察、实地测量、制作教具等）；从完成作业的方式来看，有独立完成的作业，也有合作完成的作业。无论是哪种作业，其作用均在于巩固和加深学生对教材的理解，将所学知识转化为解决实际问题的能力。

通过对作业的布置、检查和批改，教师可以及时获得教学反馈，发现学生在知识或技能方面存在的不足，并查漏补缺。同时，通过教师对学生作业完成情况的评价，针对其学习进一步提出建议，学生也可以获得学习反馈，真正做到有的放矢。

（一）教师布置作业时应注意的事项

布置作业对于培养学生解决问题的能力、独立或合作工作的能力、发展学生的智力与创造才能有着十分重要的意义。作业的布置应遵循以下要求。

1. 作业的目的要明确

教学是有计划、有组织、有目的的活动。作业的布置作为教学工作的基本环节，自然需要目的明确，布置作业的主要目的有巩固与运用知识、拓宽视野和培养能力（如动手能力、合作能力、思维能力、欣赏能力等）。教师所布置的作业的要求必须是明确的。首先，作业本身的表述要是明确的，不能含糊其词，要让学生清楚明白地知道自己要干什么；其次，对作业完成的时间、方式、程度等要有明确的规定，对有一定难度的作业，教师要进行必要的指导或提示。

2. 作业的内容要符合课程标准和教科书的要求

作业内容要具有典型性和代表性，要有助于学生巩固与加深对所学知识的理解；作业内容要符合课程标准和学生发展的年龄特点。近几年，时有家长抱怨："布置给孩子的作业其实是留给家长的作业。"比如，幼儿园的手工作业是要求小朋友回家和爸爸妈妈一起制作一个房子模型，教师布置作业的初衷是好的，但忽略了幼儿的认知发展水平。个别家长缺乏陪伴孩子一起完成作业的耐心和能力，于是就买了一个模型送到学校，以示抗议或表达不满。因此，教师给学生布置的作业不要超纲，不要超越学生的发展水平。

3. 作业的数量要适当，难易要适度

要考虑各种教学时数与完成作业所需时间的适当比例，不搞题海战术，不增加学生的课业负担，更不能将作业作为惩罚手段，给学生造成心理压力和身心疲劳。特别是中学生需要学习的科目多，班主任一定要关注学生的作业情况，及时告知各科任教师合理把握作业量。作业的难易一般以中等学生的水平为参考依据，但也要照顾到优秀学生和学困生，使每个学生都得到锻炼和相应的提高。像分层考试一样，教师也可以实行分层作业，布置几种难易程度不同的作业，学生可以自主选择或在教师的指导下选择合适的作业。

（二）作业的检查与批改

作业的检查与批改是教师获得教学反馈、发现教学问题、检验教学效果、指导学生学习的重要手段。所以，教师要按时收发作业，认真检查和批改，适时进行讲评，以便及时掌握教学情况。

教师检查作业时，要注意督促学生养成当天作业当天完成的习惯，养成独立完成作业的习惯，要培养学生自我监督的能力。学生作业有时需要合作完成，但合作不是依赖，而是共同探讨、合理分工、各司其职。

教师批改作业的方式要灵活多样，如全批全改、精批细改、重点批改、当面批改、轮流批改、学生互相批改等。针对作业批改和检查的结果，教师要通过评语和个别谈话的形式对学生加以具体指导，要求学生及时订正作业，指导学生利用纠错本收集、归纳易错题；对一些典型的、有代表性的问题，要进行全班讲评，以便及时答疑解惑。

四、课后服务

课后服务是对上课的补充和延伸，是课堂教学的辅助形式，是对学生思想、言行、情绪等方方面面的支持和指导。2017年3月，教育部办公厅在《关于做好中小学生课后服务工作的指导意见》中提出："课后服务的内容主要是安排学生做作业、自主阅读、体育、艺术、科普活动，以及娱乐游戏、拓展训练、开展社团及兴趣小组活动、观看适宜儿童的影片等，提倡对个别学习有困难的学生给予帮助。"

值得注意的是，课后服务要充分尊重学生和家长的意愿，要把握好课后服务的时间，明确课后服务的目的与内容，不要将课后服务变成集体教学或"补课"。

五、学业成绩的检查与评定

学业成绩的检查与评定是教学工作不可缺少的环节，是熟悉学生学习状况、教师教学效果的重要手段，其结果是学生调整学习状态、教师改进教学策略、领导改善教学管理、家长了解子女学习情况的重要依据。

（一）学业成绩的检查

学业成绩的检查主要通过考查和考试两种方法进行。

1. 考查

考查是教师为了及时了解学生的学习情况和教学效果，在平时的教学过程中采用的一种非正式的、经常性的检查方式。考查常用的方法有以下两种。

①口头提问。这是平时运用比较多的一种考查方式，其特点是教师能通过提问的形式当场了解学生掌握知识的真实情况。教师提问时要面向全体学生，对学生的回答及时做出回应。对于带有考查目的的详细提问，教师应予以评分。

②检查书面作业。教师对学生书面作业的检查和批改可以帮助教师从作业中了解学生对知识掌握的情况和学习上存在的问题，以便在课堂上就普遍存在的问题对学生进行指导。对于比较复杂的作业，教师应予以评分。

2. 考试

考试是对学生知识、技能等进行阶段性检查时所采用的一种方式。比如，单元考试是对本单元学习情况的检查，期末考试是对本学期学习情况的检查，高考是对整个基础教育阶段学习情况的检查等。中小学常用的考试方式有口试、笔试（开卷、闭卷）和实际操作考试等。采取哪种方式，应根据学科特点、内容和考试的具体要求进行选择。

（二）学业成绩的评定

评定学生的学业成绩的方法一般有百分制记分法、等级制记分法两种。百分制记分法是学生学业成绩评定的主要方法，各类考试大多采用百分制进行记分。等级制记分法包括两种：一种是文字等级记分法，如优、良、中、差；二是数字等级记分法，如一、二、三等。大多带有比赛性质的活动多采用等级制记分法，如演讲比赛一等奖。不论采用哪种记分法，评分都要公平。

要公平地评分，必须制定明确、具体的评分标准和要求。评分时，教师要熟悉评分规则，防止宽严不一，做到一把尺子量到底；要情绪稳定，尽可能地避免主观因素的影响。评分后，教师要对分数进行处理，对学生的得分情况进行分析和总结，以便为教师改进教学提供依据，向学生提供具有参考价值的建议。

新课改之后，广大教师对学生学业成绩的检查与评定方式进行了很多改革，考试的目的、考试的内容和考试的方式都在不断发生变革。

第二节　教学组织形式

教学是有目的、有计划、有组织的实践活动。在教学活动中，教师以什么样的形式将学生组织起来、通过什么样的方式与学生互动、按什么样的程序展开教学、如何分配教学时间、如何利用教学资源等问题，是教学组织形式所要解决的问题。任何教学活动都必须采取一定的组织形式才能得以实现。

教学组织形式是指为完成一定的教学任务，教师和学生按一定要求组合起来进行活动的结构。根据师生在互动过程中所占地位的不同，教学主要有以教师为中心和以学生为中心两种方式，教学组织形式主要有集体教学、个别教学、集体教学和个别教学相结合的形式。此外，教学组织形式还存在现场教学的辅助形式和复式教学的特殊形式。

一、班级授课制——教学的基本组织形式

班级授课制是一种典型的集体授课形式。班级授课制是指将学生按年龄特征、学习程度等划分等级并编成有一定人数的教学班，教师以班为单位，在规定的教学时间内传授规定的教学内容的分科教学的组织形式。所以，班级授课制的主要特征在于"班""课""时"，即教师以班为人员单位、以课为活动单位、以课时为时间单位，在同一时间对年龄和学习程度大致相当、人数固定的整个班级进行相同内容的教学。

（一）班级授课制的产生与发展

随着社会生产力和科学技术的发展，个别施教的教学组织形式已无法满足教育发展的需要。15世纪末，德国纽伦堡和萨克森选帝侯国的人文主义学校最先使用班级授课制。

17世纪，捷克教育学家夸美纽斯在其《大教学论》中从理论上对班级授课制做了阐述。19世纪后半叶，班级授课制开始被大规模地推广。

我国采用班级授课制的教学组织形式始于1862年的京师同文馆。1902年，清政府颁布《钦定学堂章程》，明令全国学校实行班级授课制。该制度发展至今，已是我国各级各类学校最基本的教学组织形式，也是全世界范围内最普遍采用的教学组织形式。

（二）班级授课制的评价

班级授课制历经几个世纪的发展，目前仍有很强的生命力。它之所以成为教学的基本组织形式，是因为它具有其他形式无法取代的优点。

1. 有利于多快好省地培养人才

由于班级授课制的教学组织形式具有较强的计划性和组织性，因此，它能帮助教师将人类长期积累起来的丰富的知识和经验，在较短的时间内传授给较多的学生。特别是对于教育和教师资源比较欠缺的国家和地区来说，班级授课制能最大限度地节约教育资源，高效率地大规模培养人才。

2. 有利于发挥教师的主导作用

班级授课制的教学组织形式能帮助教师有目的、有计划、有组织地传授系统的知识、技能，进行思想教育。这种形式有利于教师及时发现问题和获得反馈，确保每个学生自始至终都在教师的直接指导下进行学习。

3. 有利于发挥班集体的教育作用

"独学而无友，孤陋而寡闻。"班级授课制长于集体教学，便于学习内容相同、学习程度相近的同一班级的学生相互讨论，碰撞出思维的火花，利于学生对知识的掌握。

班杜拉的社会学习理论告诉我们：孩子的很多行为是通过观察和模仿获得的。学科教师的人格魅力，班级同学的好学上进、热爱劳动、助人为乐等良好行为对朝夕相处的伙伴具有潜移默化的影响，班级环境对促进学生社会化具有独特的作用。

但是，班级授课制也存在显而易见的局限性：长于集体教学，所以不利于因材施教；在同一时间向同一班级所有学生传授相同的知识内容，因此难以关注到个体差异；强调对书本知识进行系统的学习，不利于学生将理论与实际联系；注重教师的主导地位，学生学习的主动性和潜能难以得到充分的发挥。这也是目前班级授课制广受诟病的原因。

（三）班级授课制的改革与发展

1. 小班化教学

小班化教学是目前班级授课改革的主要措施和趋势。给15~35人组成的班级进行班级授课，缩小班级规模的目的是使课堂教学能尽量照顾到每个学生，能一定程度地发挥班级授课制的优势，也能很大程度地弥补班级授课的不足，让教师更多地关注孩子的个体差异，有利于学生自主性、独立性、实践能力和创新能力的培养，做到因材施教。

2. 分组教学

分组教学也叫小组教学，本质上属于集体教学形式，亦是对班级授课制的改革。它是按照学生发展的个体差异、学习能力和学习水平，将同类型的学生编成小组，教师有目的、有计划地进行教学的一种形式。分组教学一般可分为外部分组和内部分组两类。外部分组是指打破传统的按年龄编班的做法，按学生的能力、学习成绩编班。内部分组是指在传统的按年龄编班的班级内，按学生的学习能力、学习成绩、个性特点、自主自愿等进行分组。在教学实践中，内部分组更具操作性。

为了践行新课改"自主、合作、探究"的教学理念，近年来，我国很多地方和学校进行了对课堂教学组织形式的改革探索，并取得了一定的成就，最具代表性的有山东杜郎口中学的"三三六"自主学习模式、山东临淄朱台中学的"842学习小组"模式、山东昌乐二中的"271"模式等，这些教学组织形式的改革有一个共同特点，即注重小组合作学习，很多教师更愿意采取小组合作的方式组织学生探讨问题、完成任务。

总之，分组教学吸收了班级教学和个别教学的某些优点，使教学组织形式更为灵活和便于组织，能最大限度地适应学生的个体差异，更有利于教师在教学中因材施教。但分组教学如果操作不当，也很容易引发教育不公等负效应，这有违当前教育公平的精神和原则。

二、个别教学制——教学的辅助组织形式

顾名思义，个别教学是教师对学生一对一轮流进行知识传授和个别辅导的教学组织形式。这种教学组织形式在我国奴隶社会的私学、封建社会的私塾和书院，以及古埃及、古希腊的学校都被广泛采用过。20世纪五六十年代，为克服班级授课制难以关注个别差异和无法进行因材施教的局限，将目光转向了个别教学上。个别教学是以学生为中心的教学理念的具体体现，其优点在于：教师能够根据每个学生的特点，如性格特点、学习风格、接受能力、学习程度等进行因材施教，充分发展每个学生的特长、潜能和个性。教学史上的个别教学出现了如下一些形式。

（一）设计教学制

设计教学制最早是由杜威的学生克伯屈于1918年提出来的，沿袭了杜威"儿童中心"的教学思想。设计教学制要求废除传统的班级授课制，摒弃教科书，不受学科限制，由儿童根据自己的兴趣决定学习内容，在自己设计、自己负责的单元活动中获得有关的知识和解决实际问题的能力。

设计教学在培养和发展学生自主能力方面的优势是显而易见的，但它忽略了知识本身的逻辑性，容易导致学生对知识缺乏系统性的掌握。

（二）道尔顿制

道尔顿制是美国教育家帕克赫斯特于 1920 年在马萨诸塞州道尔顿中学所创行的教学形式。道尔顿制由教师指导学生根据拟定的学习计划，在各自的实验室（作业室）内，以各自的速度、时间和方式学习各自选择的教材，完成各自的任务并接受个别考查，是一种尊重差异、发展个性的个别化教学形式。

自由和合作是道尔顿制的两条基本原则。自由原则是指学生可以根据能力和需要自由选择适当的学习内容，可以根据兴趣和计划自由支配学习时间，可以根据学习程度自由决定自己的学习进度。合作原则是指打破班级界限，强调团体活动中的合作和交互作用，使学生在民主合作的氛围中得到发展。

道尔顿制最显著的特点在于重视学生的自学和独立作业，注重学生自主能力的培养，它在弥补班级授课制的不足、发展学生个性、培养学生独立工作能力等方面有一定的积极作用。道尔顿制也有一些明显的不足，比如过于强调个体差别，不利于学生掌握系统性知识，对教师的要求也存在过高的情况。此外，它对教学设施与条件也有较高要求，不利于这种教学组织形式的推广。

三、特朗普制——班级授课制与个别教学制的结合

有人将特朗普制称为"灵活的课程表"，它由美国教育学家劳伊德·特朗普提出，是于 20 世纪后半叶流行于一些美国学校的一种教学组织形式。特朗普制试图把大班上课、小组研讨、个别作业三种教学组织形式结合起来，首先是把两个或两个以上的平行班合在一起，由最优秀的教师借助现代化教学手段进行大班授课，然后将学生分成数个小组，由教师或优秀学生带领小组成员研究讨论。最后每个学生要独立完成教师指定的作业和自选的作业，目的在于自我的个性发展。以上三种形式在课堂上的时间分配大致为：大班上课占 40%，小组研讨占 20%，个别作业占 40%。

特朗普制将班级教学、分组教学和个别教学等教学组织形式进行恰当组合，充分发挥每种教学组织形式的优点，弥补其他教学组织形式的不足。这种教学形式既能集体上课，又能合作讨论，还能够进行独立钻研，将是教学组织形式改革的一大趋势。

四、现场教学——教学的辅助组织形式

所谓现场教学，就是把教学活动安排在课堂以外的有关现场的一种教学组织形式。这里的"现场"可以是生产现场，也可以是社会生活现场。现场教学在本质上仍然属于

集体教学,保持了班级授课的基本特点,但授课者不一定是教师。我们可以将现场教学理解为借助现实的有关现场,教师或有实践经验的专门科技人员有计划、有目的地在现场讲授新课。比如,美术教师带领学生到陶瓷作坊或工厂,作坊和工厂里的技术人员为大家讲解陶瓷制作的程序、方法,带领学生实践操作的教学活动;历史教师带领学生到纪念馆、博物馆,由专业讲解员带领大家参观并为大家讲解某段历史、某个人物或某个器物等的教学活动,均属于现场教学的组织形式。

现场教学的优点是打破了空间的限制,将学生带到生产或社会生活现场,密切联系实际,让学生一边观察一边学习,或一边操作一边学习,增强了教学的直观性,帮助学生更好地联系生活实际,更好地理解教材,有利于激发学生的好奇心和学习热情。

但由于现场教学比较费时,组织工作也较烦琐,因此它很难代替主流的课堂教学,只能作为课堂授课的辅助形式。

五、复式教学——教学的特殊组织形式

复式教学是指一个教师在同一教室、同一课堂对两个或两个以上不同年级的学生进行不同内容教学的组织形式。复式教学具有班级授课制"以班为人员单位、以课为活动单位、以课时为时间单位"的特点,不同的是,教师需要在一节课内巧妙地同时安排两个或两个以上年级学生的教学活动,如教师给一个年级的学生讲课,让其他年级学生做作业或复习,两种年级的活动有计划地交替进行。

在中华人民共和国成立后的很长一段时间内,为了普及小学教育,便于学生就近入学,复式教学开始被应用到实际的教学活动中。复式教学主要应用于经济发展欠发达、人口居住分散、交通不便的山区和农村。随着脱贫攻坚任务取得全面胜利,以及城镇化建设与乡村振兴的加速发展,复式教学这种特殊时期的特殊组织形式慢慢退出了历史舞台。

第三节　教学评价

如前文所述,教学工作基本环节中的"对学生学业成绩的评定"属于教学评价的内容之一。教学评价是指挥棒,我们评什么、怎么评直接影响着教师教什么、怎么教和学生学什么、如何学。

一、教学评价概述

教学评价是依据一定的标准,运用可操作的科学手段,通过系统地收集相关教学信息,对教学活动的要素、过程和结果做出价值判断,促进教学质量提升的过程。要理解

这个概念，我们需要明确以下几方面的内容。

（一）对教学评价的理解

1. 教学评价标准的基本依据：教学目标

教学目标既是教学活动的出发点，也是教学活动的归宿，所有教学工作环节都应围绕着教学目标而展开。教学评价是判断教学目标是否达成、教学效果是否良好的重要手段。

2. 教学评价的科学手段：量化评价和质性评价

量化评价和质性评价是进行教学评价的两种主要方式。

量化评价是一种运用数学、统计学工具，收集、处理评价对象资料，通过数量化的分析和计算，进而对评价对象做出价值判断的评价方法。[1] 量化评价强调精准度、信度、效度，因此评价结论更科学、更客观。

质性评价是评价者通过特定方法（观察、记录、实物分析、与评价对象的对话交流等）收集资料并加以整理，用描述性、情感性的语言对评价对象的各种特质做出价值判断的过程。因此，质性评价更全面，结论更具主观性。

3. 教学评价的本质：一种价值判断活动

教学评价包含两种重要活动，即事实判断和价值判断。事实判断是对收集到的有关评价对象的全部资料的全面性、有效性、真实性进行判断；价值判断是指根据某种价值观对事物及其属性进行判断、衡量，亦即对人或物做出好与坏、真与假、善与恶、美与丑、优与劣等的判断。教育评价的本质是在事实判断基础上的价值判断。

4. 教学评价的对象：教学要素、教学过程和教学结果

教学活动的主要要素是教师和学生。新课程改革的教学理念要求我们既要关注结果，也要关注过程。教学评价对象主要包括学生的学习过程、学生的学业成绩、教师的课堂教学行为，以及教师的教学质量。教师的教学质量很大程度体现为学生的学习成绩，所以很多时候，我们以学生的学习成绩为依据来评价教师的教学质量。

5. 教学评价的目的：提升教学质量

教学评价主要用于检验教学效果、诊断教学问题、反馈教学信息、调控教学进程、引导教学方向，能帮助学生调整学习状态，帮助教师改进教学策略，帮助领导改善教学管理，最终目的是提升教学质量，以促进学生的持续发展和教师的专业成长。

（二）教学评价的理念和原则

现代教学评价的基本理念是"以人为本，促进发展，重视过程"。以人为本是教学

---

[1] 涂艳国.教育评价[M].北京：高等教育出版社，2007：3.

评价的立足点和出发点，促进发展是教学评价所要达到的最终目的。为了达到促进发展的目的，要重视教学活动的过程，重视对过程的评价。

教学评价原则是进行教学评价活动时需要遵循的基本规则，现代教学评价需要遵循的基本原则如下。

1. 客观性原则

客观性原则是指在进行教学评价时，从测量的标准和方法到评价者所持有的态度，特别是最终的评价结果，都应该符合客观实际，不能主观臆断或掺杂个人情感。

2. 整体性原则

整体性原则是指在进行教学评价时，要对组成教学活动的各个方面做多角度、全方位的评价，不能一概而论。

3. 指导性原则

指导性原则是指在进行教学评价时，不能就事论事，而是要把评价和指导结合起来，要对评价的结果认真分析，从不同的角度找出因果关系，确认产生的原因，并通过及时、具体、启发性的信息反馈使被评价者明确今后的努力方向。

4. 发展性原则

教学评价是促进教学质量提升的手段，因此教学评价应着眼于学生的学习进步和动态发展，着眼于教师的教学改进和专业成长，以调动师生的积极性。

（三）教学评价的类型

1. 根据评价时间及其在教学工作中的作用划分

根据评价时间及其在教学工作中的作用，教学评价一般被分为三种。

①诊断性评价。诊断性评价一般在教学前进行，目的是分析学生的起点行为，了解学生的现有水平和个别差异，以便安排后续的教学。

②形成性评价。形成性评价通常在教学过程中实施，目的是关注教学过程中学生达成教学目标的程度、出现的学习问题、遇到的困惑，以便教师改进教学策略，促进学生发展。

③总结性评价。总结性评价通常在一门课程或一项教学活动结束后进行，是对一个完整的教育过程的总体结果进行的评价，目的在于总结经验、选拔人才。

概而言之，教学评价一方面是为了"选拔适合教育的儿童"，其目的是比较、鉴定、选择，另一方面是为了"创造适合儿童的教育"，目的在于力求创设适合学生的教育方式，使儿童得到全面且充分的发展。

2. 根据评价标准划分

根据评价标准，教学评价一般分为三种。

①相对评价（常模参照评价）。相对评价是指以评价对象群体的平均水平或其中的某一对象的水平为参照点，确定评价对象在群体中的相对位置或与群体中某一个体之间的差距的一种评价。这种评价的优点是无论集合的整体情况如何，都可以进行比较，并对评价对象进行排名。这种评价的缺点是容易降低标准，评价结果并不能反映出被评价者的实际水平，只能反映出他在集体中所处的位置，容易使被评价的对象产生心理压力。

②绝对评价。绝对评价是指在评价对象之外确定一个有科学依据的标准，并据此评价每个对象达到这一客观标准程度的一种评价方法，如义务教育达标检查中的评价。这种评价的优点是比较客观，如果评价是准确的，那么每个被评价者都可以认识到自己与客观标准的差距。

③个体差异评价。个体差异评价是指对评价对象的过去和现在的情况或自身在不同方面的水平进行的评价。这种评价的优点是照顾到了个体差异，在评价中不会给被评价者造成压力，缺点是容易使被评价者自我满足。例如，某学生上次的数学成绩是60分，此次是80分，如果从个体差异来看，成绩进步了；但如果上次全班平均成绩是55分，而此次是85分，得80分在全班处于中下水平，显然不能说此次成绩比上次进步了。因此合理的做法是将个体差异评价与相对评价结合起来使用。

二、测验性评价——检验学业成就

测验性评价是指借助一定的测量工具来测验学生，并以其结果为依据对学生的发展水平做出判断的方法。根据标准化程度的不同，可以把测验性评价分为标准化测验和教师自编测验两种。

标准化测验一般用于大型正规考试，用于评估教育质量。标准化测验是由专家或专业的测验发行机构组织的，测验的设计、编制、实施、评分及分数解释等一系列过程都依照统一的标准进行，有较高的信度和效度，难度适中，区分度高，因而更具有客观性和真实性。测验的效度是指一个测验所能测量的准确程度，即测量结果能否准确反映被测量物的特征和功能。测验的信度是指一个测验的一致程度，即测验的可靠程度。测验的难度是指测验试题的难易程度，测验的难度中等时，区分度最高。

教师自编测验是教师依据标准化测验的原理，根据实际教学需要，为考查学生的学习结果而自行设计和编制的测验。它的编制比较简单、灵活，是教学评价的主要方式。教师自编测验要遵循一定的规则，以达到真实评价学生的目的，教师自编测验的信度和效度要求不如标准化测验那么严格。

自编测验性评价包括测验的编制，测验的实施，对测验结果的检验、解释与反馈几个部分。

（一）测验的编制

1. 编制命题计划

编制命题计划就是测验题目如何编制、试卷如何组成的计划，是教师用来编制试题和试卷的依据，一般包括两个方面：一是试题和试卷编制的原则要求，具体说明测验的目标和内容范围、测验方法和类型、编制试题和组配试卷的要求等；二是试卷中试题的分布规定，具体规定测验内容中各部分内容所占试题数量和分数的比例，一般以双向细目表的形式列出。

双向细目表是关于考查目标和考查内容的列表。双向细目表的编制分为两个步骤：第一，开列课程标准中的教学内容；第二，给定开列的教学内容的权重。

双向细目表（表7-1）的横排是测量的认知目标，纵列是要考查的内容。从每一横排的合计分能看出每一个内容所占的权重，明确考查的是哪部分教学内容；从每一纵列的合计分可以看出每一个认知目标所占的权重，明确着重考查的是哪一个认知层次。双向细目表一般根据相关课程标准编制而成，它不仅是命题的依据，还是检测效度的依据。

表 7-1　《教育评价学》测验命题双向细目表

内容	识记	理解	简单应用	综合应用	创新	合计分数
教育评价的认识	2	3				5
教育评价的发展历程与模式	2	3				5
教育评价的程序与设计		2	3			5
教育评价的方法——量化评价		2	3	5		10
教育评价的方法——质性评价		2	3		5	10
学生综合素质评价		2	3	5	5	15
学生学业成就评价		2	3	5	5	15
教师专业素质评价		2	3	10		15
教师课堂教学评价		2	3	10		15
班主任与班级工作评价					5	5
合计分数	4	20	21	35	20	100

2. 选择测验试题

要选择测验试题，首先应知道试题的类型。以评分是否客观为标准，试题分为客观题和主观题两大类。客观题包括选择题、是非题、填空题、连线题等，主观题包括辨析、简答、论述、材料分析、作文等类型的题目。每种题目都有其特殊的编定要求。

（1）选择题的编制要求[1]

①题干陈述的内容应完整、简洁、明确。

②试题所考查的内容应是重要的或关键性的知识。

③所编制的试题中，各试题的备选项个数应相同，一般以四个为宜。

④正确答案的呈现应该是随机的。

⑤试题应与学生的生活实际相结合，利于学生知识的应用和迁移。

⑥试题中各备选项在形式上和结构上应大致相同，而且相互独立。

⑦选项表述要简洁、清晰，相同的表述应放在题干中。

⑧试题陈述的内容应是唯一的。

⑨被选项应具有诱惑力，错误答案要有迷惑性。

⑩试题中应尽量避免出现"以上都是"或"以上都不是"的选项。

⑪题干和选项的表述中应避免出现暗示学生作答的线索。

⑫试题的数目不要过多。

⑬试题中尽量使用肯定的陈述，若有否定的字词出现，应着重强调，以警示学生。

（2）是非题的编制要求[2]

①应尽量避免用否定句，尤其是双重否定句。

②避免使用具有暗示性的字词或特殊的限定词句。

③每一题只能包含一个核心概念。

④题目的陈述应简洁。

⑤试题正确与错误的题数应大致相同，且以随机排列的方式呈现。

⑥试题中的陈述应避免直接使用教材中的原话。

⑦鉴于是非题存在的不足，可采用将是非题与说明题相结合的办法。

（3）填空题的编制要求

①所要填写的空格答案应是重要或关键的知识。

②所要填写的空格答案应是唯一的。

③一个题目中所要填写的空格不能太多。

（4）简答题的编制要求

①问题的陈述和答案应简洁、明确。

②问题内容应侧重考查学生对所学知识的应用和迁移。

---

[1] 余林.课堂教学评价[M].北京：人民教育出版社，2006：63.
[2] 余林.课堂教学评价[M].北京：人民教育出版社，2006：50.

（5）论述题的编制要求

①论述题目的陈述应清晰明了。

②题目应具开放性，注重考查学生的理解能力、分析能力、应用能力。

③论述题目的作答要求应具体明确，便于掌握学生的论述方向。

④论述题目如果有小问题，应明确给出每个小问题的分值。

3. 编辑测验试卷

编辑测验试卷也叫组卷，组卷有以下几个环节[①]。

（1）选择试题

第一步，确定试题的总量，即确定试题的题型、大题数量、小题数量等。

第二步，根据命题计划的原则要求，确定各类型试题的分值及难度层次比例。

第三步，选择试题，即根据双向细目表选择出各类试题。

（2）试题的排列与分类

将选择出的各类试题按客观性程度的高低和难易程度排列。客观性程度高的试题排在前面，一般是按选择题、判断题、填空题、计算题、应用题、简答题、论述题和作文题这样的题型顺序组卷。针对同一类试题来说，较容易的试题排在前面。

将排列好的试题制成完整的试卷，标注标题（××学校××学期××年级××学科半期/期末/××单元试卷）、考生信息（班级、姓名、学号），内容要完整，格式要规范，排版要工整。

（3）编写答题说明

答题说明主要涉及整份试卷的总分、试卷页数、题目数量、测验方式、学生作答要求、答题时间、交卷注意事项及其他注意事项。

（4）编写试题的答案及评分标准

客观题的答案一般是唯一的，答案要正确，评分标准要明确。主观题没有标准答案，教师需要编写试题的参考答案和题目给分、扣分的评分细则，以供阅卷时参考。对于存在多种解法的试题，要给出可能出现的多样性答案及相应的评分标准。对于某些复杂的应用题、计算题，要给出详细的解题步骤及相应的评分标准。

（5）复查

复查主要检查试卷和答案的内容和格式是否规范、内容是否完整、表述是否清楚等。

（二）测验的实施

测验的实施包括施测和评分两个环节。

[①] 涂艳国. 教育评价 [M]. 北京：高等教育出版社，2007：154.

1. 施测

比较正式的测验在正式测验前一般有施测环节，即用编制出来的试题去测试与答题者相近的群体，取得相关参数，以了解试题的信度、效度、难度和区分度，以便于试题的后续调整。使用教师自编测试题的考试一般没有施测环节。

正式施测时，教师要保证考场及周边环境安静、整洁，教师不要说无关的话，不要发出不必要的声音，不要给个别考生暗示，严查考生作弊的现象。

施测结束后，教师收好学生的答题纸、考试卷、草稿纸等，答题纸和考试卷一般按学号顺序排列。

2. 评分

评分也叫阅卷。阅卷前，教师要仔细研读参考答案和评分标准，做到心中有数，对于解答思路新颖的答案，教师要在集体商量后给出一个合理的分数；阅卷时，教师要保持情绪稳定，尽量保证评分结果不受与试题测验无关因素的影响，在条件允许时，最好采取流水阅卷的方法；阅卷结束后要进行复评，主要检查给分、扣分、总分是否存在问题。

（三）对测验结果的检验、解释与反馈

对测验结果的检验需要借用一系列非常专业的教育统计与测量的方法来操作。教师自编测验的非正式教学评价一般很少这么复杂，这里不再赘述，下面着重说下教师对测验结果的解释和反馈。

1. 对测验结果的解释

教学评价的实质是基于事实判断做出价值判断。测验结果中的数据叫原始分数，原始分数本身没有多大意义。价值判断是通过分析这组数据来判断某个同学的考情。

为了使原始分数有意义，我们必须把原始分数放在一定的参照体系中，和一定的标准进行比较。

（1）对相对评价结果的解释

相对评价是指以被评对象全体的一般水平或标准样组的一般水平为参照点解释被评对象水平的高低，常见的相对评价有升学、招工、评优等。这个标准一般是相对的，称为常模。常模不同，对分数所作的解释也就不同。

①以平均成绩为常模的解释。例如，某次口语测验中，某学生得了92分，从这个原始分数来看，我们并不能看出什么，因为我们不知道其他学生的成绩如何，没有参照标准，就不能说92分是个很高的成绩。如果现在知道了这次口语测验的班级平均成绩为80分，那么教师就可以做出这样的解释：该生的成绩在平均分之上。也就是说，该生的口语水平在班级里应该是中等以上的水平。

②以百分位为常模的解释。百分位也叫百分等级分数，是指该原始分数以下人数占该群体总数的百分比。通俗地讲，百分位就是被试测验分数在团体中所占的位置，百分位数越大，位置就越高，说明被试的水平就越好。例如，某学生数学的百分等级分数是80，就说明他所在群体中有80%的学生数学成绩低于他。

③以标准分数为常模的解释。标准分数是以测验分数的平均数为参照点、以标准差为单位来衡量各原始分数在其常模团体中位置高低的一种评定量表，常被叫作Z分数。在对课堂教学评价结果的解释中，Z分数的意义在于：第一，教师可根据Z分数的正负判断某一原始分数在总体分数中的大致位置，正值说明在平均分之上，负值说明在平均分之下；第二，可以通过Z分数来比较两个以上的测验分数。例如：某学生语文成绩为92分，数学成绩为85分，教师不能说该学生的语文就比数学学得好。但有了Z分数，教师可以直接用两个Z分值来进行比较，Z分数高者，在排名中越靠前。

（2）对绝对评价结果的解释

绝对评价以评价对象外部的某种目标为参照，这个标准一般是客观标准或绝对标准，对评价结果没有分布形态、等级的要求，只有合格与不合格、达标与不达标之分。

对绝对评价结果的解释主要有两种，即正确百分数和合格分数。正确百分数是指正确回答的问题数占总题数的百分比。合格分数也称为及格分数，主要用于成就测验中，也用于那些能够确定出最低标准的评价中。在学科考试中，我国多以60分为及格标准。

绝对评价不关心被评价者之间的关系，所以评价结果不适用于选拔。长期使用绝对评价，容易使被评价者产生满足感，缺乏激励作用。

2. 对测验结果的反馈

教师自编测验的主要目的在于帮助教师和学生及时获得关于教学与学习情况的反馈，为教师改进教学策略、学生提升学习状态提供依据，可帮助家长及时了解学生的学习情况，与学校有效互动。其最终目的在于提高教学质量，促进学生的发展和教师的专业成长。

教师对测验结果的反馈要及时。教师应把每次的测验结果及时反馈给学生，并与学生分析每次测验的得失利弊，找到问题所在，提出行之有效的改进措施。教师反馈信息要准确、全面。教师在向学生和家长反馈测验结果时，要让他们知道这是一次怎样的测验，测验结果在与哪些人进行比较，孩子在本次测验中的进步、不足分别体现在哪些方面。最后，反馈测验结果要注意方式方法。《中华人民共和国未成年人保护法》和新课改的教学理念都强调要保护孩子的隐私，维护学生的心理健康，因此，教师要尽量避免将学生的测验成绩展现在公共场合，教师可选择合适的方式方法向学生及其家长反馈测验结果，从而最大限度地保护学生的自尊心和自信心。

（四）新课改背景下对测验性评价的改革

在新课改教学理念的影响下，人们对测验目的、测验方式到测验内容都进行了全面而深入的改革，并取得了一些成就。

1. 改革测验目的

传统纸笔测验似乎更注重考查学生对知识点的掌握程度，即考查学生的记忆力。新课改强调要改变"过于强调接受学习、死记硬背、机械训练的现状，倡导学生主动参与、乐于探究、勤于动手，培养学生搜集和处理信息的能力、获取新知识的能力、分析和解决问题的能力以及交流与合作的能力"。因此，测验性评价的测验目的应更注重考查学生的创新能力、发散思维能力和批判思维能力。

案例呈现

《发展与环境》一书指出："你可以不卷入战争，你可以不从事生产，但是你不能不关心环境，除非你拒绝生存。"这句话反映了人类与环境的关系。试根据所学的知识列举至少四种人类目前面临的环境问题，并选择其中之一设计一幅漫画，并写出漫画的名称。

这是一道湖北宜昌的地理中考题。《文汇报》曾对这道题目点评道："题中引用的那句话，精辟地道出了地理学所研究的人地关系，既联系了社会焦点，又联系了课本。在列举人类面临的环境问题时，学生可以结合社会实际进行回答，答案是不定的、多元的，具有很强的发散性和灵活性。要求学生设计一幅反映环境问题的漫画，并给出标题，能充分展示学生的创造力和想象力。这是近年来颇具新意、设计成功的创新之作。"

2. 改革测验方式

传统的纸笔测验多以闭卷考试的方式进行。新课改后，出现了开放式考试、学生自我命题考试方式、分层考试等多种考试方式，其中最引人注目的是上海晋元中学、长春一汽十中等一大批中小学尝试的分层考试。分层考试又被称为"适应个别差异考试"，充分体现了因材施教的原则。比如，长春一汽十中期末考试为二年级学生设计了A、B、C三套试卷，试题难度递减，选择哪一类试卷由学生自主决定。校长说："分层考试的目的就是让学生量力而行，逐渐进步。"校长、家长、教师、学生都认为此种考试方式对于树立学生的自信心很有帮助。

3. 变革测验内容

新课改以后，人们对测验性评价的测验内容进行了改革，试题更注重联系社会和学生的生活实际，引导学生关注国内外热点问题和科技前沿问题，更注重考查学生跨学科知识的综合运用能力及综合运用所学知识与方法分析和解决问题的能力。

案例呈现

实验区的考试样题

（1）默写古诗（略），并为这首诗配上一幅画。（一年级语文）

（2）画一幅神奇的夜空图，比一比，看谁的有意思。（一年级艺术）

（3）每盒笔10支，售价15元，一支一支卖，每支2元，三年级（1）班共有38人，如果给每人买一支，最少需要多少钱？（三年级数学）

（4）学习完本册，你知道了周瑜、齐威王、黄盖、曹操、田忌、孙膑、晏子、楚王等历史人物，你最佩服哪几位？选1~2名介绍一下。（可以使用课外书、字典或词典）（五年级语文）

（5）设计一则公益广告。（七年级思想政治）

三、即时性评价——凸显特定情境

课堂教学即时性评价指师生针对课堂上学生的学习行为或表现即时给予评价，从而促进学生知识、技能、情感态度积极发展的一种评价方式。它是一种与教学过程紧密结合的评估，没有严格意义上的评价方案和评价结论，强调对特定情境中的具体行为的评价，是一种典型的质性评价，其主要作用在于向被评价者反馈学习情况。评价主体可以是教师，也可以是学生，评价关系不仅存在于师生之间，还存在于学生之间、小组之间。

课堂即时性评价要做到以下几点。

（一）课堂教学即时性评价要适当预设教学情境

课堂教学即时性评价强调对特定情境中具体行为的评价，因此，在备课时，教师应根据本堂课的教学重难点及班级学生的认知水平、知识基础，就课堂教学过程中可能出现的评价点进行适当的设计和规划。这种预设更多地采用指导性评价的方法，可帮助学生达到既定学习目标。例如，引导学生自主学习字词时，可有针对性地进行学习方法的总结。

案例呈现

生1：老师，我不理解什么是"摇曳"。

师：哪位同学知道呢？

生2：我读了课文，从上下文里感觉到"摇曳"就是摇晃、摆动的意思。

生3：我查了字典，"摇曳"是形容东西在风中轻轻摆动的样子，也指优游自得的样子。

师：两位同学的方法都非常好！当我们遇到不理解的字词时，联系上下文多读几遍句子，就能体会出词语的意思，这是一个不错的学习方法。实在体会不出词语的意思，可通过查字典弄明白词语的准确含义，这也是一个很好的学习习惯。

【评析】理解字词的方法有很多，在学习交流的过程中可帮助学生总结学习方法，这种指导性评价是教师在教学之前就可以预设的。

（二）课堂教学即时性评价要善于把握时机

课堂教学即时性评价，顾名思义，即在课堂教学中，当学生提出独特见解时，以及学生取得成功或遇到挫折时，教师要抓准评价时机，及时做出评价、给予鼓励。即时性评价并不总是越快越好，有时要稍微等待一会儿。

案例呈现

真的"非常正确"吗？

有一位教师在《小站》的教学活动中要求学生回答"从哪里可以看出小站确实很小"这个问题，一位学生首先获得了发言权："一是这个小站只有慢车才停靠两三分钟，快车从来不停；二是这个小站只有一间小屋、一排木栅栏、三五个乘客。"这位教师一听，情不自禁地说："啊，答得真好，非常正确。你真聪明！和老师的答案居然一样。"教师原本以为这样及时表扬同学肯定会让更多的同学举手发言，哪知刚才举起的一只只小手忽然不见了！老师一脸茫然。

请看另一位教师提出相同问题后的教学片段：

生1：我从"小站上两个工作人员正在商量着什么"这句话中看出小站的小。

师：噢，是吗？我想同学们一定跟老师一样，很想听听你是怎样想的，你能说说吗？

生1：如果是一个大的车站的话，就不会只有两三个工作人员……

师：你能从工作人员的多少来推断车站的大小，这是个好办法，其他同学还有什么更好的办法吗？

生2：我是从"蜜蜂嗡嗡地飞舞，使这个小站非常宁静"这句话看出这是个小站的。

师：啊，这也能看出？

生2：如果这是一个大站的话，人肯定多，那声音也会更大一些，就不会听到蜜蜂的嗡嗡声，所以从这里能看出这是个小站。

师：哈哈，你们真是越来越聪明了！还有人想说说吗？

【评析】第一位老师不知道自己错在哪里。在课堂上，我们也经常犯这样的错误，一听到学生的答案和自己想的一样，就万分激动、高度赞赏，脱口而出"非常正确"，过早地对学生的答案做终结性的评价，扼杀了学生创新与发展思维的火花。而另一位老师听了学生的发言后，没有马上评价，而是引导发言者和其他同学一起进入更深的思考中。针对学生1的补充发言，教师并没有评价答案的对与错，只是肯定了他的思维办法，激发了其他同学的积极性。对于学生2的发言，教师虽然有些意外，但没有做出评价，而是让学生继续说，并及时给予鼓励。由此可见，延迟评价特别是延迟终结性评价拓宽了学生自由思考的空间，促进了学生的思考能力的提高，同时也尊重了学生的个性差异，保护了学生的学习兴趣。

资源来源：胡明根，影响教师的100个经典教育案例，中国传媒大学出版社，2004。

（三）课堂教学即时性评价要善于利用课堂生成

课堂教学虽然是对教师教学设计方案的具体实施，但师生互动过程中可能出现很多教师难以预设的偶发情况，教师要善于抓住课堂教学中学生的问题，对学生的学习行为、表现适时地做出评价，将这种预设外的即时生成变成教学资源，促进学生发展。

案例呈现

电视连续剧《绿荫》里有一个有趣的片段。何老师走进新的班级教室，发现黑板上画了他的漫画，旁边写有"不准擦掉"4个字。何老师冷静地评价道："画画的同学很有想象力，画作也切合人物的个性特点。做教师的一靠嘴，传授知识；二靠耳朵，倾听同学的真知灼见；三靠眼睛，观察学生心灵的秘密。画的作者把这三种器官画得较突出。我建议这位同学课余时间可以多向美术老师请教，一定会取得更大的进步。我们现在是语文课，是不是先擦掉再上课？"同学们都露出了会心的微笑。

这个案例虽然发生在课前，但何老师机智地利用了这个偶发事件，不仅顺利过渡到正常教学，还教育了学生，甚至由此激发了学生的绘画兴趣，促进了学生的发展。

（四）课堂教学即时性评价要善于运用激励性语言

美国心理学家威廉·詹姆斯说："人性最深刻的原则就是希望别人对自己加以赏识。"教师在课堂教学中要善于运用激励性评价保护学生的自尊心，唤起学生的自信心，激发学生的学习兴趣和热情，引发学生的积极思考。

使用激励性即时评价时要注意以下几个方面。

1. 激励性评价要因人而异

对那些性格内向、不喜发言的学困生，教师要给予及时的鼓励和表扬，如"你今天能主动举手发言，表现得很勇敢"，而对那些性格外向、喜欢表现又不求甚解的学生，教师要在表扬的同时发现其不足并加以指正，如"你思维很活跃，回答问题很快。但如果能从另一个角度多思考一下，答案会更全面些"。

2. 激励性评价要针对具体行为

教师的赏识、表扬、激励要针对学生的具体行为，如"你做得很好，你真聪明"不是针对行为，而"答对了8道题目，你很努力"则是针对具体行为。下班回家，孩子给妈妈拿拖鞋，妈妈说"好孩子，你真棒"，这种说法不具体，孩子不知道棒在哪里，可以说"谢谢你给妈妈拿拖鞋，妈妈很开心"。具体的表扬会让孩子明确今后该怎么做。

3. 即时性评价要善于运用非言语式评价

课堂教学的时间是有限而珍贵的，教师如果单一地、频繁地使用言语式评价，可能会影响教学的节奏和连贯性。因此，如果教师在教学中将言语式评价与非言语式评价结合起来，评价效果就会更好。教师常使用的非言语性评价有以下几种。

①身体前倾、面带微笑的姿态语言，表示对学生的表达很感兴趣。
②点头、竖大拇指、鼓掌等态势语，表示对学生的表达非常满意。
③面露微笑、近距离接触或伴随拍肩等态势语，表示亲切。
④眉毛上扬、伴随夸张手势的态势语，表示惊奇。

4. 即时性评价要善于调动评价主体

即时性评价的主体不仅有教师，还有学生，评价关系不仅建立在师生之间，还建立在学生之间。为了帮助学生学会评价，教师在课堂教学中应经常引导发言的同学说出具体的想法，如"你不同意他的观点，为什么呢""你觉得他读得好，能说一说哪个地方读得好吗"等。引导学生运用"我不同意他的观点，因为……""我不是这样想的，因为……"这样更具针对性的评价，帮助被评价的学生从别人的评价中明确自己的优势和努力方向。

四、表现性评价——关注任务学习

表现性评价是根据课程目标和教学内容，在真实或模拟情境中设置真正的任务，对学生完成任务的过程及其成果进行价值判断的过程，又称"真实性评价""替代性评价"。相较于传统的学业成就测验，表现性评价既重视学习过程，又重视学习结果；既关注知识的学习，也关注能力的培养；既能关注到知识技能的获得，也能关注到健康情趣、积极态度、正确价值观的发展。表现性评价是一种综合性比较强的评价方法，更有利于学生综合素质的培养。

表现性评价的评价步骤如下。

(一) 确定评价目标

评价目标是实施教学评价的前提，课程标准是制定评价目标的依据。不同学科的课程目标不同，如体育、美术等课程考查的是学生的动作技能，而语文、英语考查的则是学生运用语言的能力。对同一学科的不同内容、同一内容的不同年龄水平的学生评价时评价目标也不一样。比如，《义务教育语文课程标准（2011年版）》指出，要使学生"具有日常口语交际的基本能力，学会倾听、表达与交流，初步学会运用口头语言文明地进行人际沟通和社会交往"。但教师针对小学一年级学生和初中一年级学生日常口语交际基本能力的评价目标是完全不一样的。因此，评价目标的制定应该以课程标准、教学内容和学生的学习水平为依据。

(二) 设计表现性任务

在学校的教学情境下，常用的表现性评价任务有以下几种形式。

1. 口头表述

口头表述可以反映和培养学生的基本表达能力、人际沟通能力等，演讲、辩论、说服性任务属于此类。

2. 模拟表现任务

模拟表现任务是指在模拟的真实情境中，学生通过角色扮演等表现出来的一系列行为，如模拟法庭辩论、模拟买卖行为等。

3. 实验或调查

实验或调查是指通过实验室的实验操作或实地调查的形式，引导学生自己去感知事物发生、发展的过程以及探寻现象背后规律的活动，如物理、化学、生物课堂中的实验等。

4. 创作作品

创作作品可检验学生表现力、想象力、操作能力、知识运用能力，常见的创作作品有作文、曲子、雕塑、画作等。

5. 项目研究

项目研究可以独自或合作完成，教学中的探究活动属于此类。

在实际教学评价活动中，需要教师根据评价目标、教学内容、学生发展水平、设备条件等来确定，选择哪一种或哪几种表现性任务。

表7-2所列举的就是根据教学目标和学生水平而选择的表现性任务的形式（种类）

以及设计出来的具体的表现性任务。

表 7-2 表现性任务的形式及内容

教学目标	学生水平	表现性任务的形式	表现性任务的内容
与他人合作的能力	初中生	课堂教学中的小组合作学习	通过小组合作制作包装盒
	高中生	小组项目或个人——小组项目	三人一组，就"城市交通拥堵的原因与对策分析"展开调查研究
英语口语技能	小学生	模拟表现、情境对话或角色扮演	两人一组，通过角色扮演来模拟问路和指路的对话
	大学生	课堂演讲、小组讨论或公开辩论	围绕"中国加入WTO的利与弊"发表演讲
表达能力	小学一年级	口头表述	今天晚上回家后，请你和你的父母说说你心底的秘密
	高中一年级	口头表述——演讲	请以"中国梦、大学梦、我的梦"为主题，发表至少五分钟的演讲

（三）确定评价指标和标准

评价指标是一系列具体的、可测量的、行为化的评价内容，表现性评价是一种既注重过程也注重结果的评价，因此，评价指标既要能反映学生执行表现性任务的过程，也要反映出学生表现性任务完成的结果。例如，表 7-2 中"通过小组合作制作包装盒"这一表现性任务的评价指标，既要包括学生在制作包装盒的过程中的合作态度、合作能力、合作行为等内容，也要包括表现性任务的完成结果，如包装盒形状是否符合要求、是否牢固、是否美观等。

标准是衡量事物水平高低的准则，是判断事物价值的尺度。评价标准规定了评价对象达到什么程度或水平才是合乎要求的。

在对完成任务的过程和行为表现的结果进行评价时，会用到两种主要量表，即等级量表和核查表。

等级量表通常包含水平等级（如优秀、良好、一般、差）或频率等级（如总是、经常、有时、从不），通过对不同等级的特征和表现的描述，帮助评价者对学生的行为做出评定（表 7-3）。

等级量表有若干等级，可以表明学生学习表现的程度或频率，而核查表用"是"或"否"来进行评价。显然，等级量表对学生行为表现的评价更详细、更具体。

表 7-3　等级量表

序号	指标	不合格	良好	优秀	评价	其他意见
1	学生参与小组讨论的程度	从不参与，非常被动	与小组成员有同样的参与程度	比小组里其他成员参与得都多		
2	在讨论中，学生的议论与主题的相关程度	意见杂乱，跑题	意见通常是切题的，偶尔跑题	意见一直与主题有关		

> **案例呈现**

运用核查表进行学习过程评价的样例

指导语：行为令人满意填"√"，行为令人不满填"△"。

1.＿＿明确调查目的。

2.＿＿收集资料，为调查计划的编制提供依据。

3.＿＿确定调查目标或任务。

4.＿＿拟定调查计划。

5.＿＿准备调查所需要的工具、设备和资金等。

6.＿＿实施调查。

7.＿＿记录调查过程与结果。

8.＿＿分析调查的记录、数据、资料等。

9.＿＿撰写调查报告。

资料来源：涂艳国，教育评价，高等教育出版社，2007。

（四）评价及反馈

教师要根据编制好的评价指标和标准对学生完成任务过程中的行为表现和行为结果进行评定。

教师要将评价结果及时反馈给学生，引导学生反思自己的行为表现，及时调整学习行为；教师也要通过评价结果反思自己的教学行为是否存在不足，分配的表现性任务是否合适，制定的评价指标和标准是否合理，收集的资料是否全面等。

虽然表现性评价有着传统测验性评价不具备的优势，但它也不是十全十美的。例如，不适合研究规模较大的教育对象；受评分工具、评分程序和评分者的影响，表现性评价结果存在不可避免的误差；研究结果不具有代表性，不能推广到其他地点和人群；

没有统一的标准和程序；费时费力；等等。因此，我们应将其与其他评价方式结合起来使用。

五、课堂教学评价——关注教学行为

开展课堂教学评价活动前需要弄清楚谁评、评谁、评什么、怎么评几个问题，涉及评价对象、评价内容、评价主体、评价方式四方面。

（一）评价对象

评价对象是教师的课堂教学行为及教学结果。值得注意的是，教师的专业成长是一个过程，需要时间。教学评价可促进教师的专业成长，对成长到一定阶段的教师的教学评价标准应该有所变化（图7-1）。比如，对初入职的新手教师，我们需要考评其教学行为是否规范，是否能胜任教学，是否是一位合格的教师，评价目的在于帮助他们学会操作；当教师成长到了中级阶段，我们需要考评其教学行为是否具有个性，是否形成了自己的教学风格，是否能得心应手地驾驭课堂，目的在于促进他们学会创新；当教师成长到高级阶段，则需要考评其是否形成了自己的教学思想，自己的教学思想是否能影响和带动其他教师。

	初级 规范化	中级 个性化	高级 核心化
新教师	合格教师 胜任教学 学会操作	特长教师 驾驭教学 学会创新	学科带头人 发展教学 学会研究

图 7-1　教师专业发展阶段与评价标准

（二）评价内容

不同群体对课堂教学的评价侧重点不一样，但一堂好课总有一些共性，这些共性应该成为评价课堂教学的统一标准。虽然这里强调的是教师课堂教学行为的评价，但教学是师生互动的过程，教师的教学行为一定会对学生的学习行为产生影响。因此，课堂教学评价既需要关注教师的教，也要关注学生的学，两者就像硬币的两面，相辅相成（表7-4）。

从"教"的角度来看，教师应调动学生的学习积极性，引导学生直接参与教学活动，采取灵活多样的教学方式。教师注重对问题的探究方法，能够把握教学内容的重点，等等。

从"学"的角度，可以关注学生的情绪状态、活动广度、活动时间、参与方式、活动认知水平、参与活动的效果，等等。

表 7-4 课堂教学评价表

年　月　日

学校		姓名		性别		年龄		学科		
课题						班级		生数		
评价项目	评价内容						权重	得分		点评
学生学习（40分）	明确学习目标与要求						4			
	完成预习作业，课前准备到位						6			
	注意力集中，认真听讲，积极思考，踊跃发言，热烈讨论，大胆质疑，做好笔记						10			
	乐于动手操作、实验，积极合作、探究，敢于求异创新						10			
	当堂训练又好又快						6			
	善于总结提炼，及时巩固消化						4			
教师教学（40分）	科学设定三维教学目标						3			
	编制好学案或导学提纲，指导、督查学生充分预习、主动学习						3			
	面向绝大多数学生确定教学起点						3			
	课堂设计科学、合理、新颖，可调动学生学习的积极性、主动性和创造性						5			
	夯实基础，突出重点，联系实际，分散难点，讲授精当，富有启发性						6			
	提供机会，搭建平台，适时点评，积极鼓励，营造民主、平等、活跃的课堂氛围，增强学生学习的兴趣和内在动力						5			
	指导学法，化难为易，培养学生良好的学习习惯，提升学生的学习能力						4			
	板书精巧，演示规范						3			
	讲练结合，形式多样。时间分配合理，学生课堂自主学习、练习的时间不少于三分之一						5			
	作业分层、多样、适量，起到巩固消化、拓展迁移、鼓励实践、培养能力的作用						3			
教学效果（20分）	教学目标达成度高，不同层次的学生均获得发展						10			
	课堂气氛民主和谐，学生参与充分						10			
总分			等级			评价人				

注：优秀（85—100）；良好（70—84）；合格（60—66）；不合格（59及以下）

（三）评价主体及评价方式

根据评价主体的不同，我们可以将课堂教学评价分为自评和他评两种方式。自评是自己对自己的评价；他评是别人对自己的评价。课堂教学评价的主体主要是领导、督导或同行、学生及教师自己。每个评价主体所处的位置不同，评价方式也不一样。因此，我们将评价主体与评价方式放在一起论述。

1. 学生评教

从某种程度上说，对教师课堂教学行为及其结果的评价，学生最有发言权。因为学生是教师课堂教学活动的合作者、参与者、体验者、受益者。他们最能切身感受教师的教学态度是否积极负责、教师的知识讲授是否浅显易懂、教师的课堂组织是否井然有序、教师的教学语言是否幽默风趣、自己是否真正学有所获等。

但学生评教所存在的不足也是显而易见的。作为评价主体，由于受到认知发展水平、心理成熟程度等因素的影响，中小学生很难对教师的课堂教学做出完全公正和客观的评价。如果学生的评教结果与教师的评职、晋级等切身利益相关，教师有可能因迎合学生而降低对学生的严格要求，这对学生的发展是不利的。

2. 领导、督导或同行评教

不论是领导、督导还是同行，对教师课堂教学进行评价，都要通过一定的方式收集资料，随堂听课与观看录像是两种常用的评价资料收集方式。

通过随堂听课收集评价资料的方法具有很强的时效性，而且能够对各种临时发生的情况进行评价，对教师的教学激情和学生的参与度有较深的体会。缺点在于：由于评价者受到注意力分配和记录速度等的限制，导致收集到的信息不一定全面；而且评价者的出现往往会对教师和学生产生一定的影响，使他们的心理和行为发生一定变化。随堂听课要有计划，听课前要征得授课教师的同意，听课时要态度端正，做好听课记录，听课后要交换意见。

随着信息技术的发展，现在很多学校给每个教室都装了监控，领导或督导可以通过监控镜头同步观看教师的授课情况，也可以通过反复观看保存下来的授课视频收集评价资料，再根据《课堂教学评价表》进行评教。领导、督导和同行具有较强的专业能力和成熟的心智水平，因此，他们的评教结果权重可以稍高一些。

3. 自我评价：形成反思教学的习惯

自我评价是一种比较有效的教师评价制度，也是促进教师专业成长的重要途径。教师对自己的课堂教学进行自我评价的过程，就是教师自我激励与自我提高的过程，更有利于教学评价的真实性和全面性，因为只有教师最了解自己的学生、教学背景和教学过程。通过反思，教师能及时发现教学问题，并及时做出调整和改进，从而促进自己获得专业成长。

此外，课堂教学评价的目的不同，评价方式也有差异。比如，课堂教学评价的目的在于注重教师的专业发展，提升教师的教学水平，不同的评价主体采用不同的评价方式，用描述性语言对教师课堂教学中存在的问题进行陈述，效果会更好；而对于具有评优、选拔性质的课堂教学评价来说，不同的评价主体根据《课堂教学评价表》进行量化打分，则更具公平性和客观性，但一定要合理确定不同评价主体的评分权重。

思考与练习

一、单项选择题

1. 中小学最基本的教学组织形式是（　　）。
   A. 班级授课制　　B. 分层教学　　C. 小班教学　　D. 小组合作学习
2. 下列关于复式教学叙述正确的是（　　）。
   A. 复式教学就是对两个以上年级的学生进行教学的一种教学组织形式
   B. 复式教学适用于学生多、教室少的情况
   C. 在复式教学课堂中，教师的教学和学生的自学或做作业同时进行
   D. 复式教学情景下的学生的基本技能和自学能力相对较弱
3. 一节课中最基本的组成部分是（　　）。
   A. 组织教学　　B. 检查复习　　C. 巩固新教材　　D. 讲授新教材
4. 用于选拔性和竞赛性活动的评价属于（　　）。
   A. 相对评价　　B. 绝对评价　　C. 形成性评价　　D. 个体内差异评价
5. 把两个及两个年级以上的儿童放在一个班级，由一位教师用不同的教材在同一节课里对不同年级的学生进行教学的组织形式是（　　）。
   A. 分层教学　　B. 合作学习　　C. 小班教学　　D. 复式教学
6. 在下列教学组织形式中，有利于高效率、大面积培养学生的是（　　）。
   A. 个别教学　　B. 班级授课　　C. 分组教学　　D. 道尔顿制
7. 教学工作的中心环节是（　　）。
   A. 备课　　B. 上课　　C. 布置批改作业　　D. 成绩考评
8. （　　）是教学的空间结构和时间序列的统一，所要解决的是班、课、时的问题。
   A. 教学内容　　B. 教学原则　　C. 教学方法　　D. 教学组织形式
9. 教师对学生一个一个轮流教，属于（　　）。
   A. 个别教学制　　B. 班级授课制　　C. 分组教学制　　D. 道尔顿制
10. 以分班、分组为目的进行的测验是（　　）。
    A. 形成性测验　　B. 诊断性测验　　C. 总结性测验　　D. 安置性测验

11. 根据一节课所完成的任务数，课的类型一般可分为（　　）。

　　A. 新授课和巩固课　　　　　　B. 讲授课和练习课

　　C. 单一课和综合课　　　　　　D. 理论课和实践课

12. 一个测验能测出它所要测量的属性或特点的程度，称为测量的（　　）。

　　A. 信度　　　　B. 难度　　　　C. 区分度　　　　D. 效度

13. 测验标准中显示测验结果的前后一致程度，表示分数稳定性与可靠性的指标是（　　）。

　　A. 效度　　　　B. 难度　　　　C. 区分度　　　　D. 信度

14. 学生学业成绩评价的最基本方法是（　　）。

　　A. 测验法　　　B. 观察法　　　C. 调查法　　　　D. 学生自我评价法

15. 古代中国、埃及和希腊的学校大多采用（　　）。

　　A. 个别教学　　B. 班级授课　　C. 分组教学　　　D. 道尔顿制

二、辨析题

1. 教学评价就是对学生学业成绩的评价。

2. 洋洋期中考试数学考了70分，语文考了80分，妈妈看到分数说洋洋语文比数学学得好。

三、简答题

1. 教师备课的基本要求有哪些？

2. 一堂好课的基本标准有哪些？

3. 教师教学工作的基本环节有哪些？

四、思考题

1. 班级授课制的利弊分别表现在哪些方面？该如何改革？

2. 案例思考题：请结合下面的寓言故事，谈谈你对教学评价的看法。

很久以前，动物们决定创办一所学校，以应对日益变化的世界的需要。在这所学校里，有一套由跑、跳、爬、游泳、飞行等科目组成的活动课程。为了便于管理，所有的动物都需要学习这些科目。

第一批学员有鸭子、兔子、松鼠、鹰和泥鳅。

鸭子在游泳这门课上的表现相当突出，甚至比它的老师还要好，但飞行课只能勉强及格，而对于跑这门课则感到非常吃力。由于跑得慢，它不得不每天放学后还留在学校里，放弃心爱的游泳，腾出时间练习跑步。它不停地练呀练呀，脚掌都磨破了，终于获得了勉强及格的成绩。而它的游泳科目，由于长期得不到练习，期末时只获得了中等成绩。学校对中等成绩是能够接受的，所以，除鸭子外，没有动物在乎这一点。

兔子在刚开学时是班里跑得最快的，但由于游泳科目有太多的作业要做，结果精神快崩溃了。

松鼠的成绩一向是班里最出色的，但它对于飞行课感到非常沮丧，因为老师只许它从地面上起飞，不允许从树顶上起飞。由于它非常喜欢跳跃，花了很多时间致力于设计一种新的跳跃游戏，结果期末时，爬行课只得了 C，跑步课只得了 D。

鹰由于活泼爱动受到老师们的严格管制，在一次爬行课的测验中，它战胜了所有同学，第一个到达了树的顶端，但它用的是自己的方式，而不是老师所教的方式，因此它并没有得到老师的表扬。

学期末公布成绩时，普普通通的泥鳅同学，由于游泳马马虎虎，跑、跳、爬成绩一般，也能飞一点儿，因此它的成绩是班里最好的。毕业典礼那天，它作为代表，在大会上发了言。

生活在草原上的许多鼠类动物没有来这所学校学习，因为这所学校的管理者拒绝在课程内增加"挖掘"这一科目。为了子女的将来着想，它们把孩子送到一个商贩那里学习，之后又联合其他鼠类创办了一所私立学校，据说这所学校办得相当成功。

推荐阅读

1. 胡明根《影响教师的 100 个经典教育案例》（中国传媒大学出版社，2004 年版）
2. 刘儒德《教育中的心理效应》（华东师范大学出版社，2006 年版）

参考文献

[1] 叶澜，丁证霖. 新编教育学教程 [M]. 上海：华东师范大学出版社，2006.

[2] 全国十二所重点师范大学. 教育学基础 [M]. 北京：教育科学出版社，2002.

[3] 王道俊，郭文安. 教育学 [M]. 7 版. 北京：人民教育出版社，2016.

[4] 余文森. 新课程背景下的公共教育学教程 [M]. 北京：高等教育出版社，2005.

[5] 杨晓平. 教育学 [M]. 上海：华东师范大学出版社，2016.

[6] 张乐天. 教育学：新编本 [M]. 北京：高等教育出版社，2007.

[7] 涂艳国. 教育评价 [M]. 北京：高等教育出版社，2007.

[8] 王景英. 教育评价 [M]. 北京：中央广播电视大学出版社，2004.

[9] 卫建国. 教学评价 [M]. 北京：北京师范大学出版社，2013.

[10] 余林. 课堂教学评价 [M]. 北京：人民教育出版社，2006.

第八章

德 育

▎**关键词**

德育过程　德育内容　德育原则　德育方法

▎**学习目标**

1. 理解德育的含义。
2. 理解德育的内容。
3. 掌握德育过程的规律。
4. 掌握德育的基本原则。
5. 掌握常用的德育方法。
6. 树立正确的道德观念，养成良好的道德行为习惯。

▎**内容提要**

本章主要介绍了四个方面的内容：对德育的认识、德育过程及其规律、德育原则和德育方法。德育的规律包括：德育是培养学生知、情、意、行的过程，是促进学生思想内部矛盾转化的过程，是组织学生活动与交往的过程，是逐步提高的过程。德育原则有：方向性与现实性相结合的原则；从学生实际出发，因材施教的原则；知行统一原则；说理疏导与纪律约束相结合原则；依靠积极因素、克服消极因素原则；严格要求与尊重学生相结合原则；集体教育与个别教育相结合原则；教育影响一致性和连贯性原则。德育方法有说服教育法、榜样示范法、实践锻炼法、情感陶冶法、自我修养法和品德评价法。

思维导图

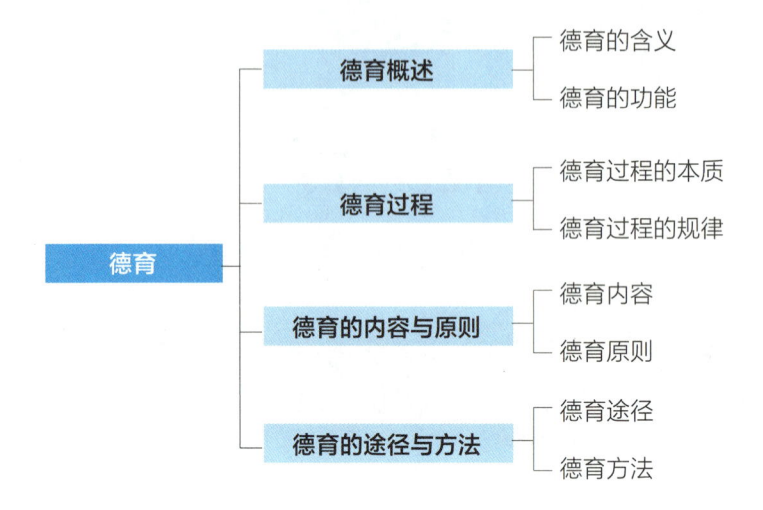

- 德育
  - 德育概述
    - 德育的含义
    - 德育的功能
  - 德育过程
    - 德育过程的本质
    - 德育过程的规律
  - 德育的内容与原则
    - 德育内容
    - 德育原则
  - 德育的途径与方法
    - 德育途径
    - 德育方法

教学导入

在《平"语"近人——习近平总书记用典》节目中，思想解读人——清华大学艾四林教授解读说，中国古人有"三不朽"，分别是立德、立功、立言。立德居于首位，这说明，德是做人、做事、做学问的基础，是根本。

在《平"语"近人——习近平总书记用典》节目中，经典释义人——中南大学杨雨教授讲了一个宋代名臣范仲淹的故事。范仲淹在23岁时辞别母亲，到应天书院去求学。他昼夜苦读，从不浪费一分一秒的时间。他经常对人说："一个人如果不能读书、立大志，即使能吃饱喝足、生活舒适，也没有太大意义。"所以他能谢绝同学送来的酒肉饭菜，即使放坏了也不碰，守住清贫，坚持吃苦；他能拒绝跟同学凑热闹一睹皇帝的龙颜，关上房门像平时一样埋头苦读。这股强大的内动力比任何外在的压力都管用。经过4年苦读，范仲淹在27岁时进士及第，进入仕途。此后，他凭借品德、学识和才能，一步一个脚印，从寒门学子成长为国家栋梁。范仲淹去世后，宋仁宗赐给他的谥号是"文正"。"文"是宋朝对一个人学识的最高评价，"正"是百姓对一个人道德修养的最高评价。他的一生完美地诠释了《礼记·大学》中的格物致知，诚意正心，修身、齐家、治国、平天下。范仲淹的故事告诉现在的年轻人：在成才路上，立德是第一要务，是人生的必修课。

对于立德的重要性，齐国之相管仲做出了精准阐述："四维不张，国乃灭亡。"何为四维？"一曰礼，二曰义，三曰廉，四曰耻"。管仲被任用为相之后，在齐国进行了大刀阔斧的改革，以礼、义、廉、耻的纲纪和理念治国，齐国的国力迅速强大。齐国崛起的例子再度表明，如果治国遵循"礼、义、廉、耻"这四大纲纪，则国富民强，国泰民安。如果这四大纲纪废弛了，国家就有可能灭亡。春秋战国时期，虽然诸子百家各自的纲领表述有所不同，但核心思想不约而同地都把提高道德修养作为最基本的前提和保障。

关于怎样立德，习近平总书记这样讲过："要从自己做起、从身边做起、从小事做起，一点一滴积累，养成好思想、好品德。""国无德不兴，人无德不立"，立德是个人成长、家庭幸福和社会和谐的基础，立德是人生必修课，立德永远在路上。

第一节　德育概述

习近平总书记说："广大教师要用好课堂讲坛，用好校园阵地，用自己的行动倡导社会主义核心价值观，用自己的学识、阅历、经验点燃学生对真善美的向往，使社会主义核心价值观润物细无声地浸润学生们的心田，转化为日常行为，增强学生的价值判断能力、价值选择能力、价值塑造能力，引领学生健康成长。"[1]培养德行乃教育之根本，培养德行的教育就是德育。

一、德育的含义

德育的实质是育德。"德"是指品德。品德有狭义和广义之分。狭义的品德指道德品质，广义的品德包括思想品质、政治品质、道德品质等。因此，德育也有狭义和广义之分。狭义的德育仅指道德品质教育。而广义的德育是教育者根据一定社会或阶级的要求和受教育者的个体需要及身心发展的特点和规律，有目的、有计划、有组织地对受教育者施加思想、政治、道德等方面的影响，并通过受教育者积极主动的内化与外化，促使其养成一定思想品德和良好个性心理品质的教育活动。

德育包括思想教育、政治教育、道德教育。思想教育即引导学生掌握辩证唯物主义和历史唯物主义的基本观点，以形成正确的人生观和科学的世界观；政治教育即引导学

---

[1] 习近平. 做党和人民满意的好老师 [M]. 北京：人民出版社，2014：6.

生拥护中国共产党的领导,形成正确的政治态度和立场;道德教育即引导学生逐步掌握社会主义的道德规范,履行道德义务,以形成高尚的品德。这三者相互联系,相辅相成,不可偏废。道德品质是德育的基础。一个在道德品质上不合格的人,在思想、政治上也很难有健康的追求,很难经得起人生的考验,更难担起政治大任。因此,中小学德育更要注重培养学生良好的基本道德品质。

二、德育的功能

(一) 德育的个体性功能

德育的个体性功能是德育对个体生存、发展、享用三个方面产生的影响,其中,享用功能是本质体现和最高境界。德育的核心任务是让每个学生有正确的价值观、道德原则和行为规范。

(二) 德育的社会性功能

所谓德育的社会性功能,是指德育对社会发挥的作用,主要指学校德育对社会政治、经济、文化产生的影响。最终目的是维护社会稳定,促进社会发展。

(三) 德育的教育性功能

德育的教育性功能体现在德育对智、体、美诸育具有促进功能。习近平总书记曾强调:"我们强调学校教育、育人为本,德智体美、德育为先。"因此,德育在完成育人的总目标和支持智、体、美诸育具体任务的完成这两个方面起到了非常重要的作用。

第二节 德育过程

所谓德育过程,就是对学生进行思想教育、政治教育、道德教育和心理品质教育的过程。德育过程是教育者按照一定社会的要求和受教育者思想品德,有目的、有计划、有组织地对受教育者施加系统影响,通过受教育者的心理内部矛盾运动,把一定的思想准则和道德规范转化为受教育者个体思想品德的过程。

德育过程和品德形成的过程既有联系,又有区别。

从联系的角度来说,德育必须遵循品德形成的规律,才能有效地把社会思想道德转化为受教育者个体的品德,促进其发展;而品德的形成发展也离不开德育这一因素的影响。从受教育者的角度看,德育过程是受教育者个体品德的形成过程,是在教育者有目的、有计划的影响下,受教育者按照社会思想道德要求,形成个体品德的过程。

从差异的角度来说,德育过程是一种教育活动过程,是教育者和受教育者双方统一活动的过程,是培养和发展受教育者的良好品德的过程;而品德的形成过程属于人的发展过程，是指个体的品德从简单到复杂、从低级到高级、从量变到质变、从旧质到新质的矛盾运动过程，影响这一过程的实现包括生理、社会、实践等方面的因素，德育仅是社会因素中的一种因素。因此，我们既要看到德育过程和品德形成过程的联系，也要看到它们之间的区别，不能将它们混淆、等同。

一、德育过程的本质

德育过程是教育者培养学生道德认知、道德情感、道德行为的过程。概括起来，这个过程由一个矛盾、两个转化、三个要素构成。

（一）一个矛盾

德育过程的一个矛盾是指在活动和交往中，教育者根据一定的社会目的，借助一定的教育手段，把一定的社会思想、道德转化为受教育者个体的思想品德。教育者代表社会所提出的道德要求同受教育者现有道德水平之间的矛盾是这一过程中的主要矛盾，也是决定德育过程本质的特殊矛盾。这一矛盾的特殊性质为学生的品德发展提供了动力，将德育过程同智育、体育、美育等教育区别开来。在德育过程中，教育者是社会的代表，他向受教育者提出的德育任务，正是社会所要求的，是由当时的社会关系所决定的，也是社会的道德要求同年轻一代现有道德水平之间矛盾的反映。这一矛盾贯穿于德育过程始终，只有某个具体德育任务的实现，即矛盾得到解决，才是这一具体德育过程的终结。当教育者又提出新的德育任务时，与受教育者之间构成新的矛盾，便开始了新的德育过程。正是这样的矛盾运动，促进了受教育者道德认知、道德情感、道德行为的发展。

（二）两个转化

德育过程的两个转化是内化与外化。内化是指受教育者接受或排斥外界环境的影响，将一定的道德规范和行为准则转化为自己内在的道德需要，形成自己稳定的道德人格特征和道德行为反应模式的过程。外化是指把已经内化了的思想观点、道德信念自主地转化为自己思想、情感的道德行为的过程。比如，学生在教师的引导下认可并牢牢记住了"红灯停、绿灯行"的交通规则，当遇到红灯时，自觉停下来等红灯的行为就是学生对这个规则的内化与外化，即内化于心，外化于行，知行合一。

（三）三个要素

德育过程的三个要素可概括为教育者、受教育者和德育活动。这些因素在德育过程中有各自的特殊地位和作用，相互间存在着复杂的联系，德育过程是这些要素按一定关系构成的系统的运行过程。

1. 教育者

教育者是德育过程的组织者，在德育过程中起主导作用。教育者包括个人教育者和团体教育者。在学校德育过程中，教育者主要是教师个体和群体。教育者是一定社会思想与道德的体现者。教育者主要负责组织整个德育活动，影响受教育者思想品德的形成。

2. 受教育者

受教育者是德育的对象，包括个体教育对象和群体教育对象。在学校德育过程中，受教育者包括学生个体和学生群体。受教育者在德育过程中既是德育的客体，又是德育的主体。当一个人作为教育者教育的对象时，他便是德育的客体；当他接受德育，进行自我教育或对其他教育对象产生教育影响时，便是德育的主体。受教育者即使作为教育客体时，也并不是完全消极被动的，而是积极主动的、具有能动性的人。因此，必须调动受教育者的积极性、主动性和自觉性，发挥其教育的主体作用，才能使德育过程顺利进行并达到预期的效果。

3. 德育活动

德育活动包括德育内容与方法，是德育主体作用于受教育者的手段。从德育任务看，无论是德育内容、德育方法，还是教育者自身，都可被看作教育手段。教育者的人格、情感、意志、举止都是影响受教育者的因素。因此在德育过程中，教育者和手段是融为一体的。

德育过程中的教育者、受教育者、德育活动是相对独立的，即它们有各自特定的内容、地位和作用，但它们在德育过程中并不是简单组合，而是通过教育者和受教育者双方施教和受教的活动，使各要素间发生一定的联系和相互作用，促使受教育者的品德发生符合预期的变化。因此，德育过程是教育者和受教育者双方借助德育内容和方法进行施教和受教的统一活动过程，是促使受教育者形成一定品德的过程。

二、德育过程的规律

规律是事物之间的内在的必然联系，决定着事物发展的必然趋向。德育规律是指德育过程中诸要素之间的本质联系和发展的必然趋势。它是制定德育基本原则，开展所有德育活动的依据。德育过程的基本规律包括以下几点。

（一）德育过程是学生知、情、意、行的培养过程

所谓知情意行，是指学生的思想品德是由道德认识、道德情感、道德意志、道德行为（简称知、情、意、行）四个基本因素构成的。只有当知、情、意、行都得到相应发展时，思想品德才算形成。学生思想品德的形成和发展即是知、情、意、行从低级到高

级、从简单到复杂、从旧质到新质、从不平衡到相对平衡的发展过程。

知，即道德认识，是指人们对一定社会道德关系及其理论、规范的理解和掌握，对是非、善恶、美丑的认识和评价，以及在此基础上形成的道德观念、信念和评价能力。学生思想品德的发展离不开认识，一定的品德总是以一定的道德认识为必要条件。道德认识是个体品德的核心部分，是个体思想品德形成的基础。

情，即道德情感，是指人们根据一定的道德标准去评价自己和别人的行为时所产生的一种内心体验和态度，如爱好、憎恶、愉快、悲伤、同情、失望等。道德情感是使道德认识向内部升华为信念，向外部转化为行为的中间环节和内在动力，是品德转化的催化剂。

意，即道德意志，是指人们在实现一定的道德行为过程中，克服一切阻力和困难所做出的自觉的努力，是一种自我控制、自我约束的能力，是调节品德行为的精神力量。

行，即道德行为，是人们按照一定的道德规范，对他人和社会做出的反应和采取的行为。道德行为是衡量一个人道德修养水平的重要标志，也是德育的最终目的。看一个人的思想品德如何，不仅要"听其言"，还要"观其行"，言行一致才是良好的道德品质。

知、情、意、行四个方面是相互联系、相互制约、相互渗透、相互促进的，我们需要注重知、情、意、行诸因素的和谐发展。

在学生思想品德形成和发展的过程中，没有知，就不能区分善恶美丑，就不能形成正确的情、意、行；没有情，知难以发展成信念，意和行会缺乏内在动力；没有意，知容易动摇，情难以控制，行难以坚持；没有行，知、情、意，学生的思想品德无法表现和被检验，也难以发展。

所以，德育过程应在知、情、意、行四个方面同时对学生进行教育，以促进学生道德认识、道德情感、道德意志和道德行为的全面发展。德育过程就是"晓之以理、动之以情、导之以行、持之以恒"的过程。其中，知是基础，行是关键。道德行为是一个人品德形成和发展的外在表现和客观标准。

德育的具体实施可以有多种方式，如可根据学生品德发展的具体情况，或从"导之以行"开始，或从"动之以情"和锻炼品德意志开始，最后达到学生品德在知、情、意、行等方面的和谐统一。例如，对一些学困生，往往要从情感入手，要关心、爱护他们，做到"动之以情"；而对年龄小的学生，往往需要从行入手，让他们在实践中养成良好的道德行为习惯，逐步提高认识，即"导之以行"。

当今的德育课堂出现了知行背离的现象。实施道德教育时不能将学生看作一个容器，将我们认为正确的思想意识、伦理道德、价值规范、行为准则、情感意志等往他们的大脑中灌输。学生也是一个生活在社会中的能动的主体，他们时时刻刻都在与社会接触，也有意识或无意识地在社会活动中受到来自社会文化价值的影响。因此，德育的根本策略就是为学生提供一些真实的生活场景，让他们到这些场景中去活动、去体验，逐渐形成正确的道德认知和良好的行为模式，让他们在"亲近自然"、"融入社会"和"认识自我"的体验中获得道德的发展。

（二）德育过程是促进学生思想矛盾的转化过程，是教育与自我教育相结合的过程

思想品德教育的过程实质上是把社会的思想准则和道德规范转化为受教育者个体的思想品德的过程。要完成这一转化，必须通过受教育者的心理内部矛盾运动和自我教育来实现。

学生的心理内部矛盾是教育者提出的德育要求与学生现有的思想品德之间的矛盾，这个矛盾是推动学生思想品德形成和发展的内部动力，也是德育过程的主要矛盾。这些矛盾主要表现为以下三类。

一是认识性质的矛盾。这种矛盾在学生身上常常表现为"有错不知错"。解决这种矛盾，需要向他们反复讲解道德规范，提高他们的理论修养、认识水平。

二是能力性质的矛盾。这种矛盾在学生身上常常表现为"犯错不自觉"。解决这种矛盾，必须引导学生注意总结生活经验，加强道德意识，通过提高自我控制能力和道德修养能力来解决。

三是思想性质的矛盾。这种矛盾在学生身上常常表现为"知错也犯错"。解决这种矛盾，要做好学生的思想工作，引导他们认识到自己思想与行为上的问题与错误，使他们积极而认真地进行思想斗争，找出错误根源，并督促学生努力改正错误。

外部教育的影响是思想品德发展不可缺少的条件，受教育者对外界教育影响具有选择性。当受教育者对外界教育影响采取接受的态度时，外部的要求就会转化为受教育者自己的动机。当受教育者对外界的教育影响采取中立或排斥的态度时，外界影响也会给教育者的心理留下痕迹，或者使原来的道德心理结构更加牢固，或者引起受教育者对原有结构做出某些调整。所以，教育者不但要处理好外部矛盾，还要做好学生的内部的思想矛盾的转化工作，以帮助学生形成自我教育能力。

（三）德育过程是组织学生的活动和交往，统一多方面教育影响的过程

学生的思想品德是在活动和交往中形成的，又在活动和交往中表现出来。所以，活动和交往是德育过程的基础，是促使外界思想品德教育的影响转化为学生自身品德的桥梁。不仅如此，学生的思想品德也只有在活动和交往中才能表现出来，并受到检验。看一个人的某种品德是否真正形成，不仅要看其内在的思想情感和动机，更要看其实际的行为表现。

德育过程中的活动和交往与一般的活动和交往不同，是一种教育性的活动和交往，其主要特点是：第一，德育过程中的活动和交往是在教育者指导下开展的，具有明确的

目的性和组织性，而不是自发的、盲目的、随意的；第二，德育过程中的活动和交往的内容与形式主要是德育实践中的活动和交往，而不是一般的、广泛的社会活动和交往；第三，德育过程中的活动和交往是学生的思想品德形成的规律，并按照教育学、心理学原理组织，因此能有效影响学生的思想品德。

在学校的德育过程中，学生活动和交往的内容与形式是多种多样的，如学习活动、劳动、社会政治活动、体育活动、文艺活动等，这些活动和交往能使学生获得社会道德经验，得到实际锻炼。

现在，社会上有一种说法是"5+2≤0"，意思是家庭教育和学校教育没有形成教育合力。所以，教育者可以联合学校、家庭和社会的力量，争取家庭、社会的配合，让德育合力得以形成，共同对学生产生持续的影响。

（四）德育过程是一个长期的、反复的、不断提高的过程

学生的思想品德建立在活动和交往的基础上，其思想品德的内容、形式和能力在从简单到复杂、从低级到高级的矛盾运动中发展，是一个复杂的过程，往往要经过长期的、不断的积累，原因有如下三点。

第一，德育过程的发展是螺旋式上升的过程，就是思想品德不断被塑造和改造的过程。

第二，改造不良品德，特别是改造不良习惯，必须经过长期反复的过程。有一个很好的比喻：改变不良习惯就好比将一张纸上一幅已经画好的画擦掉，再重新画一幅画。擦掉原来的画需要时间，并且多多少少会留下一些痕迹，画一幅新画更需要时间。所以，改变需要循序渐进。

第三，学生是社会成员，与社会的交往是不间断的，而且是多方面的，家庭、集体、社会等都给予学生影响。社会的影响是复杂的，有积极的，也有消极的，任何一方面的不利影响或教育措施的不得力，加上青少年学生的思想品德还在形成时期，都会使学生思想品德发展。因此，只有长期的、反复的培养和教育，才能促使学生思想品德不断地向正确的方向发展。

根据思想品德形成过程的长期性、反复性这一特点，在实际工作中，教育者必须把集中教育和分散教育结合起来，这样才会有良好的效果。

在著名教育家苏霍姆林斯基认为的3000多个最难教育的个案中，有一个7岁入学的孩子，他第一天就有偷窃行为，被批评后，男孩不偷了，可几天后，他又接着偷。这样反反复复，从一年级到十年级，每次偷窃后，苏霍姆林斯基就对他进行各种帮助和教育，并且要求他做一件好事。后来，苏霍姆林斯基建议这个总犯错误的孩子参加业余劳动，终于帮助他改掉了恶习。苏霍姆林斯基对这个孩子的教育足足用了10年时间，这充分说明思想品德教育是一个长期的过程。

第三节　德育的内容与原则

一、德育内容

德育内容是指用于教育学生的政治思想观念和道德行为规范的内容。德育目标的实现和德育任务的完成必须有相应的德育内容。

党的十八大提出要积极培育社会主义核心价值观。富强、民主、文明、和谐是国家层面的价值目标，自由、平等、公正、法治是社会层面的价值取向，爱国、敬业、诚信、友善是公民层面的价值准则，这12个词是社会主义核心价值观的基本内容，也是德育的基本内容。

不同年龄段的学生的认识发展水平存在差异，社会主义核心价值观的基本内容对每个年龄段的学生的要求也不同。以初中阶段为例，其德育的具体内容包括以下方面。

（一）爱国主义教育

对学生进行爱国主义教育的具体内容体现在以下方面。

①对学生进行爱国主义教育，培养学生对祖国的深厚情感。

②带领学生了解中国的历史，增强学生的国家和民族意识。

③对学生进行关于国家观念的教育，引导其尊重国旗国徽，维护国家尊严、荣誉，鼓励学生为实现社会主义现代化建设而奋斗。

④引导学生尊重各个民族的风俗习惯。

⑤对学生进行国防和国家安全的教育，引导其认识世界局势，以及和平对于当今世界的意义和重要性。

（二）集体主义教育

集体主义教育是使学生形成集体主义观念，具有为人民服务的思想情感和善于在集体中工作和生活的教育。集体主义是共产主义品德的核心，是区别于一切旧道德的根本标志。对学生进行集体主义教育的主要内容有以下方面。

①对学生进行尊重、关心他人的教育。

②对学生进行爱班级、爱学校，为集体服务，自觉维护集体荣誉的教育。

③对学生进行正确处理自我与他人、个人与集体、自由与纪律关系的教育。

（三）马克思主义常识和社会主义教育

对学生进行马克思主义常识和社会主义教育的主要内容有以下方面。

①对学生进行初步的社会主义现代化建设常识教育和社会主义初级阶段的基本路线

的教育。

②对学生进行关于社会发展规律的教育。

(四) 理想教育

理想是人们对未来生活的向往和追求，它反映了一个人的生活目的和为之奋斗的目标。个人的理想总是与一定的社会现实和阶级的利益密切联系的，因此，不同时代与不同阶级的人有不同的理想。对学生进行理想教育的主要内容有以下方面。

①对学生进行关于学习目的的教育。

②对学生进行职业理想的教育。

③对学生进行关于社会主义共同理想的教育。

(五) 道德教育

道德教育是教育者有目的、有计划、有组织地对受教育者施加一定影响，促进他们形成良好的道德品质和行为习惯的活动。对学生进行道德教育，是德育的重要内容之一。具体内容包括以下方面。

①对学生进行关于中华民族优良道德传统的教育。

②对学生进行关于社会公德和分辨是非的教育。

③对学生进行初步职业教育。

④根据《中学生日常行为规范（修订）》对学生进行教育和训练。

(六) 劳动和社会实践教育

劳动是创造物质财富和精神财富的过程，是人类特有的基本社会实践活动。劳动教育是发挥劳动的育人功能，对学生进行热爱劳动、热爱劳动人民的教育活动。当前实施劳动教育的重点是：在系统的文化知识学习之外，有目的、有计划地组织学生参加日常生活劳动、生产劳动和服务性劳动，让学生动手实践、接受锻炼、磨炼意志，培养学生正确的劳动价值观和良好的劳动品质。

初中阶段劳动教育的主要内容包括家务、校内外生产劳动和服务性劳动。安排劳动教育内容，开展职业启蒙教育，能培养学生用劳动创造美好生活的能力，助其养成认真负责、吃苦耐劳的品质，助其增强公共服务和担当意识。对学生进行劳动和社会实践教育的主要内容如下。

①让学生在家中承担一定的清洁、烹饪等劳动，进一步培养其生活自理能力，增强其家庭责任意识。

②定期开展校园保洁和美化活动，以及助残、敬老、扶弱等服务性劳动，帮助学生初步养成对学校、社区的负责态度和社会公德意识。

③让学生适当体验包括金工、木工、电工、陶艺、布艺等在内的劳动及传统工艺制

作过程，让其尝试家具、电器的简单修理，鼓励学生参与种植、养殖等生产活动并学习相关技术，获得初步的职业体验，形成初步的生涯规划意识。

（七）社会主义民主观念和遵纪守法的教育

社会主义民主观念和遵纪守法的教育是用社会主义民主和法律的基础知识教育学生，使他们对社会主义公民的权利和义务有初步认识，增强民主观念，养成自觉遵守法律的行为的教育。对学生进行关于社会主义民主观念和遵纪守法的教育的主要内容如下。

①对学生进行关于我国公民基本权利和义务的教育。
②对学生进行关于宪法及有关法律常识和法规的教育。
③对学生进行知法守法，学会运用法律武器保护自己的教育。
④对学生进行关于遵守学校纪律和规章制度的教育。

（八）个性心理品质教育

良好的个性心理品质对受教育者德、智、体、美、劳等方面的发展有促进作用。德育工作者应有计划地促进学生的心理健康发展，使学生养成良好的个性心理品质。对学生进行个性心理品质教育的主要内容如下。

①对学生进行自尊自爱、诚实正直、积极进取的教育。
②对学生进行青春期心理卫生、性道德和男女同学正常交往的教育。
③对学生进行健康的生活情趣和人格的教育。
④对学生进行坚强的意志品格和自我约束能力的培养训练。

（九）其他相关教育

1. "三生"教育

生命教育、生存教育和生活教育统称"三生"教育。生命教育旨在帮助学生认识生命、尊重生命和珍爱生命，了解生命的意义，创造生命的价值。生存教育旨在让学生了解生存的知识，培养学生的生存能力和生存态度。生活教育通过帮助学生了解生活常识、掌握生活技能、养成生活习惯，培养学生的生活信仰和生活智慧，帮助其转变生活方式，创造幸福生活。

2. 安全教育和升学就业指导

安全教育本质上属于生命教育的范畴。安全教育不仅要教学生关于安全的知识和技巧，还需要引导学生敬畏生命、呵护生命、尊重生命和关怀生命，让学生能安全地生活、健康地生活、有创意地生活。

升学就业指导是教师根据社会需要指导学生树立正确的职业观，帮助他们了解社会职业，进而引导他们按照社会需要和自身特点在思想上、学习上和心理上为升学与就业做好准备的指导。

二、德育原则

德育原则是教师对学生进行思想品德教育时必须遵循的基本要求，是处理德育过程中的一些基本矛盾和关系的基本准则。

德育原则是根据我国的教育目的、学生思想品德形成和发展的客观规律、德育任务、青少年身心发展的特点提出来的，也是对德育实践经验的概括和总结。正确地理解和贯彻德育原则，对于提高德育实践的自觉性和德育效果具有重大意义。

目前，我国中小学普遍运用的德育原则主要有方向性和现实性相结合原则，从学生实际出发，因材施教的原则；知行统一原则；说理疏导与纪律约束相结合原则；集体教育与个别教育相结合原则；依靠积极因素、克服消极因素原则；严格要求与尊重学生相结合原则；集体教育与个别教育相结合原则；教育影响一致性和连贯性原则。

（一）方向性与现实性相结合原则

方向性与现实性相结合原则是指德育工作既要从社会现实出发，又要与社会未来发展的方向一致，二者要有机结合。这条原则集中反映了社会主义思想品德的要求，是我国德育的指导性原则。

贯彻这一原则有以下三方面的要求。

1. 要从社会现实及未来发展的方向上把握好德育的连续性

我们既要反对把德育完全视作"未来生活的准备"，又要反对完全把德育变成应付现实生活的手段，我们必须坚持面向现代化，面向未来，使现实教育与未来教育在德育过程中得到有机协调和统一。要清除各种模糊认识的干扰，避免将现实教育与未来教育割裂或向某一方面过度倾斜。

2. 要引导学生把自己日常的学习、生活、工作和劳动同建设社会主义现代化强国、实现共产主义的理想联系起来

教育者要善于由小见大、由近及远，让教学活动紧密结合中国社会主义现代化建设的实际。要教育学生从大处着眼，从小处着手，立足当前，放眼未来，从我做起，从现在做起，从小事做起，使社会主义、共产主义的理想道德融入日常学习和生活的各个方面，成为推动学生前进的动力。

3. 在德育过程中注意克服和避免"一刀切"的做法

在思想品德教育中，要坚持和体现层次性，要针对学生身心发展和思想品德发展的年龄特点与时代特征进行教育，使学生成为"具有社会公德、文明行为习惯的遵纪守法的好公民"。同时，又要"引导他们逐步树立科学的人生观、世界观，并不断提高社会主义思想觉悟，使他们中的优秀分子成为坚定的共产主义者"。

（二）从学生实际出发，因材施教的原则

从学生实际出发，因材施教的原则是指在德育过程中要从学生的年龄特征、个性特点和实际品德状况出发，有针对性地进行教育。

贯彻这一原则有以下三方面的要求。

1. 要客观地、全面地、深入地了解学生

客观、全面、深入地了解学生是进行德育的前提和基础，这样才能根据学生品德的实际情况和特点做到因材施教。客观地了解学生就是按照学生品德、个性的本来面貌去正确地认识他、对待他，防止臆测和偏见的产生。全面地了解学生就是对学生德、智、体（特别是品德、个性）等各个方面都要全面地了解，不能只见局部，不见整体。深入地了解学生就是对学生的品德与个性进行精细的研究，真正深入学生的内心世界，而不是停留在对表面现象的了解上。

2. 要求、内容、形式和方法要适合学生的年龄特征

学生在不同阶段有不同的身心发展特点，教育者要研究、掌握这些特点，从而使德育的要求、内容更具针对性。例如，在少年时期，学生的抽象思维得到发展，自我意识迅速萌生，独立性不断增强。因此，对他们要用说理、解释的方法，尊重其独立性和自尊心，使之深刻理解道德规范的社会意义，形成道德信念。在青年初期，学生的思维具有更高的抽象性、概括性，他们已经能独立思考社会、道德、人生、理想等方面的问题，自我意识已发展到较高的水平。因此，教师要多引导他们进行自我教育，教授他们思考问题的立场、观点和方法，在科学的世界观和人生观方面对其加强教育。

3. 要针对学生的个性特点进行教育

同一年龄阶段、同一班级的学生，由于各人的遗传、环境和教育等因素的不同，每个人的身心发展都有各自的特殊性。所以，同一德育要求和方法运用在不同学生身上，效果就会不同。因此，教育者要针对每个学生的个性特点提出不同的要求，运用恰当的方法做好德育工作。

（三）知行统一原则

知行统一原则是指在德育过程中，教育者要把理论教育和组织实践活动结合起来，把提高学生的思想认识水平同培养良好的行为习惯结合起来，培养学生言行一致、表里如一的行为习惯和优良品质。

贯彻这一原则有以下三方面的要求。

1. 理论学习要结合实际

学校应该对学生进行关于马克思主义基本理论和社会主义道德规范的教育，使学生了解马克思主义关于世界、社会、人生、道德问题的基本立场、观点，了解社会主义、共产主义道德的基本原则和规范，了解明辨是非、善恶、荣辱、美丑的正确标准，并学会运用它们分析、评价、解决社会现实生活中和自己思想行为中的问题。所以，学习马克思主义理论必须紧密结合社会主义现代化建设的实际和现实生活的实际，学生的学习、生活和品德的实际。

2. 要组织学生参加多种实践活动

德育要以实践为基础，引导学生积极参加公益劳动、社会服务、社会政治活动与社会主义建设活动。社会实践活动能丰富学生的情感，磨炼学生的意志，训练和培养学生的道德行为，帮助学生把认识转化为信念并贯彻到行动中，做到言行一致、知行统一。

3. 教师要以身作则、言行一致

班杜拉的社会学习理论强调儿童的很多行为是通过观察和模仿习得的。在教育活动中，教师的言行举止会被学生模仿，因此，教师要以身作则、言行一致，发挥对学生的引导作用。

（四）说理疏导与纪律约束相结合原则

说理疏导与纪律约束相结合原则要求说理具有启迪性和疏通引导的作用，能调动受教育者内在的积极性和自觉性。教师要对学生的行为做出规定，使学生的身心健康发展。

可以以下四方面贯彻这一原则。

1. 要正确说理，疏通引导学生

教师通过摆事实、讲道理，使学生掌握马克思主义的基本理论，并经过疏通和引导，启发学生自觉地明辨是非，只有这样才能使学生知理、明理、讲理并提高认识水平。那些一味压制学生的做法并不能真正解决品德培养上的问题，因此老师应避免、克服。

2. 要树立先进典型，用正面榜样引导学生前进

树立榜样和表彰先进可以使学生具体认识到哪些做法是对的，哪些是错的。在德育工作中，我们要特别注意后进变先进的典型，引导学生关注先进的榜样形象，辅以适当的教育，从而激发学生的上进心。

3. 要以表扬为主，批评、处分为辅

教师可以利用学生的自尊心和渴望积极向上的心理，鼓励他们不断前进，从而抑制学生的不良思想行为的产生。恰当的表扬可以使学生良好的行为得到强化，让他们获得积极的情感体验，但教师对学生错误的行为也要进行批评，及时制止不良现象的产生。

4. 要制订合理的规章制度，并教育学生自觉遵守

教师要耐心教导并合理约束学生，使学生自觉地调节自己的行动，通过实践逐步养成良好的品德和行为习惯。

（五）长善救失原则

长善救失原则是指在德育过程中一分为二地看待学生，帮助学生发扬积极因素，克服消极因素，并将消极因素转化为积极因素。

贯彻这一原则有以下三方面的要求。

1. 要一分为二地看待学生，特别是要善于发现学生身上的积极因素，激发其上进心

正确了解和评价学生是正确教育学生的前提。有的教师不能有效地教育学生，原因在于没有以辩证和发展的眼光看待学生。例如，因为只看到一个学生的优点就放松了对他的要求，或者因为只看到一个学生的缺点便对他下了定义，这些都是不可取的。所以，教师既要看到学生的长处，也要看到他们的不足。特别是对于后进生，教师要善于发现他们身上的闪光点，帮助他们树立信心。学生的品德发展主要是他们思想情感中的积极因素不断得到发扬并战胜了消极因素的结果。教师要善于发现学生身上的优点，并使他们知道自己的优点，从而增强自己的自尊心和自信心，因为自尊心和自信心是一个人进步的内在动力。苏霍姆林斯基说："教育技巧的全部诀窍就在于抓住儿童的这种上进心，这种道德上的自勉。"

2. 要根据学生的特点因势利导，化消极因素为积极因素

教师要仔细地分析学生的长处和短处，努力将其短处转化为长处。例如，有的学生喜欢在上课时摆弄小物件，给课堂纪律带来了不好的影响，教师发现这些小物件都是他自己做的，于是就让他当手工兴趣小组的组长，他干得很起劲儿。此时教师再做他的思想工作，要求他带头遵守课堂纪律，不在上课时玩，最后这个学生很快便改正了缺点。

3. 要使学生正确认识自己，自觉开展品德内部矛盾斗争，发扬优点，克服缺点

学生的进步固然需要教师引导，但最主要的还是靠学生自我教育，自觉发扬优点、克服缺点。然而，青少年往往不能正确评价自己，或评价过高，骄傲自满；或评价过低，有自卑感。所以，教师要引导学生虚心听取各方面的意见，帮助他们正确地认识自己品德中的优点和缺点，并促使他们自觉地开展品德矛盾斗争，发扬优点，克服缺点，不断进步。

（六）严格要求与尊重学生相结合原则

严格要求与尊重学生相结合原则是指德育要把对学生思想和行为的严格要求与对他们的尊重和信赖结合起来。苏联著名教育家马卡连柯曾说过："要尽量多地要求一个人，也要尽可能多地尊重一个人。"严格要求与尊重学生是辩证统一的，没有德育要求就没

有品德教育；没有对学生的尊重，就不能有效地对学生进行品德教育。

贯彻这一原则有以下两方面的要求。

1. 教育者要尊重、信任学生，对他们的发展充满信心

教育者要以平等的态度对待学生，尊重他们的人格，特别是对犯过错误的学生、后进生，不能歧视，更不能侮辱和体罚。学生会亲近、尊重和信任他们的教师，唯有"亲其师"才能"信其道"。

2. 要善于向学生提出严格要求

教师向学生提出的要求应当是正确的、简明的、有计划的和严格的。"正确"是指提出的要求应科学合理，符合学生的年龄特征，切合实际，令人信服；"简明"是指要求易被学生理解，便于履行；"有计划"是指对学生的要求不能提得过多，要由易到难，循序渐进地提出；"严格"是指对学生的缺点和错误，教师不能因其事小而姑息，要注意防微杜渐。

（七）集体教育与个别教育相结合原则

马卡连柯指出："教师要影响个别学生，首先要去影响这个学生所在的集体，然后通过集体和教师去影响这个学生，便会产生良好的教育效果。"这就是著名的"平行教育原则"，即集体教育与个别教育相结合原则。

这一原则是指在德育过程中，教师要教育集体、培养集体，并通过集体的活动、舆论、优良风气和传统教育个人，同时通过教育个人影响集体的形成和发展，把教育集体和教育个人统一起来。这一原则是由社会主义教育的性质决定的，它是社会主义社会中人与人、个人与集体之间的关系在教育领域的反映。实现共产主义远大理想，要求人们树立集体主义思想，集体主义思想只有通过集体教育才能培养起来。

贯彻这一原则有以下两方面的要求。

1. 努力培养良好的学生集体

实践证明，一个良好的集体可以促进学生各种优良的个性和品质的形成，可以改变学生的不良行为习惯，而一个不好的集体则会使学生沾染各种恶习。因此，教师要把学生群体培养成为良好的学生集体，关心他们的成长，指导和帮助他们开展集体活动，使他们成为具有共同的奋斗目标、严密的组织、坚强的领导核心和健康的集体舆论的学生集体。

2. 要充分发挥学生集体的教育作用

教师要指导和支持学生干部做好工作，充分发挥自我的积极性和组织才能，并通过干部把教师的教育目标转化为对学生集体的要求，同时充分发挥集体舆论的作用。教师要积极组织和开展集体活动，通过活动教育学生，并帮助学生培养与他人的良好人际关系。

(八) 教育影响一致性和连贯性原则

教育影响一致性和连贯性原则是指学校、家庭和社会各方面要按照德育目标、德育要求统一认识、统一步调，系统连贯地去教育和影响学生，以发挥整体教育作用。

贯彻这一原则有以下五方面的要求。

1. 校内各方面的德育影响要一致

学校要使全体教职工和各种学生组织按照统一的培养目标、德育要求、德育内容和计划分工合作，共同对学生进行教育。

2. 学校和家庭的德育影响要一致

学校要发挥自己的职能，与学生家庭建立联系，向家长宣传科学的教育方法，介绍学校教育的情况，与家长共同分析和研究学生的表现，齐心协力做好学生的品德教育工作。

3. 学校与社会的德育影响要一致

学校要与校外教育机关及社会各部门、各团体加强联系，共同对青少年的教育展开研究，指导学生的校外活动，安排好学生的假期生活，开展学生喜爱的丰富多彩的品德教育活动，充分发挥校外教育机关和各部门、各团体的德育作用，使社会德育与学校德育相一致。

4. 要加强德育的计划性和连贯性

德育内容要尽可能切合学生品德发展的规律和水平，注意使小学、中学、大学之间，以及各年级之间，在德育要求、内容、方法和活动上互相衔接，具备一定的整体性。

5. 要把经常性教育和适当的集中教育结合起来

德育的系统连贯性与坚持性是密切联系的。对学生的品德教育应该一以贯之，应该连续不断、持之以恒地经常进行，以使学生的品德从微小的量变发展为质变。

案例呈现

我是初二（3）班的班主任，有一天，我收到班上一位后进生的来信。信上说："您知道吗？我一直想拿一个奖状回家，让爸妈高兴，那样他们就能带上我出去旅游了。"看了信，我的内心久久不能平静，我扪心自问：我真的努力了解过他们内心的想法吗？于是在午间，我请来了班上的后进生。指着书、钢笔、足球、奖状，我问他们："如果让你们选择一样的话，你们会选择什么？"想不到大家都选择了奖状。于是我说："那好，如果你们想要奖状，可以想想自己想通过什么得到它，请你们把答案写下来。"开始他们有些茫然，但在我的一再鼓励和启发下，他们写下了自己的长处。接下来的日子里，这些同学开始发挥自己的长处，努力表现自己。果然，"每月一评"发奖那天，他们都得到了"讲故事能手""环保卫士""劳动标兵""体育健将""电脑高手"等奖状，他们都非常开心。为了提高奖状的含金量，使他们在下个月能够得到"月度之星"的称号，我对他们提出了进一步的要求："讲故事能手"要写一篇班级同学的故事，"环保卫士"要在班上做一次"减少雾霾，从我做起"的发言，"劳动标兵"要为班上展开的义务劳动活动制订一份活动计划，"体育健将"要给大家讲一套体育运动规则，"电脑高手"要给全班同学讲解一次"电脑常用英语单词"。于是，原来这些不肯读书、不爱写作、不喜欢学习英语、不愿思考的学生开始有了转变。各科教师也发现，他们的学习态度比以前认真多了，成绩也有了较大提高。

分析：该班主任主要贯彻了以下德育原则。

①说理疏导与纪律约束相结合原则。该班主任发现后进生更喜欢奖状后，因势利导，鼓励和启发学生写下自己的长处并努力表现自己，最终学生通过自己的努力得到了奖状。

②从学生实际出发、因材施教的原则。该班主任在收到学生的信后，考虑到学生对奖状的需求和实际的情况，鼓励学生在自己擅长的领域中表现自己，并给学生布置不同的任务以激励他们不断进步。

③依靠积极因素、克服消极因素的原则。该班主任客观看待学生的优点和不足，创造条件，将后进生学习的积极性调动了起来，启发学生克服缺点、发扬优点。

④集体教育与个别教育相结合原则。该班主任通过对进步的学生提出进一步的要求，促进了全班学生的共同发展。

⑤严格要求与尊重学生相结合原则。该班主任在对后进生的教育中，既做到了尊重学生，又做到了从学生的年龄特征和品德发展状况出发，提出了适度的要求。

第四节　德育的途径与方法

一、德育途径

德育途径是指完成德育任务和内容的具体渠道，是在教育实践中形成的较为稳定的德育组织形式。德育的途径是由德育的任务、内容和原则决定的。由于德育的任务、内容和原则包含的内容较多，因此，德育的途径有很多种。

（一）通过教学活动进行德育教育

1. 思想品德课

思想品德课是学校对学生进行思想品德教育的主要学科，它起着其他学科所不能起到的独特作用，比其他学科更能有目的、有计划地向学生传授系统的思政基本理论，让学生对道德规范和社会主义核心价值观有进一步认识。

2. 其他各科教学

著名德国教育家赫尔巴特认为教学具有教育性。从教学内容看，教学的科学性与思想性是统一的。语文、历史、地理等学科要分别利用课程中的语言文字、传统文化和历史地理常识等丰富的思想道德教育元素，潜移默化地培养学生树立正确的世界观、人生观和价值观。数学、科学、物理、化学、生物等学科要加强对学生的科学精神、科学态度、科学探究能力和逻辑思维能力的培养，促进学生勇于创新、求真求实的品质的形成。音乐、体育、美术等学科要加强对学生的审美情趣、健康体魄、意志品质、人文素养和生活方式的培养。外语课要加强对学生的国际视野和综合人文素养的培养。综合实践活动课要加强对学生的生活技能、劳动习惯、动手实践和合作交流等能力的培养。

（二）通过构建和谐的校园文化环境进行德育

1. 优化校园环境

学校要有升国旗的旗台和旗杆，建好共青团、少先队活动室，积极建设校史陈列室、图书馆（室）、广播室和学校标志性景观。学校、教室要在明显的位置张贴出社会主义核心价值观和与中小学生守则相关的文件。教室正前上方要有国旗标识，校方要充分利用板报、橱窗、走廊、墙壁、地面等位置进行文化建设，可在这些地方悬挂革命领袖、科学家、英雄模范等杰出人物的画像和格言。

2. 营造文化氛围

可设计符合教育规律、体现学校特点和办学理念的校徽、校训、校规、校歌、校旗等，并进行展示。可建设班级文化，鼓励学生自主设计班名、班训、班歌、班徽、班级口号等，增强班级凝聚力。可推进书香班级、书香校园的建设，向学生推荐阅读书目，调动学生的积极性。提倡小学生每天课外阅读的时间至少达到半小时，中学生至少达到1小时。

3. 建设网络文化

积极建设校园绿色网络，开发网络德育资源，搭建校园网站、论坛、信箱、博客、微信群、QQ群等网上宣传交流平台，通过网络开展主题班（队）会、冬（夏）令营、家校互动等活动，引导学生合理使用网络，避免沉迷网络游戏，要远离有害信息，提升网络素养，营造清朗的校园网络文化。

（三）通过共青团、少先队和学生会组织的活动进行德育教育

共青团、少先队和学生会是学生的集体组织，它们所组织的活动是调动学生自己教育自己的最好形式。学校应领导、指导和帮助这些组织开展各种节日活动，如在重阳节开展敬老活动，在植树节开展热爱劳动、爱护环境的活动等，也可开展仪式教育活动，如升国旗仪式、入团入队仪式等，还可开展校园节活动，培养学生的兴趣爱好。

（四）通过劳动和其他社会实践活动进行德育教育

劳动和社会实践活动是对学生进行德育教育的有效途径之一，可以让学生观察社会，了解国情，有助于学生养成艰苦朴素和热爱劳动的品质。学校可以利用爱国主义教育基地、公益性文化设施、公共机构、企事业单位、各类校外活动场所、专题教育社会实践基地等开展主题实践活动，如可开展清扫校园、整理家务等劳动实践活动或学雷锋志愿服务活动。

（五）通过班主任工作进行德育教育

班主任工作对学生的德育起着重要的作用。班级是学校的基层单位，班主任是班级的组织者和领导者，其重要任务是对学生进行思想品德教育。因此，班主任应采取各种形式，如班会、班干部会议等，对学生进行系统的集体教育。

（六）通过课外与校外活动进行德育教育

丰富多彩的课外活动和校外活动既能开阔学生的视野，帮助学生增长知识才干，又能陶冶学生的情操，培养学生的集体主义思想、助人为乐的作风和不怕困难的顽强意志，是对学生进行思想品德教育的重要途径。

总之，上述途径各有特点，可以互相补充、相辅相成。教师应根据德育的具体任务和内容，以及学生的实际情况和学校条件，灵活地选用适当的途径。

二、德育方法

所谓德育方法，是指教育者为达到德育目的、完成德育任务所采取的方式和手段。具体来说，我国中小学常用的德育方法有说服教育法、榜样示范法、实践锻炼法、情感陶冶法、自我修养法和品德评价法等。

（一）说服教育法

说服教育法是指教育者通过摆事实、讲道理，向学生传授正确的政治思想观点和道德规范，以提高学生道德认识的一种方法。说服教育法的主要形式有讲解、报告、谈话

和讨论等。在整个德育方法体系中，说服教育法是运用最广泛的一种方法。

运用说服教育法的基本要求有以下几点。

1. 目的明确

进行说服教育之前，要预先了解学生的情况，从学生的实际出发，注意学生的特点，针对要解决的问题准备说服教育的内容和形式。说服教育要触动学生的心灵，这样才具备教育的实效性。

2. 内容富有知识性和趣味性

青少年渴求知识，希望能更多地了解社会、人生，所以说服教育要传授给学生正确的知识、理论和观点，使他们受到启示并获得提高。说服教育选用的内容和表述的方式要力求生动、有趣，做到有情、有理、有据，使学生心悦诚服。

3. 抓住教育时机

说服教育的成效往往不取决于教师花了多少时间、讲了多少道理，而取决于教师是否善于捕捉教育的时机，是否能引起学生的情感共鸣。

4. 要有耐心，讲究教育民主，以诚待人

说服教育往往需要反复进行，教师要有足够的耐心，允许学生提出不同的意见。遇到不同的观点时，切忌简单粗暴、以势压人。同时，对学生进行说服教育时，教师的态度要诚恳，只有这样才能打开学生心灵的门户，所讲的道理才易于被学生接受。

5. 说服教育要与提出行动要求相结合

教师对学生进行说服教育的根本目的是使学生懂得道理，掌握行动的指南，同时，行为实践又可以使学生加深对道理的理解。因此，教师在向学生讲清道理的同时，要提出相应的行动要求，引导学生把接受的道理付诸行动。

（二）榜样示范法

榜样示范法是指教育者以他人的模范行为和英雄事迹来影响和引导学生的教育方法。榜样示范法是学校德育工作的有效方法之一，可供青少年学习的榜样是很多的，一般来讲有以下三种：一是历史上出现的杰出人物；二是家长和教师，他们的言行、思想会对学生产生深刻的影响；三是学生中的榜样，因为学生中的榜样与其他同生年龄、经历基本相同，所以更容易影响其他学生。

运用榜样示范法的基本要求有以下四点。

1. 选择好的榜样

榜样应有较高的威信，事迹典型、生动。

2. 要提出明确的学习目的

要向学生介绍榜样的先进事迹,激发学生的敬佩之情。要让学生知道应当学习什么、怎样学习,以及从什么地方做起,并努力调动起学习榜样的积极主动性。

3. 引导学生正确选择榜样

青少年对善恶、美丑、是非的辨别能力还不强,因此教育者要善于引导学生对榜样的分析,提高鉴别好坏的能力。

4. 引导学生正确地看待榜样

"金无足赤,人无完人。"榜样人物也是在社会生活中成长起来的,他们未必事事先进、处处发光。我们学习榜样,正是"择其善者而从之"。

(三)实践锻炼法

实践锻炼法是指教育者组织学生按照德育要求参加各种实际活动以形成良好的思想品德的方法。英国哲学家、教育家洛克指出:"德性教育最重要的是要多做,反复地直到做好。"实践锻炼侧重于行为练习,教育者通过组织学生参加各种实践活动,如学习、课外活动、劳动和一定的社会实践活动等,使学生在这些活动中克服困难,经受磨炼和考验。

运用实践锻炼法的基本要求有以下四点。

①有明确的目的、周密的计划和严密的组织。

②必须与说服教育法相结合,不断提高学生对参加锻炼的意义的认识,使其产生自觉锻炼的意识。

③对学生参加实践活动要有严格的要求,并经常督促检查,只有持之以恒,才能达到锻炼的目的。

④要总结巩固已获得的道德信念和行为习惯,为获得新的道德观点和信念以及提高道德水平打下良好的基础。

(四)情感陶冶法

情感陶冶法是指教师自觉利用和创造良好的环境,使学生耳濡目染,受到感化,以形成良好的思想品德的方法。情感陶冶法寓教育于情境之中,用情境来感化和熏陶学生。这种方法虽然难立竿见影,但是对学生的思想品德却有潜移默化之效。

1. 陶冶的因素和方式

陶冶的因素和方式多种多样,主要有以下三种。

①人格感化。人格感化是指教师以自身高尚的思想品德和情感对学生进行的陶冶或同化。

②环境陶冶。环境陶冶是指教师利用环境中的教育因素，创设一种教育情境来对身处其中的学生的思想品德情感进行潜移默化的影响。学校的校风、校园的环境、班级的班风、教室的布置等，都是教师可利用的教育因素。

③艺术陶冶。运用健康的艺术作品进行熏陶是陶冶的重要形式。艺术包括多种形式，如音乐、美术、舞蹈、雕塑、影视等。各种艺术形式所反映的社会生活内容极其丰富，所塑造的艺术形象生动具体、引人入胜。因此，积极健康的艺术陶冶能使学生在赏心悦目的艺术享受中潜移默化地受到教育。

2. 运用情感陶冶法的基本要求

（1）教育者要善于创设具有教育意义的情境

苏霍姆利斯基认为，"校园里的任何东西不应当是随便安排的，孩子周围的环境应当对他们有所诱导，有所启示"，"我们竭力使孩子所看到的每幅画，读到的每句话，都能启发他去联系自己和同学"，"我们在努力做到，使学校的墙壁也说话。"因此，教师要创设引人入胜、具有感染力、易为学生所接受的教育情境，如"我很脆弱，不能承受脚的亲吻"等宣传语远比"请爱护公物"、"禁止踩踏草坪"等冷冰冰的禁令更易被学生接受。

（2）教育者要加强修养，提高人格影响力

教师对学生无私的、真诚的爱以及对学生的理解、尊重、关怀和信任是开启学生心灵的钥匙，是教师与学生心理的结合点，是德育取得成效的基础。教师应当促进学习主体与教育情境的互动，促进学生主动参与的积极性。

（3）教育者要将情感陶冶法与其他教育方式相结合

情感陶冶法的优势在于能使教育意向和教育内容寓于生动形象、趣味盎然的环境与活动之中，教育过程具有情感与认知高度统一的特点，易于培养学生的学习动机、想象和理解能力等。情感陶冶法的不足在于它不能在短时间内传授明确和大量的知识信息，所以，情感陶冶法有时必须与其他教育方法结合起来，才能发挥最大的教育功效。

（五）自我修养法

自我修养法是指教师指导学生进行自我修养，以形成社会所要求的思想品德的方法。

自我修养法的基本要求有以下四点。

①激发学生进行自我修养的意愿，帮助学生认识教育者提出的教育要求的合理性和必要性，并确信经过自己的积极努力可以实现。

②指导学生进行自我评价，确定自我教育的计划。自我评价是应用已掌握的道德标准和准则对自己的行为进行分析、判断的过程，是自我修养的主要内容。

③指导学生进行道德情感的体验。缺乏道德情感体验的人，是不可能注重自我教育的。所以，教育者要指导学生进行道德情感体验。

④指导学生在社会实践中锻炼品德。学生的个人修养通过其行为举止得以表现，也靠行为实践来实现。

（六）品德评价法

品德评价法是指通过对学生思想品德的肯定或否定，促使学生发扬优点、克服缺点的一种教育方法。品德评价分为两类，即表扬奖励和批评惩罚。表扬奖励的主要形式有目光赞许、口头赞扬、通报表扬和奖励等。批评惩罚的主要形式有用目光示意、口头批评、通报批评和纪律处分等。

运用品德评价法的基本要求有以下五点。

①坚持表扬奖励为主、批评惩罚为辅的指导思想。表扬和奖励如春风化雨，润物无声，能直达孩子内心最柔软的部分。

②没有惩罚的教育是不完整的教育，但对学生进行批评惩罚时，要注意方法。既要解决问题，也要保护学生的自尊心，严禁体罚和变向体罚。

③评价要及时。

④评价要切合实际、实事求是、公平合理、奖罚分明。

⑤评价要发扬民主，注意听取学生的意见。

思考与练习

一、单项选择题

1. "夫子循循然善诱人，博我以文，约我以礼，欲罢不能。"这句话体现的德育原则是（   ）。

　　A. 方向性与现实性相结合原则　　B. 说理疏导与纪律约束相结合原则
　　C. 严格要求与尊重学生相结合原则　　D. 教育影响一致性和连贯性原则

2. 班主任于老师通过委托任务和组织班级活动对学生进行思想品德教育，她所使用的方法是（   ）。

　　A. 榜样示范法　　B. 品德评价法　　C. 实践锻炼法　　D. 情感陶冶法

3. 王军写了保证书，保证今后上课不再迟到。但是由于冬天冷，王军一直赖床，致使他再次迟到。对王军进行思想品德教育的重点在于提高其（   ）。

　　A. 道德认识水平　　B. 道德情感水平　　C. 道德意志水平　　D. 道德行为水平

4. "君子博学而日参省乎己，则知明而行无过矣。"荀子这句话体现的德育方法是（   ）。

　　A. 说服教育法　　B. 榜样示范法　　C. 实践锻炼法　　D. 自我修养法

5. 学校有目的、有计划、系统地对学生进行德育教育的基本途径是（   ）。

　　A. 各学科教学　　B. 思想品德课　　C. 班主任工作　　D. 共青团活动

6. 教育者开展的特定政治思想意识和道德品质的活动叫（　　）。

   A. 智育　　　　B. 德育　　　　C. 教学　　　　D. 美育

7. 有关人生观、世界观方面的教育属于德育内容的（　　）。

   A. 政治教育　　B. 思想教育　　C. 道德教育　　D. 心理健康教育

8. 注重受教育者的良好个性的塑造和培养，属于德育内容中的（　　）。

   A. 政治教育　　B. 思想教育　　C. 道德教育　　D. 心理健康教育

9. 人们对道德规范及其意义的理解和掌握，对是非、善恶、美丑的认识、判断和评价，以及在此基础上形成的道德识辨能力属于（　　）。

   A. 道德认识　　B. 道德情感　　C. 道德意志　　D. 道德行为

10. 德育过程的基本矛盾是指社会通过教师向学生提出的道德要求与（　　）之间的矛盾，这是德育过程中最一般、最普遍的矛盾。

    A. 学生已有的品德水平　　　　B. 教师的道德教育水平

    C. 学生被期望的品德发展水平　D. 社会的整体道德水平

11. 针对我国目前的家庭教育与学校教育对学生的品德要求出现差异甚至对立的现象，应强调贯彻的德育原则是（　　）。

    A. 依靠积极因素、克服消极因素原则

    B. 因材施教原则

    C. 教育影响的一致性和连贯性原则

    D. 严格要求与尊重学生相结合原则

12. 孟子说："天将降大任于斯人也，必先苦其心志，劳其筋骨，饿其体肤，空乏其身，行拂乱其所为，所以动心忍性，增益其所不能。"这段话体现的德育方法是（　　）。

    A. 实践锻炼法　B. 自我修养法　　C. 情感陶冶法　　D. 榜样示范法

13. "寓德育于教学之中，寓德育于活动之中，寓德育于教师榜样之中，寓德育于学生的自我教育之中，寓德育于管理之中"体现了（　　）。

    A. 培养学生知、情、意、行的过程

    B. 促进学生思想内部矛盾斗争发展的过程

    C. 逐步提高的过程

    D. 组织学生的活动和交往，统一多方面的教育影响的过程

14. 衡量学生思想水平高低的根本标准是（　　）。

    A. 道德认识　　　　　　　　　B. 道德意志

    C. 道德情感　　　　　　　　　D. 道德行为

15. 班主任李老师接手一个新班后，针对该班纪律散漫、学风懈怠的情况，首先运用板报、墙壁等做好舆论宣传，树立良好的班风，同时以真诚的爱感化学生，促使学生积极进取。一个学期下来，该班班风、学风焕然一新。李老师运用的主要德育方法是（　　）。

A. 自我修养法　　B. 榜样示范法　　C. 实践锻炼法　　D. 情感陶冶法

16. 初二（1）班的王同学在黑板上画了一幅漫画，并写上"班长是班主任的小跟班"。班主任冯老师看后，发现漫画画出了自己的特征，认为他很有绘画天赋。于是请他担任班上的板报和班刊绘画编辑，并安排班长协助他。在班长的帮助下，小王发挥了自己的才能，出色地完成了任务，克服了散漫的毛病，后来还圆了考取美术大学的梦。冯老师的做法遵循的主要德育原则是（　　）。

　　A. 说理疏导与纪律约束相结合原则
　　B. 教育影响一致性与连贯性原则
　　C. 依靠积极因素、克服消极因素原则
　　D. 严格要求与尊重学生相结合原则

二、辨析题

1. 德育过程是对学生知、情、意、行进行培养过程，应以知为开端，对知、情、意、行依次进行培养。
2. 德育就是培养学生道德品质的教育。

三、简答题

1. 在学校德育工作中，运用实践锻炼法的基本要求有哪些？
2. 简述德育过程的基本规律。
3. 简述贯彻依靠积极因素、克服消极因素原则的基本要求。

四、材料题

某校初二女生小芳，上课不遵守纪律，注意力不集中，听课不专心，有时还会发出怪叫声，故意通过破坏纪律引起他人的注意。当老师批评她或同学责备她时，她不仅毫无羞愧之意，反而感到高兴。平时，小芳和老师、同学们很少沟通，不愿意交流，有些以自我为中心，她顽皮、好动，喜欢接老师的话茬儿，并且常常当面或背地里给同学或老师起绰号，有时还无缘无故地欺辱同学。

当然，小芳也有值得肯定的地方，她性格直率，敢作敢当，勇于承担任务，而且身强体壮，体育成绩好，是运动场上的风云人物，每次运动会都能为班级争光。

问题：根据小芳同学的表现，如果你是班主任，在对她的教育中，你认为应该运用哪些德育方法？请结合材料加以分析。

五、思考题

1. 市场经济对个人品德的发展有哪些影响？在市场经济条件下，我们是否还应把集体主义当作核心道德原则？

2. 一位教师在课堂上劝中学生努力学习，考上重点大学，因为只有这样才能"挣大钱、当大官、娶美女"。可是孔子却把颜回视为楷模，称赞他说："一箪食，一瓢饮，在陋巷，人不堪其忧，回也不改其乐。"请谈谈你对上面两种说法的看法。

3. 春晚小品《扶不扶》曾引发国人热议，尤其是结尾那句"这人倒了咱不扶，这人心不就倒了吗？人心要是倒了，咱想扶都扶不起来了"。请就此谈谈你的看法。

推荐阅读

1. 胡明根《影响教师的 100 个经典教育案例》(中国传媒大学出版社，2004 年版)
2. 张万祥《今天怎样做德育——点评 88 个情景故事》(教育科学出版社，2014 年版)
3. 窦桂梅《清华附小的德育细节》(华东师范大学出版社，2013 年版)

参考文献

[1] 靳玉乐. 现代教育学 [M]. 成都：四川教育出版社，2005.

[2] 檀传宝. 德育原理 [M]. 北京：北京师范大学出版社，2006.

[3] 蓝维. 中学德育课程与教师专业发展 [M]. 北京：首都师范大学出版社，2013.

[4] 扈中平. 现代教育学 [M]. 北京：高等教育出版社，2011.

[5] 杨晓平. 教育学 [M]. 上海：华东师范大学出版社，2016.

[6] 陈理宣. 教育学原理：理论与实践 [M]. 北京：北京师范大学出版社，2010.

第九章

教师与学生

关键词

教师的劳动特点　教师角色　《中学教师专业标准（试行）》学生

学习目标

1. 了解教师的内涵、权利、义务和学生的含义、权利与义务。
2. 了解教师的劳动特点和新时代教师的角色。
3. 培养学生的职业认同感和从教信念。

内容提要

本章主要介绍了教师、《中学教师专业标准（试行）》、学生三部分内容。教师承担着为党育人、为国育才、立德树人的任务，培养德、智、体、美、劳全面发展的社会主义建设者和接班人，有着提高民族素质的崇高使命。教师应有理想信念、道德情操、扎实学识和仁爱之心，忠诚于党和人民的教育事业。作为专业人员，教师的劳动具有自身的独特性，在广泛应用大数据和互联网的信息化时代背景下，教师也被赋予了新的时代角色。作为专业人才，教师务必严格按照《中学教师专业标准（试行）》的规定要求自己。此外，为了更好地完成育人使命，教师还应该充分了解和认识学生，树立正确的学生观。

思维导图

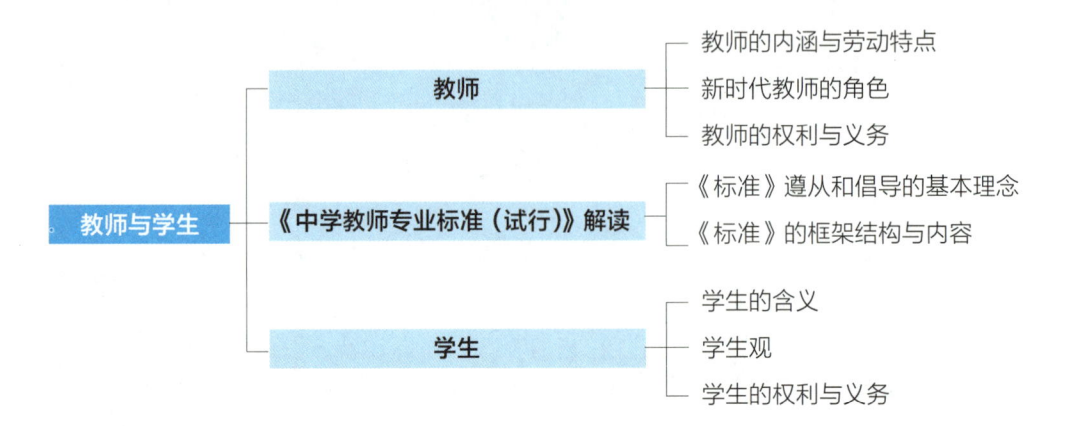

- 教师与学生
  - 教师
    - 教师的内涵与劳动特点
    - 新时代教师的角色
    - 教师的权利与义务
  - 《中学教师专业标准（试行）》解读
    - 《标准》遵从和倡导的基本理念
    - 《标准》的框架结构与内容
  - 学生
    - 学生的含义
    - 学生观
    - 学生的权利与义务

教学导入

老师是青蛙

那是一个阳光灿烂的日子，同往常一样，我们又该学习新课了，不同的是，那天有许多老师来听课。我们学习的课文是《坐井观天》，学完这篇课文后，我让学生们根据课文内容展开想象，以"青蛙跳出井口了"为题进行说话和写作训练。

小梦说："青蛙跳出井口后，看到了无边无际的大海，海涛声吓得它连忙向小鸟求救。"佳佳说："青蛙看到了高高的山峰和一望无际的田野，田野里开满了五颜六色的花儿，上面飞舞着蝴蝶和蜜蜂。"艳艳同学竟然让青蛙坐上飞机去环球旅行，青蛙一下飞机就感慨："世界真好啊！"听课老师们都被她的话逗乐了。

张雨是新来的学生，我看到他把手举得高高的，便点了他的名。他起来说："青蛙从井里跳出来，它到外面看了看，觉得还是井里好，于是又跳回了井里。"同学们听了哄堂大笑，我也笑了。我打断了他的话，问大家："是井里好，还是井外好？"我示意张雨坐下，随口说道："我看你是一只青蛙，坐井观天。"之后，我又让大家把自己的想法写了出来。

在批阅同学们交上来的作业时，我看到了张雨续写的故事：青蛙跳出井口，来到一条小河边，它累了，想去喝口水。突然，青蛙听到一声大吼："不要喝，水里有毒！"果然，水面漂着不少死鱼。它抬头一看，原来不远处有一只老青蛙在对它讲话。它刚要说声"谢谢"，就听到一声惨叫，一柄钢叉刺穿了那只老青蛙，老青蛙正在痛苦地挣扎。青蛙看呆了，外面的世界也太可怕了，它急忙往回赶，又跳进了井里，喃喃道："还是井里好，井里安全啊！"

我的心被震撼了，转念一想，让青蛙跳回井里又有什么不好呢？可我却没有给他一个发表自己观点的机会，竟然说他是一只坐井观天的青蛙。孩子的心灵就像井外那多彩的世界，需要跳出来的恰恰是自以为是的我！于是我在张雨作业中写了一句话："你是一个很有思考力的孩子。"

第一节　教　师

在教育活动中，教师是教育活动的主导者，是构成教育活动的关键要素。教师的发展关系到学生一生的成长，关系到若干家庭的幸福，也关系到教育的公平、国家的未来、民族的希望。关注教师，关注教师成长，有助于每一个职前教师准确地认识自己，为自己的专业发展找准方向，从而为成长为优秀的教师奠定坚实的基础。

一、教师的内涵与劳动特点

（一）教师的内涵

教师群体究竟由什么样的人组成？李商隐《无题》中的"春蚕到死丝方尽，蜡炬成灰泪始干"被很多人用来形容教师。其实，一支短短的蜡烛还不足20厘米，发出的光和热是很微弱的，不及电灯那样明亮，不像霓虹灯那样五彩斑斓，它只够给离得近的人带去光明，只够给靠近它的人带去温暖。蜡烛的光和热其实是有限的，但是教师的光与热却是无限的。《韩诗外传》中是这样描述教师的："智如泉源，行可以为仪表者，人之师也。"汉代教育家扬雄认为："师者，人之模范也。"唐朝大儒韩愈在《师说》中指出："师者，所以传道授业解惑也。"

其实，这些描述并没有清楚表达、准确定位教师究竟是什么样的人。教师必须要清楚自己的定位，然后按照这个定位努力提升自己。1966年，《关于教师地位的建议》中明确了教师作为专业人员的身份。我国1993年修订的《中华人民共和国教师法》第三条明确规定："教师是履行教育教学职责的专业人员，承担教书育人，培养社会主义事业建设者和接班人、提高民族素质的使命。教师应当忠诚于人民的教育事业。"2021年，教育部发布了《中华人民共和国教师法（修订草案）（征求意见稿）》，其中第二条明确说明："本法所称教师是指在各级各类学校和其他教育机构中专门从事教育教学工作的专业人员。"显然，我国不仅从法的高度规定了教师专业人员的身份，还对教师作为专业人员的职责和内涵做出了规定：教师的职责就是"为党育人、为国育才、立德树人"，教师的内涵就是"有理想信念、道德情操、扎实学识、仁爱之心，忠诚于党和人民的教育事业"的人。

（二）教师的劳动特点

作为专业人员，教师必须清楚认识自己的劳动特点，这有助于教师更深刻地理解教师的职责和作用，也有助于教师更好地成长。

1. 示范性

我国古代教育家孔子说："其身正，不令而行。其身不正，虽令不从。"教育家荀子说："师也者，教之以事，而喻诸德也。"唐朝大儒韩愈在《师说》中说："师者，所以传道授业解惑也。"英国著名哲学家弗兰西斯·培根把教师称为"知识种子的传播者、文明之树的培育者、人类灵魂的设计者"。这些都从不同层面对教师的示范性这一重要特质做出了经典的描述。正所谓"学高为师，身正为范"，教师要永不自满，永远处于学习的状态，要"品行端正，堪为人师"。示范性是一名教师安身立命之根本。

中小学阶段是人生成长的重要阶段，是一个人很容易受到影响的阶段，也是一个人的基础性道德品质和行为习惯养成的最佳时期，人们在此阶段形成的品德与行为习惯将会影响其一生。中小学生一般具有较强的向师性，对教师有一种特殊的信任和依恋之情，普遍崇拜教师，喜欢模仿教师的行为，教师在他们心目中有很高的威信。可以说，教师就是学生的"活教材"。因此，作为"人类灵魂工程师"和人类文明的传承者，教师必须从政治意识、思想观念、工作作风、行为习惯等各方面做好榜样示范作用，务必严于律己、以身作则。教师要做到"凡是要求学生做到的事，自己必须先做到；凡是不让学生做的事，自己必须带头不做"。教师希望学生成为什么样的人，自己就应当成为什么样的人。示范性既是教师劳动的重要特点，也是教师履行"为党育人、为国育才、立德树人"重要职责的内在要求。

2. 专业性

1966年，联合国教科文组织和国际劳工组织在《关于教师地位的建议》中明确了教师作为专业人员的身份。1986年，美国卡内基工作组和霍姆斯工作组相继发表了《国家为培养21世纪的教师作准备》和《明日之教师》，这两份报告也明确提出了"教师专业化"的概念，标志着"教师专业化"的形成。

在国内，1993年修订的《中华人民共和国教师法》和1995年实施的《教师资格条例》从法的高度肯定了教师的专业人员身份。我国教育部于2012年发布的《幼儿园教师专业标准（试行）》更是进一步对教师的专业性提出了明确的要求。2021年，教育部发布的《中华人民共和国教师法（修订草案）(征求意见稿)》中再次明确了"教师是专业人员",并肩负"为党育人、为国育才、立德树人"的重要职责。

教师是履行教育教学工作职责的专业人员,是经过严格的培养与培训,具有良好的职业道德,掌握系统的专业知识和专业技能的人。作为教师,只有不断提升自己的专业水平,增强专业性,才能使教师真正成为受人尊敬的职业,才能满足新时代国家和人民对教师的要求和期待。

3. 创造性

教师是有别于医生、律师、工程师的专业人员,其独特性之一表现为工作对象的特殊。教师的工作形象是年龄在七八岁到十七八岁的学生,在认知发展阶段横跨了具体运算和形式运算两个阶段。虽然他们已经从表象逻辑思维过渡到了抽象逻辑思维,但是遇到复杂问题时,多数学生处理问题时缺乏理性的分析。虽然他们的身心发展有一些规律可循,但"教师却无法如医生一般可以借助仪器对其进行诊断,也无法如律师一般可以依据法律条款有理有据地进行辩护或控诉,更无法如工程师一般依照设计蓝图按部就班地建造高楼"。因此,创造性是教师的必备特质,也是教师劳动的突出特点。教师的独特性之二表现在教师从事的教学工作是一种情境性很强的工作,所谓"教学有法,但无定法,贵在得法",简短的12个字道破了教学的复杂性,这就要求从事这一复杂工作的教师必须具有创造性。

当前国内的教学现状已发生了很多改变,国家和社会对教育和教师提出了更高的要求,教师必须不断学习,不断完善自我,不断提升自己的创造性,这样才能有立足之地。

二、新时代教师的角色

作为教育活动的实施者,教师在社会发展中扮演着重要的角色。在过去的传统教学观念中,教师的角色是比较单一的,他们在教学中处于中心地位,是学生获取知识的主要来源甚至唯一来源。在广泛应用大数据、互联网的信息化社会时代背景下,学校的教学内容、方法、手段等都已经发生了翻天覆地的变化,教师的角色定位也应该与时俱进。

(一)学生学习的引导者和发展的促进者

教师不仅仅是知识的传授者,还是学生学习的引导者和发展的促进者。任何时候,教师对学生的引导和促进作用都具有重要的意义。随着社会的发展,学生获取知识的途径越来越多元化,教师不再是学生获取知识的唯一来源。教师除了把传授知识当作自己的主要任务外,还应该成为学生学习、成长和发展的引导者、激励者和促进者。习近平总书记曾经强调:"教师不能只做传授书本知识的教书匠,而要成为塑造学生品格、品行、品味的'大先生'。"显然,这为广大教师的发展指明了方向。在新时代背景下,教师知识传递者的角色已经发生了变化,广大教师要自觉做到"教书和育人相统一、言传和身教相统一、潜心问道和关注社会相统一、学术自由和学术规范相统一"。

(二)教育教学的反思者和研究者

课程标准和教材是教师备课和实施教育教学的依据,教师通过教材进行教育教学,而非在教育教学中教教材。在新时代背景下,教学环境和教学对象已经发生了巨大的变化,教学的资源和内容也逐渐丰富多元,教育活动具有灵活性和开放性,没有哪一种理论能告诉教师在某一特定情境和条件下应该怎么做,这就决定了教师不仅是课程标准和教材的使用者、执行者,还是教育教学的反思者和研究者,必须要正视各种不确定性和开放性,追求教学的生成性,基于自己的课堂、学生、内容进行反思和研究,这样的教学才是充满生命力的教学。

(三)课程资源的开发者和建设者

"课程资源"这一概念是在我国基础教育课程改革日益深入的时代背景下提出的。2001年,教育部颁发的《基础教育课程改革纲要(试行)》明确提出要积极"开发并合理利用校内外各种课程资源",以推进课程改革。一直以来,教材是学校教育教学使用的最主要的课程资源,因此人们常常误以为教材就是学校教育教学的唯一课程资源。事实上,在大数据、互联网、信息化高速发展的新时代,一切能引入课程领域且有利于实现学校培养目标的资源都可以作为课程资源进行开发和利用,包括"校内和校外的课程资源,自然的和社会的课程资源,文字的、实物的、活动的和信息化的课程资源,显性的和隐性的课程资源"[①]。教材是一种静态的课程资源,而且还存在时效性这一难以克服的缺陷,尤其是在新时代,教材不能成为学生学习的唯一途径,更无法完成新时代背景下培养多元人才和高素质人才的任务。所以,当今教师不应仅仅是课程的忠实传递者和执行者,还必须成为课程资源的开发者和建设者,并根据培养目标和学生的个性差异有针对性地进行课程资源的开发、利用和建设。

(四)学习文化的创造者和受益者

教师不仅要育人,更要"育己"。只有不断学习、不断实现"育己"的教师,才能更好地实现育人这一伟大目标。我国政府于1993年发布了《中华人民共和国教师法》,1999年发布了《中小学教师继续教育规定》,2010年启动了国培计划;教育部也于2011年9月开始了教师定期注册考核试点制(5年一次),规定不达标者将被退出,同年10月颁发了《教师教育课程标准(试行)》(教师〔2011〕6号),强调教师是"终身学习者"。

---

① 李森,陈晓端.课程与教学论[M].北京:北京师范大学出版社,2015:130-132.

2012年，国务院办公厅发布文件，提出了建立教师学习培训制度的意见，实行五年一周期且不少于360个学时的教师全员培训制度，推行教师培训学分制度；采取顶岗置换研修、校本研修、远程培训等多种模式，大力开展中小学、幼儿园教师特别是农村教师培训；建设教师网络研修社区和终身学习支持服务体系，促进教师自主学习。

2012年2月10日，教育部下发了关于印发《幼儿园教师专业标准（试行）》《小学教师专业标准（试行）》和《中学教师专业标准（试行）》（教师〔2012〕1号）的通知，再次强调了"教师要具有终身学习与持续发展的意识和能力，做终身学习的典范"。

国家对教师学习的关注和重视是不言而喻的，面对知识极速发展的社会环境，教师应该将持续性学习放在重要位置，不断优化知识结构，提高文化修养，做学习的典范。但是，教师学习"除了要有诸如制度、政策等支持条件外，文化作为一种更具稳定性、持久性的支持条件，在教师的终身发展中更具有内在的动力特征"。[1]从文化角度透视人类学习史可以发现，真正的学习乃是一种文化活动，构成了人与文化整合的本体[2]。教师学习文化是教师在长期、大量的学习活动后，自觉地将学习作为教师自身发展与存在的一种稳定的生存方式。教师既是这种学习文化的创造者，同时又是这种学习文化的受益者。一方面，这种学习文化是非自然性的，是由教师群体长时间的自觉学习积淀而成的，也是教师群体进行集体创造的结果；另一方面，作为稳定的生存方式，教师学习文化一旦形成，便会对置身其中的教师的发展和存在具有决定性作用，它为教师的学习提供了环境和氛围，不仅直接影响和促进教师的发展，也间接影响和促进学生的发展。作为教师学习文化的创造者和受益者，教师这一角色既是国家对教师自上而下的要求，也是教师作为专业学习者自下而上的诉求。

（五）家庭教育的指导者和协作者

2016年7月，《国家教育事业发展第十三个五年规划》中明确提出要"完善家、校、社合作协同机制"等八个家庭教育方面的内容。2019年1月18日，全国教育工作会议内容明确指出："积极推动将家庭教育纳入基本公共服务体系，争取专门经费支持，通过家委会、家长学校、家长课堂、购买服务等形式，形成政府、家庭、学校、社会联动的家庭教育工作体系。"

随着国家的发展和时代的进步，家庭教育越来越受到重视。然而，并不是所有的家长都能自觉、科学、有效地实施好家庭教育，甚至很多家长既没有家庭教育的自觉意识，也不具备家庭教育的能力。因此，家长在实施家庭教育的过程中，需要得到教师的科学指导和有效协作，发挥好家校共育的双向互动机制。2021年，教育部发布的《中华人民共和国教师法（修订草案）（征求意见稿）》第十二条也特别提出要"加强对家庭教育

---

[1] 杨晓平. 论教师非正式学习文化的建设 [J]. 教师教育研究，2013（4）：8-12.
[2] 张三花，黄甫全. 学习文化研究：价值、进展与走向 [J]. 江苏高教，2010（6）：15-18.

的指导，促进家校协同育人。"显然，在新时代背景下，教师不仅要承担教育学生的重要职责，还要承担指导家长实施家庭教育的责任，不仅要抓课堂教学质量，还要善于和家长进行沟通、协作，通过家校共育，整合家校资源，携手实现育人目标。

三、教师的权利与义务

教师作为育人的专业人员，要做到依法执教，做好育人事业，就必须明确与其专业身份相关联的权利和义务。这既是教师自身专业化发展的需要，也是提高我国教师整体素养的需要。

（一）教师的权利

教师的权利是指教师依法应当享有的各种权益。国家用法律规定教师的权利，既是保障教师热心从教、安心从教、终身从教所不可缺少的手段，也是教师实现专业化发展的重要法律保障。教师除了享有国家宪法规定的公民的一般权利外，还应享有教师作为育人专业人员所享有的相关法律所赋予的"专业"权利。

1. 开展专业活动的权利

教师作为专业人员，依法享有在专业领域自主开展教育教学活动，并对学生实施教育、指导、评价的权利。我国2021年发布的《中华人民共和国教师法（修订草案）（征求意见稿）》第九条规定，教师有"自主开展教育教学活动并获得相应设施设备支持和资源保障""指导学生的学习和发展，评定学生的品行和学业成绩，对学生进行表扬、奖励、批评以及教育惩戒""开展课程和教学资源研发、科研成果转化，并获得相应权益"的权利。这些都属于教师开展专业活动的权利。

2. 参加专业发展的权利

作为专业人员，教师依法享有不断突破自己、发展自己、提高专业水平的权利。我国2021年发布的《中华人民共和国教师法（修订草案）（征求意见稿）》第九条规定，教师享有"从事科学研究、学术交流，参加专业的学术团体，在学术活动中充分发表意见""参加进修或者其他方式的专门培训、继续教育"等权利。

3. 参与学校管理的权利

作为学校的成员，教师依法享有通过各种合法途径参与学校建设和管理的权利。在新时代背景下，教师参与学校建设和管理也是学校治理现代化的核心内容。我国2021年发布的《中华人民共和国教师法（修订草案）（征求意见稿）》第九条规定，教师享有"对学校教育教学、管理工作享有知情权、参与权、表达权和监督权，通过教职工代表大会或者其他合法方式参与学校的民主管理"的权利。

4. 带薪休假的权利

带薪休假是教师因其职业的特殊性而依法享有的职业"特权"。我国 2021 年发布的《中华人民共和国教师法（修订草案）(征求意见稿)》第九条规定，教师享有"按时获取工资报酬，享受国家规定的福利待遇以及寒暑假期的带薪休假"的权利。

5. 教育惩戒的权利

什么是教育惩戒？有人说教育惩戒就是体罚。虽然二者有必然联系，但是二者绝不等同。教育惩戒是教师依据一定的规范，以不损害学生的身心健康为前提，以制止和消除学生的不当行为，帮助学生改正错误为目的，以惩罚为特征的一种教育方式。2019 年 11 月 22 日，我国教育部发布了《中小学教师实施教育惩戒规则（征求意见稿）》。2020 年 10 月 6 日，教育部发布的《开启全面建设高素质专业化创新型教师队伍新征程》中再次明确提出要出台中小学教育惩戒规则，保障和规范教师依法履行教育教学和管理职责，解决对学生不敢管、不善管的问题，促进学生全面发展、健康成长。2021 年发布的《中华人民共和国教师法（修订草案）(征求意见稿)》第九条规定，教师享有"对学生进行表扬、奖励、批评以及教育惩戒"的权利，以法的高度赋予了教师教育惩戒的权利。

（二）教师的义务

教师的义务是指教师依法应当承担的各种职责。国家用法律规定教师的义务，规范教师的行为，既是建设高素质教师队伍的重要举措，也为教师严格自我约束、规范职业行为、加强自我修养提供基本方向，有利于教师落实立德树人的根本任务。教师除了必须承担国家宪法规定的公民的一般义务外，还必须履行教师作为育人专业人员这一特殊领域相关法律所规定的专业义务。

2021 年发布的《中华人民共和国教师法（修订草案）(征求意见稿)》第十条明确规定了教师需要履行以下七条基本义务。

①遵守宪法、法律法规和职业道德、社会公德，不断提高思想政治素质和个人修养，践行社会主义核心价值观。

②贯彻党和国家教育方针，践行立德树人根本任务，遵守职业行为准则，执行课程标准履行岗位职责，潜心教书育人，完成教育教学工作任务。

③继承和弘扬中华优秀传统文化、革命文化和社会主义先进文化，对学生进行爱国主义、中华民族共同体意识和国家安全教育，思想品德和法治教育以及科学文化、环境保护、卫生健康等方面的教育，组织、带领学生开展有益的社会活动。

④关心、爱护全体学生，尊重学生基本权利和人格尊严，促进学生德智体美劳全面发展。

⑤批评和抵制有害于学生健康成长的现象。

⑥依法依规履行公共教育服务职责，公正评价、平等对待、科学管理学生。

⑦适应时代要求和技术变革，更新教育观念，创新教育教学方法，不断提高教书育人能力，成为终身学习的倡导者、践行者。

除此以外，《中华人民共和国教师法（修订草案）（征求意见稿）》还提出了一条特别义务："幼儿园、中小学教师在履行职责时，应当注重保护未成年学生的人身安全和合法权益，制止学生欺凌和其他有害于学生的行为；发生自然灾害、事故灾难、公共卫生事件等突发事件或者学生伤害事故，应当积极保护、救助学生；应当与学生父母或者其他监护人相互配合，加强对家庭教育的指导，促进家校协同育人。"

教师的权利与义务都是由我国法律规定，受法律保护的。当教师享有的权利越多，国家和人民对教师素质的要求就会越高。相应地，教师必须承担的责任和义务也会更重、更多。所以，教师唯有不断地提高自己的专业素养，才能更好地承担并落实"为党育人、为国育才、立德树人"的重要任务。

第二节　《中学教师专业标准（试行）》解读

为贯彻党的十七届六中全会精神，落实教育规划纲要，构建教师专业标准体系，建设高素质专业化教师队伍，根据《中华人民共和国教师法》和《中华人民共和国义务教育法》，我国教育部研制了《中学教师专业标准（试行）》（以下简称《标准》），并于2012年2月10日下发。

《标准》是国家对合格中学教师的基本专业要求，是中学教师实施教育教学行为的基本规范，是引领中学教师专业发展的基本准则，是中学教师培养、准入、培训、考核等工作的重要依据，也是中华人民共和国成立以来的第一个明确教师专业要求、健全教师专业管理制度的政策性文件，更是落实我国《国家教育规划纲要》提出的"严格教师资质，提升教师素质，努力造就一支师德高尚、业务精湛、结构合理、充满活力的高素质专业化教师队伍"的重要举措。其契合了教师专业发展的国际潮流，反映了我国中学教师专业发展的时代诉求。

一、《标准》遵从和倡导的基本理念

《标准》遵从和倡导的基本理念分别是"师德为先""学生为本""能力为重""终身学习"（图9-1），这也是中学教师作为专业人员在专业实践和专业发展中应当秉持的价值导向。"师德为先""学生为本""能力为重"的理念既体现了对中国教师群体长期坚持的基本追求，也体现了现代教育发展对教

图9-1　《标准》遵从和倡导的基本理念

师素质的新要求，是传统与变革的有机结合。"终身学习"的理念更多地包含了信息社会背景下对教师专业发展所提出的新要求。

（一）倡导以"师德为先"

《标准》提出教师要"热爱中学教育事业，具有职业理想，践行社会主义核心价值体系，履行教师职业道德规范，依法执教。关爱中学生，尊重中学生人格，富有爱心、责任心、耐心和细心；为人师表，教书育人，自尊自律，以人格魅力和学识魅力教育感染中学生，做中学生健康成长的指导者和引路人"。

"师德为先"位列基本理念之首，再一次强调了职业道德对于教师的重要性，也表明了师德在现代教育中的重要地位。师德是教师的一种专业道德，它是教师和一切教育者在教育教学活动中必须遵守的专业道德规范和行为准则。

（二）强调以"学生为本"

《标准》提出，教师要"尊重中学生权益，以中学生为主体，充分调动和发挥中学生的主动性；遵循中学生身心发展特点和教育教学规律，提供适合的教育，促进中学生生动活泼学习、健康快乐成长，全面而有个性的发展"。

教育的根本目的在于解放人、培育人、发展人。强调以"学生为本"，就是要求教师在教育教学过程中要尊重学生，解放学生的心灵，挖掘并释放学生的潜能，让学生得到最大程度的发展。这是"以人为本"的价值追求在学校教育中的体现，也是我们现代教育的核心和灵魂所在。

（三）重视以提升"能力为重"

《标准》提出，教师要"把学科知识、教育理论与教育实践相结合，突出教书育人实践能力；研究中学生，遵循中学生成长规律，提升教育教学专业化水平；坚持实践、反思、再实践、再反思，不断提高专业能力"。

教师作为专业人员，应该具有其他非教育领域人士所无可替代的专业能力，这样才能真正彰显出教师的专业性。所以，此处的"能力"主要指的是教师的专业能力。教师的专业能力是教师教育理念、专业知识的载体，它直接关系到学生的学习能力、实践能力和创新能力的形成。尤其是在当前教育情境越来越复杂的背景之下，教师必须不断获取并更新自己的各种专业能力，才能在自己的专业工作中"得心应手"，才能培养学生各个方面的能力。

（四）践行"终身学习"的理念

《标准》提出，教师要"学习先进中学教育理论，了解国内外中学教育改革与发展的经验和做法；优化知识结构，提高文化素养；具有终身学习与持续发展的意识和能力，做终身学习的典范"。

教师是一个特殊的职业，教师的专业成长是一个需要不断学习理论知识，不断积累实践性知识，不断获得完善、发展和提高的过程，尤其是在构建学习型社会的背景下，每一个人都具有"未完成性"，而教师作为育人之人，其"未完成性"将更加突出，这也决定了教师的一生都是在无止境的"完成"过程中。终身学习既是对教师的要求，也彰显了教师的专业特性。

"四大理念"对要做什么样的中学教师提出了明确的要求，即心中有理想、行为有规范、眼里有学生、教育有方法、举止有修养。

二、《标准》的框架结构与内容

《标准》包含了"维度""领域"和"基本要求"三个层次，即"三个维度、十四个领域、六十三项基本要求"。"三个维度"（图 9-2）分别是"专业理念与师德""专业知识"和"专业能力"。在各个维度下，确立了 4~6 个领域，在每个领域之下，又提出了 3~6 项基本要求。

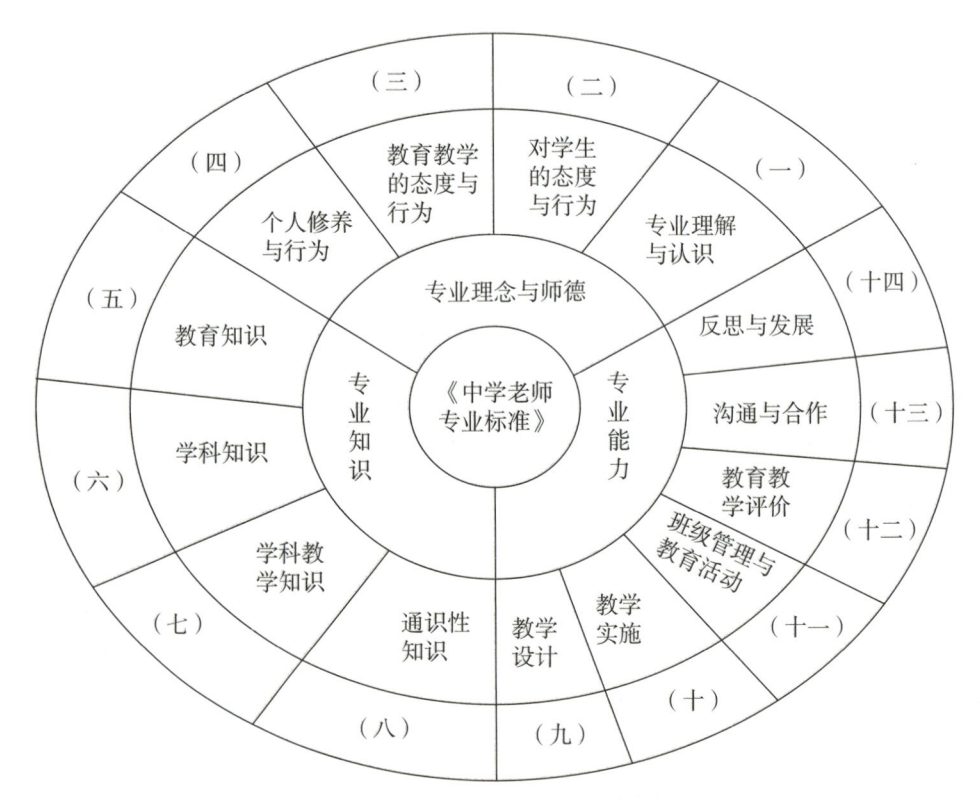

图 9-2 《标准》的框架结构与内容

（一）中学教师的"专业理念与师德"部分

《标准》从"职业理解与认识""对学生的态度与行为""教育教学的态度与行为""个

人修养与行为"（图9-3）四个领域对中学教师的"专业理念与师德"提出了十九项基本要求，这些基本要求突出体现了教师"师德为先""学生为本"的基本理念。

图 9-3 中学教师的"专业理念与师德"

1. "职业理解与认识"领域

就中学教师的职业观维度而言，《标准》提出了五项基本要求，意在强调教师职业的专业性和独特性。教师职业必须要有专业性要求和体现，这是时代发展和教育进步对教师专业发展的诉求。

2. "对学生的态度与行为"领域

就中学教师的学生观维度而言，《标准》提出了四项基本要求，突出对学生的关爱、尊重和信任。中学生不仅是课堂教学的对象，更是课堂教学的重要成员；不仅是教师教育、促进发展的对象，更是师生发展共同体的核心成员。可以说，中学生在整个教育教学和教师专业发展过程中扮演着不可或缺、无可替代的重要角色，教师和中学生是可以平等对话、交往与共同发展的关系。

3. "教育教学的态度与行为"领域

就中学教师的教育观维度而言，《标准》提出了五项基本要求，明确教师应遵循的教育教学规律，尊重学生的身心发展特征，促进学生自主而全面地发展。

4. "个人修养与行为"领域

就中学教师的个人发展观维度而言，《标准》提出了五项基本要求，要求教师注重修身养性。教师在现代社会中至少有三个角色或身份：第一是社会中的一般个体；第二是国家的一个公民；第三是教育专业人士，即教师。值得注意的是，谈及教师的专业理念与师德时，主要是针对教师作为教育专业人士的身份而言的。

概而言之，专业理念与师德体现了教师对职业学生、课堂和对自我的认识，它属于教师的精神范畴，存在于每一位教师的"心"中，需要长时间的成长。它解决的是教师愿不愿为了教育事业而有所坚持、有所奉献的动力源问题。其涵盖了教师对教育的情感、态度、价值观、专业身份的自我认同，以及教师的专业自主、专业自觉和专业自律等方面的内容，是体现教师专业化程度和实现教师持续性专业成长的自觉追求和必然要求。

（二）中学教师的专业知识

《标准》从国内外学界基本形成共识的教师知识构成的四个领域"教育知识""学科知识""学科教学知识""通识性知识"（图 9-4）对中学教师的专业知识提出了十八项基本要求。

1. 教育知识

《标准》提出了六项基本要求，突出强调中学教师要具备两方面的教育知识：第一，关于实施中学教育教学活动最基本的原理、方法方面的知识；第二，关于中学生知、情、意、行等方面的知识，这保证了教育的出发点和都是学生的发展。

图 9-4　中学教师的"专业知识"

2. 学科知识

《标准》提出了四项基本要求，特别强调中学教师不仅要具有所教学科的知识，还要懂得这门学科和其他学科之间所存在的联系，以及和中学生的社会实践等一系列活动之间的联系。这一方面保证了教师在教学活动中脉络清晰、重点突出，让学生感悟学科的基本思想；另一方面也有利于培养学生运用辩证唯物主义思考问题。

3. 学科教学知识

《标准》提出了四项基本要求，旨在强调教师要具备如何实施教育教学的知识、方法和策略。学科教学知识体现了学科内容与教育学科的整合，是最能区分学科专家与教师的不同的一个知识领域。

4. 通识性知识

《标准》提出了四项基本要求，要求教师具有自然科学、社会科学、人文科学、艺术欣赏、表现知识和当代重要的工具性学科领域的知识内容，并了解中国教育的基本情况。这些内容奠定并决定了教师的基本文化素养，不仅能帮助教师适应教育工作的特殊要求，而且能为教师的终身学习、持续发展提供保证。

(三) 中学教师的专业能力

《标准》从"教学设计""教学实施""班级管理与教育活动""教育教学评价""沟通与合作""反思与发展"六个领域（图 9-5）对中学教师的专业能力提出了二十六项基本要求，这些要求涵盖了中学教师应具有的四方面专业能力。作为教育教学专业人员，教师最本质、最核心的能力就是教师的专业能力。

图 9-5 中学教师的"专业能力"

1. 教学能力

《标准》对中学教师专业能力的要求是以教学能力为中心的，教学能力涉及"教学设计""教学实施""教育教学评价"的能力。《标准》针对此中心能力对教师提出了十二项基本要求，这些都是中学教师必须具备的最基本的能力。

2. 班级管理和教育活动的能力

《标准》针对教师的班级管理和教育活动的能力，对教师提出了七项基本要求，这些要求源自教师"教书育人"的使命，涵盖了教师除教学以外的基本工作一个合格的教师必须具备这方面的能力。

3. 沟通与合作的能力

《标准》针对沟通与合作的能力对教师提出了四项基本要求。教师是一项与人打交道的职业，教师必须能够有效地与学生交流、沟通。此外，拥有与同事、家长、社区等沟通与合作的能力也是有效开展教育教学的基本保障。

4. 反思与发展的能力

《标准》针对反思与发展的能力对教师提出了三项基本要求，这属于教师的自我发展能力，没有反思，人不能觉醒，不能觉醒，人就很难成长。教师更是如此，反思是教师成长发展的根本途径。在终身学习的社会中，教师只有具有自我反思、不断学习的意识，才能实现自己的发展，才能不断提升自己的专业水平，才能适应教育教学工作的需要。合格的中学教师就是为了教育事业有所坚持，为了教育事业有所知，为了教育事业能将自己所学付诸实践之人。

第三节　学　生

学生是教育教学活动中自主学习与发展的主体，是构成教育教学活动的驱动性要素，也是教师进行教育教学的逻辑起点和终点，充分了解学生、关注学生是教师有效完成教育教学活动，落实立德树人重要任务的前提和保障。

一、学生的概念

学生的概念有广义和狭义之分。从广义上说，无论是自学者还是在学校系统中的学习者，都可以被称为学生。狭义的学生是指学校教育系统中的在教师的指导下从事有目的、有计划的学习者，尤其指在校的儿童和青少年。本书探讨的学生主要指狭义的学生。教师对学生的认识和了解影响着教师的教育观，也直接影响着学生的发展。

二、学生观

（一）学生是迅速发展的人

教师教育教学的对象主要是青少年时期的孩子，他们在快速成长，身心没有成熟和定型，具有很大的可塑性和发展空间。在这一时期，他们的品德、观念、行为习惯都在形成之中，受外部影响较大，容易接受正面教育，也容易受到不良影响。教师要做的就是引导他们，使他们身上积极的品质得到进一步的发扬，消极的品质得以转变，以发展的眼光看待他们，及时给予他们鼓励和肯定。

（二）学生是未完成的人

教育经典之作《学会生存》指出："现代社会，每个人都是一个'未完成的人'，人永远不会变成一个成人，他的生存是一个无止境的完善过程和学习过程。"显然，中小学生不仅在生理学意义上是未成熟的人，在社会学意义上更是一个需要不断接受教育、不断经历、不断学习、不断成长的人。教育就是要给学生多创造适宜他们参加的活动，使他们不断积累现实经验，为其成长为一个完整的社会人奠定坚实的基础。

（三）学生是具有主体性的人

常言道："师父领进门，修行靠个人。"这其实指的就是学生学习主体性的重要性。弘扬人的主体性，是现代社会发展的主题，也是现代教育最重要的特征。教育在实质上是以主体性方式建构受教育者主体性的全过程。学生是学习的主体，其主体性就是在学习实践过程中表现出来的自主性、主动性和创造性。科学的学生观强调：学生是学习和发展的主体，是学习的主人，是一个具有主体性的人。教师的教学对学生的引导、启发、讲解、点拨等，无论作用多么大，都需要通过学生自己的独立思考、主动建构，才能内化为自己的知识与能力。教师的主导作用需要在发挥学生主体性的基础上，引导学生自觉主动地学习，并进行独立思考和创造性的建构，这样才能获得最佳效果。

三、学生的权利与义务

了解学生的权利与义务，有助于教师更好地落实科学的学生观，完成"为党育人、为国育才、立德树人"的重要使命。

（一）学生的权利

我国宪法与法律规定青少年学生的合法权利如下。

1. 生存的权利

《中华人民共和国宪法》《中华人民共和国未成年人保护法》都对青少年的生存权利给予了法律保护。

2. 安全的权利

《中华人民共和国未成年人保护法》第16条和第17条都明令禁止对未成年人实施体罚和变相体罚。

3. 受教育的权利

受教育的权利是公民的基本权利。《中华人民共和国宪法》《中华人民共和国义务教育法》《中华人民共和国未成年人保护法》都明确规定保护学生具有平等的受教育权，以及受教育的选择权和上课权，杜绝对学生受教育的权利的剥夺。

4. 受尊重的权利

《中华人民共和国未成年人保护法》《中华人民共和国义务教育法实施细则》《中华人民共和国教师法》都规定了要尊重学生，促进学生在品德、智力、体质等方面的全面发展。

5. 人身自由的权利

《中华人民共和国宪法》第37条规定："公民人身自由不受侵犯。"任何组织和个人未经法定程序，不得拘禁、搜查和逮捕，禁止非法拘禁和以其他方法非法剥夺或限制公民的人身自由，非法搜查公民的身体，如教师不得因各种理由对学生进行搜查，不得对学生实行关禁闭等处罚。

（二）学生的义务

学生作为法律的主体，在享有法律规定的各项权利的同时，也必须履行法律规定的各项义务。那么，学生应该履行什么义务呢？

《中华人民共和国教育法》第43条规定，受教育者应当履行下列义务：

①遵守法律、法规。

②遵守学生行为规范，尊敬师长，养成良好的思想品德和行为习惯。

③努力学习，完成规定的学习任务。

④遵守所在学校或者其他教育机构的管理制度。

值得一提的是，权利和义务是统一的，没有对义务的履行，就不能很好地享受权利。所以，权利的享受是以履行义务为前提的。

思考与练习

一、单项选择题

1. "其身正，不令而行。其身不正，虽令不从。"这句话描述的是教师劳动的（　　）。
   A. 创造性　　　　B. 复杂性　　　　C. 示范性　　　　D. 专业性

2. "教学有法，但无定法，贵在得法。"这句话描述了教师劳动的（　　）。
   A. 创造性　　　　B. 艰巨性　　　　C. 示范性　　　　D. 专业性

3. "捧着一颗心来，不带半根草去。"陶行知这句话强调的是教师应具有（　　）。
   A. 深厚的教育理论知识　　　　B. 高尚的教师职业道德
   C. 广博的文化科学知识　　　　D. 较强的教育教学能力

4. 优秀运动员的成功往往要归因于启蒙教练的培养，这说明教师的劳动具有（　　）。
   A. 创造性　　　　B. 长期性　　　　C. 示范性　　　　D. 复杂性

5. "教师却无法如医生一般可借助仪器对其进行诊断，也无法如律师一般可以依据条款有理有据地进行辩护或控诉，更无法如工程师一般依照设计蓝图按部就班地建造高楼。"这句话强调的是教师劳动的（　　）。
   A. 创造性　　　　B. 长期性　　　　C. 示范性　　　　D. 特殊性

6. 2021年发布的《中华人民共和国教师法（修订草案）（征求意见稿）》在第九条关于教师的权利中明确规定了教师享有"对学生进行表扬、奖励、批评以及（　　）"的权利。
   A. 教育惩戒　　　B. 教育体罚　　　C. 教育惩罚　　　D. 教育警告

7. 体现了学科内容与教育学科整合的知识是（　　）。
   A. 学科教学知识　B. 学科知识　　　C. 教育知识　　　D. 通识知识

8. 教师的"教学实施能力""教育教学评价能力"属于（　　）。
   A. 班级管理能力　B. 反思能力　　　C. 合作能力　　　D. 教学设计能力

9. 《学会生存》指出："现代社会，每个人都是一个'未完成的人'，人永远不会变成一个成人，他的生存是一个无止境的完善过程和学习过程。"这里强调的是学生是（　　）。
   A. 迅速发展的人　　　　　　　　B. 未完成之人
   C. 独立的人　　　　　　　　　　D. 具有主体性的人

10. 学生是人，是教育的对象，因而他们（　　）。

A. 消极被动地接受教育　　　　　B. 对外界的教育影响有选择性
C. 毫无顾忌地接受教育　　　　　D. 能动地接受教育

二、辨析题

1. 教育惩戒就是体罚。
2. 管好学生的学习是教师唯一的角色。

三、简答题

1. 简要回答《中学教师专业标准（试行）》中教师知识的构成。
2. 简要回答《中学教师专业标准（试行）》中教师能力的构成。
3. 简要回答《中学教师专业标准（试行）》中"终身学习"的内涵。

四、思考题

1. 有人说"学者未必是良师"，你同意这一观点吗？请谈谈你的思考。
2. 在构建学习型社会的背景下，你如何理解教师具有的"未完成性"？

推荐阅读

1. 苏霍姆林斯基《给教师的建议》（教育科学出版社，1984年版）
2. 王荣德《教师人格论：高素质教师研究的新视角》（科学出版社，2001年版）
3. 操太圣、卢乃桂《伙伴协作与教师赋权：教师专业发展新视角》（教育科学出版社，2007年版）
4. 丁钢《全球化背景下的教师专业发展创新计划：新理念及其变革实践》（北京师范大学出版社，2009年版）
5. 刘义兵、杨晓平《教师专业发展》（高等教育出版社，2017年版）

参考文献

[1] 许慎. 说文解字[M]. 北京：中华书局出版社，1963.

[2] 李森，陈晓端. 课程与教学论[M]. 北京：北京师范大学出版社，2015.

[3] 杨晓平. 论教师非正式学习文化的建设[J]. 教师教育研究，2013（4）.

[4] 张三花，黄甫全. 学习文化研究：价值、进展与走向[J]. 江苏高教，2010（6）.

[5] 教育部教师工作司. 中学教师专业标准（试行）解读[M]. 北京：北京师范大学出版社，2013.

[6] 教育部师范教育司. 教师专业化的理论与实践[M]. 修订版. 北京：人民教育出版社，2003.

[7] 李金巧. 五项修炼与教师发展：转变教师思维方式的艺术与技巧 [M]. 上海：复旦大学出版社，2010.

[8] 申继亮. 新世纪教师角色重塑：教师发展之本 [M]. 北京：北京师范大学出版社，2006.

[9] 刘捷. 专业化：挑战 21 世纪的教师 [M]. 北京：教育科学出版社，2002.

[10] 联合国教科文组织国际教育发展委员会. 学会生存：教育世界的今天和明天 [M]. 北京：教育科学出版社，1996.

第十章

班级组织、管理与班主任工作

▎关键词

班级　班级管理的内容　班主任工作

▎学习目标

1. 了解班级组织的产生及变革，理解班级组织的内涵。
2. 熟悉班级管理的基本内容及方式。
3. 掌握协调学校与家庭联系的基本内容和方式，以及协调学校与社会教育机构联系的方式等。
4. 了解班主任工作的内容和方法。
5. 掌握培养班集体的方法。
6. 能够整合各种教育资源，组织有效的班级活动，促进学生健康成长。
7. 具有立德树人、爱岗敬业、立志成为好班主任的意愿，认同班主任工作的意义和专业性，形成终身学习的意识，不断进行自我完善，提升自身修养。

▎内容提要

班级是学生在校生活的基本单位，是促进学生成长的正式组织之一。本章界定了班级组织的概念和班级管理的基本模式，探讨了班级组织形成和发展的三个阶段；围绕学校教育的育人目标，提出了现代中小学班级管理的主要内容，包括班级组织建设、班级日常管理、班级活动管理和班级教育力量管理四个方面；强调了班主任在班级组织中的角色和作用、工作内容和方法，以及班主任应具备的专业素养。本章旨在使学习者能够认识到班级组织在学生成长中的作用，并形成科学民主的班级管理理念及策略。

思维导图

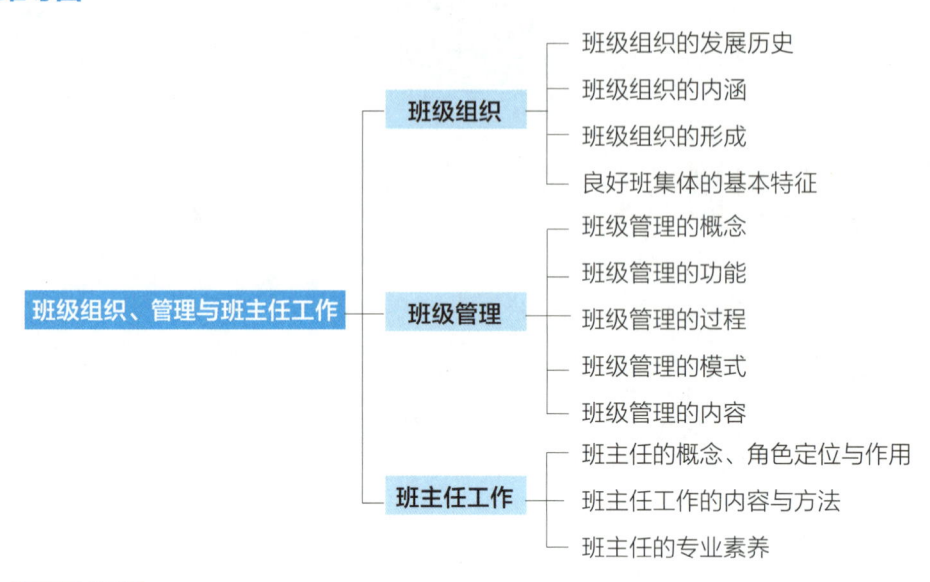

班级组织、管理与班主任工作
- 班级组织
  - 班级组织的发展历史
  - 班级组织的内涵
  - 班级组织的形成
  - 良好班集体的基本特征
- 班级管理
  - 班级管理的概念
  - 班级管理的功能
  - 班级管理的过程
  - 班级管理的模式
  - 班级管理的内容
- 班主任工作
  - 班主任的概念、角色定位与作用
  - 班主任工作的内容与方法
  - 班主任的专业素养

教学导入

班主任上任之前

今年6月份，我来到玉河中学工作。刚一报到，教导处李主任就找我谈话。他想开学后让我当初一年级（4）班的班主任。在学校当过班干部、喜爱孩子的我，欣然接受了这一光荣而又艰巨的任务。因为在大学里没有选修"班级管理"的课程，所以我利用暑假专门阅读了一本关于班级管理的教材，还请教了有经验的老师，进一步了解了学校的情况，学习当班主任的经验。根据老教师的建议，我首先制定了班级管理目标，设计了第一个班会和第一个学期要组织的主要活动，考虑了班委会和团支部的组建。我自己还预想了初中一年学生可能出现的问题，如小学与初中学习习惯的衔接、课堂纪律的管理、教室卫生的打扫和保持等。暑假很快就过去了，李主任见到我，问道："张老师，担任班主任的工作，你准备好了吗？"我信心满满地说："主任，我做好了充分的准备。放心吧！"主任笑着说："好啊！那我问问你，如果你打电话给学生的妈妈反映孩子的不良表现，家长把你的电话挂断了，你怎么办？"我愣住了。主任接着问："你如何建设班级的班级文化？""班级管理工作还有班级文化？我还没考虑这项工作。"我心想：当班主任真不是一件容易的事啊！看来我还得找主任去"取真经"。

要做好班级管理工作和当好班主任，首先要对三个基本概念有清楚的认识，即工作的对象——"班级组织"、管理者角色——"班主任"和即将要进行的工作——"班级管理"。如果把这三个概念弄清楚了，那么我们就跨进了班主任上任前的大门。

第一节　班级组织

生活在现代并接受过现代学校教育的人，对"班级"这一概念都非常熟悉，因为我们从接受正规学校教育开始，就生活在班级里。可能有人会说"班级"对我们来说太熟悉了，无须探讨。其实不然，我们要担任好班主任并管理好班级，首先要认识班级组织和班级组织管理。

一、班级组织的发展历史

班级组织是现代学校教育制度的产物，班级组织产生的主要原因为社会对教学效率的追求。

（一）班级组织的产生及确立

班级组织是班级授课制的产物。现代学校的班级是与"班级授课制"的建立联系在一起的。在古代，无论是在东方还是在西方，学校教育都是教师面向少数学生进行的，如中国古代的"私塾"，但这种教学方式并不具有现代"班级"的意义。早在16世纪初，尼德兰著名教育学家伊拉斯莫就开始正式使用"班级"一词了。几乎同一时期，德国教育家斯图谟创建的古典文科中学就是根据学生的能力将学生分班，并按固定的课程表和教科书进行施教，这大概是班级组织的雏形。

班级授课制产生的直接原因是西方近代社会经济发展提出了普及教育的要求，而传统的学校教育组织方式已不适应社会发展的需要。班级授课制公认的奠基人是17世纪捷克教育家夸美纽斯，他不仅总结了当时已有的班级教育实践经验，而且从理论上阐明了这一学校教育组织制度。夸美纽斯依据自然的原则来认识并阐明教育问题，他认为人的教育和自然界的事物一样，有一个自然的发展过程，并有一定的发展阶段。夸美纽斯在《大教学论》中设计的学校教育方式是"国语学校的一切儿童规定在校度过六年，应当分成六个班，如有可能，每班一个教室，以免妨碍其他班次"。同时，还要使"每个班级的一切功课都仔细分成阶段，务使先学的能为后学的开辟道路，指出途径。时间应该仔细划分，务使每年、每月、每周、每日，甚至每小时都有一定的工作"。"政府当局和学校的主管人可以出席公共活动，(如宣告、辩论、考试和升级之类)赞扬用功的学生，激起学生的热情。"[①]"在这里，每个班就是一个年级，所以'班'和'级'是紧密联

---

① 夸美纽斯.大教学论[M].傅任敢，译.北京：教育科学出版社，1999：86-94.

系在一起的。"而现代学校均有一定的规模,一个年级一个班就不合适了,一般一个年级里有若干个班。"班"是学校里学生群体的单位,"级"所表示的是学生群体的发展水平。

从夸美纽斯的描述中不难看出,他构想的教学形式不同于个体教学,是包括教学形式、教学内容和评价方式的集体授课方式。对班级教学实施产生重要推动作用的当数英国的"导生制"。到 19 世纪,德国教育家赫尔巴特提出的形式日趋规范。后来,苏联教育家凯洛夫又集夸美纽斯、赫尔巴特之大成,提出了分科课程论、教师主导论和课堂教学原则等,构筑了班级授课制的教学论模式。在这个理论模式中,班级授课制的基本组织形式是教学班。我国最早采用班级组织形式的是 1862 年清政府开办的京师同文馆。

(二) 班级组织的发展与变革

班级教学取代个别教学之后,极大地提高了教学的效率,扩大了教育对象的范围,减少了所需教师的数量,系统化了教学内容,但其弊端也日益凸显。由于班级教学无法像个别施教方式一样照顾到每个儿童的特点和需要,因此,在 19 世纪末 20 世纪初,一场照顾个别差异的班级教学组织改造运动以美国为中心开展了起来。

最早提出对班级教学进行改造的是"道尔顿制"。道尔顿制是帕克赫斯特在 1920 年提出的,因其在马萨诸塞州的道尔顿市中学实施而得名。它以各科实验室(作业室)代替教室,实验室按学科性质设置教学用具,由 1~2 名教师指导学生学习,将学习内容按月划分,各科教师与学生按月订立"学习工约"。"工约"的内容包括:教师根据学生的程度指导学生做 1 个月内的作业,并把它公布在作业室内;学生根据自己的能力掌握学习进度与时间,并与教师、同学研究讨论;学生完成当月的"工约"后要进行考试,考试及格后才有资格和教师续订下一个月的工约;把学生的学业成绩和学习进度记载在学习手册上。每天的 9 点 15 分至 13 点为学习时间,其中,最初的 30 分钟讨论当日功课,然后在实验室自主学习,专门的科任教师发挥指导作用。这种学习仅限于上午。实验室学习结束后,学生回到各自的班级,以作业为中心,互相讨论。下午以班级为单位进行次要学科的学习。

哈利斯在圣路易创始的"圣路易编制法"的特点是根据学生的能力在短期内升级。这个方法的重点是将小学八个年级的学科内容分布在几个学期之间,一个学期以 5 周或 10 周计。学期结束时,编制新的班级,视学生能力予以升级。

从教学法角度改造传统的班级教学组织的代表是 1898 年创始的"巴达维亚法"。它规定该市凡是有一个班级招收 60 名以上儿童的学校,应设置辅导教师,以有个别教学之功效。传统的教学是同步的班级教学,教师负担过重。为了纠正这个弊端,"巴达维亚法"把同步教学与个别教学结合起来,以提高教学效率。一个班级学生在 50 名以下则设置一名教师;在 50 名以上,则将一个班级的学生分成两个团体,设两名教师。教师若有一名教师,则每日必须有一段时间用于个别教学,监督儿童学习;教师若有两名,那么其中一名负责个别教学,另一名负责同步教学。

19世纪末20世纪初的改革从不同角度弥补了传统教育中"集体施教"方式的缺点，极大地丰富了教学组织形式的样态。

许多研究者认为，虽然新的教学组织形式不断涌现，且各有其长处和理论、实践的依据，但各国采用的主要教学组织形式仍然是班级授课制。班级教学尽管存在一些缺陷，但其优越性是显而易见的，在许多方面是优于个别教学的（见表10-1）。特别是班级组织作为社会集体所发挥的教育职能，也是其他学校组织所不能替代的。

表10-1　个别教学与班级教学的比较

比较项目	个别教学	班级教学
师生关系	教师只同个别学生发生联系，难以形成学生集体	教师以班为单位进行教学，班级成员的人数相对固定，学生在集体中学习
教学效果	学生的年龄和文化程度参差不齐，学习内容与进度缺乏计划性与系统性。有利于因材施教，但不利于高效率、大规模地培养人才	学生年龄相同，文化程度相近，学校以"课"为教学单位，学生的学习循序渐进，所学的知识系统完整。有利于高效率、大规模地培养人才，有利于发挥教师的主导作用。班级教学强调教学过程的标准、同步，很难完全适应学生的个别差异，不利于因材施教，更强调系统的书本知识学习，容易产生理论与实际脱节的情况
教育管理	对教学活动和学习时间没有明确规定，学生入学、毕业、退学等学籍管理事宜没有制度化	教学内容按学校和年级分为许多相对独立的部分，每部分采用相应的教学方法和手段，有计划、有步骤地展开教学活动。此外，学籍实行了制度化管理

二、班级组织的内涵

（一）班级组织的性质

1. 班级是一种教育组织

人类社会中有各种各样的正式组织，不同组织间的差异是由组织的目标与任务导致的。班级是由一定的教育目标和教育任务组织起来的，因此，班级是一种教育组织。

从个别教学到班级教学，原本分散教学的对象现在被组织到了一起，意味着学校教育活动发生了质的变化。班级并不只是许多个体的简单集合，它一旦建立，就会作为一种教育影响因素而存在。也就是说，很多学生在一起听课，并不简单地只是一个教师同时对许多学生产生影响（这是夸美纽斯本来所期待的），而是教师的影响必须通过班级环境对学生发生作用，班级本身也成了影响学生发展的因素。学校是一个大的教育组织，同时，它又由一定数量的班级组织而成，教育活动在具体的班级组织中开展。由此可见，班级是学校的基层教育组织。

2. 班级是一种学习组织

从教育者的角度看，班级是为实现一定的教育目标和任务建立起来的。但是，教育目标指向的是学生的学习。在班级组织中，学生是主要成分，学生在班级中的主要活动就是学习。从班级群体的活动来看，班级是一种学习组织。

3. 班级是一种正式的社会组织

人以群体的方式生活，但人们的结群方式是不同的。如果人们明确地以某种目标作为一个群体的共同目标，根据这样一个目标建立群体内部的关系和行为准则等，那么这个群体就是一个正式的组织。可以说，"组织就是被正式组织起来的群体"[1]。在这个意义上，正式组织又称正式群体。

班级是按照一定的教育目标组织起来的，内部有确定的交往关系与行为准则等的一种社会正式组织。"班级是社会组织"这一定论，使我们从"社会化"的视角来审查学生及其所在的班级生活。一方面，学校中学生的身份应是平等的，都是未成年的受教育者；另一方面，班级中学生相互之间的地位又是不平等的，一部分学生是"干部"，另一部分学生是"群众"。正是在班级中，学生开始过上了"组织生活"，开始有"阶层化"体验，开始学习正式规范，学习支配与服从。[2]一定的班级中的社会关系，也反映了一定的现存的社会关系。学生不仅在班级中学习着今天的交往，也学习着明天的交往。因此，班级不仅是教与学的组织，还是具有教育意义的组织和社会组织。

4. 班级是存在差异的组织

学校中的班级有共同的性质，但是并没有两个完全相同的班级。班级组织在构成和特性上存在着差异。构成上的差异表现在两个方面：一是人数的差异。由于地域、施教区学龄儿童数量、学校声望等因素的影响，有的学校班级人数少，有的学校班级人数多；二是单级班和复式班的差异。复式班由不同年级的学生组成，他们共同生活，又分开学习。班级特性差异是由地域、城乡或社区学校的特点造成的，如由城乡人口流动产生的留守儿童组成的班级，由择校导致的学生家庭背景趋同的班级等。

（二）班级组织的概念

班级组织的职能是开展教学活动，也有人将班级组织单纯地看作进行集体主义教育

---

[1] 于显洋. 组织社会学[M]. 北京：中国人民大学出版社，2001：13.
[2] 吴康宁. 教育社会学视野中的班级：事实分析及其价值选择——兼与谢维和教授商榷[J]. 教育研究，1999（7）：42-48+52..

和思想品德教育的团体。教育理论和实际工作者为了开发班级的多种职能，更倾向于把班级看作教育性的学习集体和生活集体。

我们可以把班级组织定义为：班级组织是具有一定人数规模，并且具有相同（或相近）年龄阶段、发展水平相当的学生群体，也是根据一定任务、按照特定规章制度组织起来的有目标、有计划地执行教学、教育、社会化职能的正式群体。它既是开展教学活动的基层组织单位，又是学生生活及开展活动的集体单位，也是学校教育管理工作的基本单位。

三、班级组织的形成

班级组织是由不同个体集结而成的，一个刚组建的班级群体发展成一个良好的、健全的班级组织，是一个由低级向高级、由量变到质变的有序的动态变化过程。根据班级组织的人际关系特征、主要矛盾冲突、发展水平和结构化程度，可将班级组织的发展过程划分为如下三个阶段。

（一）初建期的松散阶段

这一阶段只是形式上的组合，还不具备班级组织的特征。班主任是班集体的召集人和活动组织者，班主任需要物色和指定临时的班干部。这时的班级群体具有以下特点：第一，班级成员缺乏充分的交往，人际关系是情绪性、随机性的，而不是以共同活动的目的、任务或共同的兴趣、爱好、性格特征为中介；第二，班级还没有形成大家认同并愿意遵守的行为规范，每个人只是从自己的角度去理解并参与共同活动；第三，班级的气氛是由直接的接触决定的，群体意识和聚合力较弱；第四，班级对班主任有很大的依赖性，如班级工作目标由班主任拟订，班干部由班主任指定，班级管理主要依靠班主任等；第五，学生还不能公然反对班主任和教师，甚至还不能提出任何意见或建议，班级中的主要问题是学生个体之间的矛盾。就整体而言，此时的班级组织属于松散型群体，学生心中还没有明确的班级概念，但每个学生在这个新的群体中都有一个重新认识自己的过程，都希望自己能得到群体的接纳和认可。此时，班主任应该充分利用其积极的心理，引导新建的班级群体迅速过渡到下一个发展阶段和水平。如果不抓紧时间提升至下一阶段，班级群体就会出现松弛、涣散的状态，短时间内无法纠正，甚至还会形成惯性，一直延续下去。为此，面对新组建的班级群体，班主任要细致观察和了解学生，尽快熟悉和掌握学生的基本情况；要立刻建立和明确班级的学习、生活的常规制度，向学生提出切实可行的要求；要主动提出并适当开展一些有利于学生之间相互了解和增强群体意识的活动，如小组竞赛、班级竞赛等。

为了缩短初建阶段的时间周期，班主任应根据这个阶段的特点，抓紧时间全面了解学生，寻找、选择积极分子并加以培养。例如，可以通过学生档案了解学生的基本情况，通过"我心目中的班集体""我理想中的班主任"等问卷调查，举行"答学生问""我的自画像——同学自我介绍"等主题班会，使师生之间、学生之间尽可能迅速地互相了解。其次，要立刻建立和明确班级的学习、生活的常规制度，向学生提出切实可行的要求，让积极分子带头响应与支持。最后，指导学生开展各种丰富多彩的活动，提升学生的交往频率，逐步提高班集体的吸引力。班主任尤其要注意发挥自己的威信和影响力，让学生乐于接近。总之，在初建阶段，班主任要在用心、诚心、创新上下功夫。

（二）形成期的合作阶段

班级组建工作完成之后，班级可以进行正常的教育教学活动，共同活动使班级组织不断变化和发展。这时，班级会呈现新的特征：第一，学生群体开始发生分化，在新的教育情景中发展成为新的学生群体。一方面，班级的各种正式组织已经建立了起来；另一方面，同学们在彼此熟悉和了解的基础上结成小团体。第二，学生的班级意识及荣誉感增强，班级活动不仅具有个人意义，而且具有集体意义。例如，学生已经开始认识到，搞好课堂纪律不仅有利于个人学习，还关系到班级的荣誉。第三，班级目标与行为规范已被大家基本接受，班级自我管理结构进一步优化，班级自我管理水平进一步提高。第四，产生了一定的群体责任依从关系，班级成员的角色和地位取决于参与班级活动的程度、贡献及其所获得的评价。第五，班级学生的表现在得到班主任、教师和同学的认可后，会让学生产生自信和成就感。

这一阶段的班级组织具有一定的凝聚力，属于合作型班级群体，学生间的竞争、矛盾和冲突不是情感上的对立，而是班级学生集体观念增强、主体意识和自主能力提高的必经阶段和必然反映。此时，班主任或教师一方面要尽快组建和培养能起到骨干作用的班干部队伍，指导、支持、帮助他们自觉主动开展有意义的、丰富多样的班级活动，以提高他们的威信和组织活动的能力和水平；另一方面，要及时向学生提出新的奋斗目标，培养正确的集体舆论，善于发动学生，给学生更多的创造机会，如通过访问、社会调查、座谈、联欢等活动确立新的班级目标，制定具体的措施。

（三）成熟期的集体阶段

随着班级学生主动参与、自主组织具有积极社会意义的班级活动，学生小群体也在相互交流、共同奋斗的过程中彼此融合，成为班级组织的有机组成部分，班级群体逐渐发育成作为教育主体的班集体。这是班级群体发展的最高、最完善的阶段，也是班主任工作的奋斗目标和理想追求。达到这一发展阶段和水平的班级，其整体面貌和精神状态呈现如下几个方面的特征：第一，班级成员和谐共处，有了很强的集体意识，学生小群体的界限、优势与服从关系日趋淡化；第二，班级学生的主体性、自主能力进一步提高，班级组织已达到自我管理水平，并能不断自我超越、自我更新；第三，班主任的权威形象和制度的权威性的影响力有所减弱，班主任作为学生依赖的对象、班级组织的领导者与管理者的形象也慢慢变得模糊，更多的时候充当学生的倾诉对象、顾问或参谋；第四，每个学生的主动发展意识和能力逐步形成并提高，班级成员的价值取向渐趋一致，自我个性可充分实现，每个学生都能自觉地在课内外开展学习。他们关注的已经不再是通过夺取各种活动中的主要角色以提高威信，而是重视谋求自我发展、自我实现，并愿意为自己和他人的成就而相互合作；第五，班级群体已摆脱本位主义的思维框架，能够根据逻辑原则和全局利益来思考问题的解决方法；第六，班级中的对立和冲突主要是由学生认识方式、价值观念的不同造成的逻辑和个性上的矛盾引起的。

进入这个阶段的班级组织，其建设目标是使学生个体和群体在班级生活中都保持开放的心态和发展的活力，不断超越既定的发展任务和目标要求，追求积极主动的健康发展，使学生个体与班级整体的境界不断提升。为此，班主任工作不能仅停留在班级生活规范、目标的完善与有效执行和现存班级事务的处理上，更应引领学生不断超越自我，追求班级精神层面的发展，在更高层次上为学生服务。班主任要有超前的眼光、开阔的胸怀，主动开拓班级的活动领域，不断丰富班级的活动内容，并根据学生的发展需要进行系统策划，从而拓展班级学生自我发展的空间，并逐步提高学生精神生活的品位。同时，在班级文化建设中，班主任要着力创造自由、平等、民主的班级环境，主动激活学生的创造力和批判性思维，让学生共同参与创建具有新时代特点的精神家园。

四、良好班集体的基本特征

（一）明确的共同目标

当班级成员具有共同的目标时，群体成员便会在实现目标的过程中在认识上、行动上保持一致，相互之间形成一定的依存性，这是班集体形成的基础。

（二）完善的组织结构

班级中的每个成员都是通过班级机构组织起来的。按照组织结构建立相应的机构，调整班级成员之间的关系，从而完成共同的任务，实现共同的目标。完善的组织结构是一个班集体不可或缺的。

（三）共同生活的准则

健全的班集体不仅要有完善的组织结构，还要在一个班集体中，准则可以是明文规定的，也可以是无形的。

（四）集体成员之间平等的关系

在集体中，成员在人格上应平等，在思想感情和观念上应比较一致。这样，个体才会对集体有自豪感、依恋感和荣誉感。

第二节　班级管理

班级是一种组织，因此需要管理。在了解班级组织的性质和发展阶段后，我们还需要对班级管理做进一步的了解。

一、班级管理的概念

管理是一种社会现象，产生于社会组织中人们协调一致行动的需要。换句话说，当人们被组织起来时，管理作为一种社会现象就产生了。在一个组织中，如果一项任务需要组织中的人们来共同完成，那就需要对组织中的人们进行协调，这种协调就是管理。

班级组织既是学校组织的子机构，也是可以独立发挥职能的组织机构，因此有学者认为，班级管理可以从"学校领导对班级的管理（班级外部管理）和班主任对班级的管理（班级内部管理）"这两个方面来理解。前者包括班级编制、委任班主任和开展各种以班为单位的活动等，后者则是"班主任按照学校计划和教育目标的要求，充分利用和调动学生班级内外的力量，进行班级教育任务的组织、指导、协调、控制等各种活动"[①]。除了上述两种解释外，班级管理还有一种解释，是指所有任课教师在以班级为单位开展课堂教学活动时所进行的课堂教学管理。

从班级管理实践来看，学校领导对班级的管理、任课教师进行的课堂班级管理和班主任对班级的管理的管理主体、内容与职能并不相同。班级管理是指教师（主要是指班主任）根据一定的目的要求，采用一定的手段措施，带领班级学生对班级中的各种资源进行计划、组织、协调、控制，以实现教育目标的组织活动过程。

二、班级管理的功能

班级管理对于班级活动的顺利进行，以及学生的健康成长和全面发展具有很大的影响。具体来说，班级管理的作用主要有以下三方面。

（一）实现教学目标，提高学习效率

班级组织产生源于更有效地实施教学活动的需求，有效的班级管理不仅能帮助教师实现教学目标，而且还能提高学生的学习效率。

（二）维持班级秩序，形成良好的班风

班主任激发班级成员参与班级管理的积极性，共同建立良好的班级秩序和健康的班级风气，不仅可以规范学生的行为，还可以激发学生关心集体、对集体负责的意识。

[①] 鲁洁. 教育学 [M]. 南京：河海大学出版社，1990：276-277.

（三）提升学生的能力

班级管理不但帮助学生成为学习自主、生活自理、工作自治的人，还帮助学生进行对社会角色的学习，使其提升获得认识社会、适应社会的能力，这对于促进学生的人格成长来说是极其重要的。

三、班级管理的过程

班级管理活动作为一种实践过程，其基本环节与一般的管理过程一致，包括计划、实施、检查、总结四个基本环节。

（一）班级管理的计划

班级管理计划是学年或学期开学前，根据学校的要求和班级的具体情况，为了实现某种目标、完成某种任务、达到某种状况而制订的工作安排。班级管理计划是班级管理活动的起始环节，也是进行班级管理活动的重要依据。从内容上看，该计划可分为思想品德计划、教学工作计划、文体活动计划和课外活动计划；从时间上看，可分为学年计划、学期计划、月工作计划和周工作计划。

（二）班级管理的实施

班级管理的实施是指班级管理者按照计划组织各种资源，通过各种有序的活动来逐步推进和落实计划，使目标变成现实的过程。计划的实施是通过实践活动来进行的，其目标是追求效益最大化。实施是班级管理的中心环节。在执行阶段，班主任的主要任务是做好组织、指导、协调和激励工作。

（三）班级管理的检查

检查是班级管理过程的中间环节。正确的计划能否比较顺利地实现，有缺点和错误的计划能否及时得到修正，这些都有赖于检查。检查具有双重作用，既能监督和考核班级的各项工作，又能检验和考查班主任与班干部本身的管理水平。检查有平时检查、阶段检查，自上而下的检查、学生自查和互查之分。

（四）班级管理的总结

班级管理的总结是班级管理者对计划的完成情况和整个计划的实施过程的最终评价。总结在工作中起到了承上启下的作用。

计划、实施、检查、总结的有机结合，构成了班级管理的全过程，这些职能活动不是简单的重复，而是阶梯式的螺旋上升。加强班级管理的基本职能，也就完善了班级管理的全过程。

四、班级管理的模式

（一）班级常规管理模式

班级常规管理是指通过制定和执行规章制度管理班级的经常性活动。班级的规章制度是学生学习、生活必须遵守的行为准则，它具有管理、控制和教育的作用。规章制度的管理可以使班级各项工作有章可循、有条不紊，规范化的班级管理对于学生养成良好的习惯和树立团结互助的精神都非常重要。

（二）班级平行管理模式

班级平行管理是指班主任既通过集体的管理去间接影响个人，又通过个人的直接管理去影响集体，从而把对集体和个人的管理结合起来的管理方式。马卡连柯认为，教师要影响个别学生，首先要影响学生所在的班级，然后通过集体去影响学生，这样会产生巨大的教育力量。

（三）班级民主管理模式

班级民主管理是指成员在服从班集体的正确决定和承担责任的前提下参与班级全程管理的一种管理方式。班级民主管理的实质是在班级管理的全过程中，调动学生自我教育的力量，发挥每一个学生的主人翁精神，使每个人都积极主动地参与班级事务，让每个学生都成为班级的主人。

（四）班级目标管理模式

班级目标管理是指班主任与学生共同确定班级的总体目标，然后将其转化为小组目标和个人目标，使其与班级总体目标融为一体，形成目标体系，以此推动班级管理活动并实行班级目标的管理方法。目标管理是美国管理学家德鲁克提出来的，其理论的核心是将传统的监控式的管理方式转变为强调自我、自控的管理方式，是一种以自我管理为中心的管理，目的是更好地调动被管理者的积极性。

五、班级管理的内容

（一）班级组织建设

班集体是学生学习、生活和成长的重要场所，班级管理是以班集体为基础展开的，因此，建设和培养良好的班集体是班级管理的核心工作，也是班主任工作成果的体现。

班级组织建设的概念有两层含义：一是指静态的组织结构，二是指动态的组织活动。从静态方面看，班级组织建设就是建立起包括组织目标、组织规范和组织机构在内的班级组织架构。从动态方面看，班级组织建设就是把一个松散的群体凝聚为一个组织，进而把这个组织建设成集体。[①]因此,班级组织建设不仅包括班级组织架构,还包括建设班集体的动态过程。下文着重对班级组织架构问题和班集体建设问题进行分析。

1. 组织目标的确立

组织目标是特定的社会组织在一定时期内在某方面活动中预期要达到的标准或水平。一般来说,组织目标具有层次性和可分解性。组织目标并不是固定的、单一的目标,而是具有层次性的目标集合。各个层次的目标也可分解,可将分解后的目标落实到各个单位或个人。

班级组织的终极目标是使班级每个成员都能更好地成长,让每个成员的个性都能在班级组织中获得充分的发展。然而,要想更好地实现这个目标,班主任必须结合年级特点和班级自身的特点,引导全体班级成员共同设计班级组织目标。如果确立的班级组织目标只是班主任头脑中的愿景,那么这种愿景只能让学生服从,不会成为学生的追求。所以,在确立班级目标时,班主任要动员每位成员参与到班级组织目标确立中来,并采取各种方式增强班级成员对班级目标的认可,进而将目标内化为班级成员的个人奋斗目标。只有这样,班级目标才能更好地发挥其导向、激励和约束作用。

2. 组织规范的建设

孟子曰:"不以规矩,不能成方圆。"班级组织规范是保证班队有序运行和有效活动的前提条件,是班级建设与管理的重要内容。班级组织规范又称班级制度,是班级成员在班级生活中必须共同遵守的各种准则。班级组织不仅有国家制定的、学校制定的规范,还有班级成员自己制定的规范;既有显性的成文规范,也有隐性的不成文规范;既有强制执行的规范,也有非强制执行的规范。一般来说,班级组织规范建设包括以下两类。

(1) 成文的制度

成文的制度是学校教育教学工作的基本规范要求,即实施常规管理。它直接受社会的政治制度、经济制度和文化规范的制约,既反映国家的教育方针、政策、法令、条例等方面的宏观层次的内容,又反映学校拟定的规章制度和公约等微观层次的内容。对于学生来说,最具体的就是学生守则。常规管理具有基础性、强制性、实际操作性等特点,它一方面可调节团体与个人的行为,保证共同的活动目标得以实现;另一方面又保护成员在团体中的权益,使个体获得发展。每一个班级都应遵守和服从规章制度,这是衡量和评价班级工作的基本标准。每个学生在群体中生活也必须遵从基本的规范,这些基本规范表现为角色意识、公众意识、责任感和义务感。

值得注意的是,强调班级制度管理还应避免"控制主义的层级化管理",也就是班主任或教师按照校领导的要求,直接或间接地通过班干部,借助一定的规章制度去约束

[①] 李学农. 班级管理 [M]. 北京:高等教育出版社,2019:102.

学生，实现对学生思想与行为的控制。这种管理方式会导致班主任或教师只关心如何纠正学生表现出来的错误行为与利己意识；学生只关心如何表面上维护规章制度；班长、班委会只从事监视活动，要求班级成员不违纪、不迟到、不做小动作，行使的是"警察"的职能。这一过程是从处在高位的校领导的要求，是班主任或教师对上级指令的遵行、对下级学生的指导，是班干部的执行和学生群体的服从行为。这种管理观实际上是把集体与个人对立起来，其结果是束缚了学生的发展，并导致学生在班级地位中的差异，而学生的社会化将沿着学会服从要求和循规蹈矩的方向发展。

（2）非成文的制度

非成文的制度是指班级的传统舆论、风气、习惯等，即不成文的、约定俗成的非常规管理。

班级制度管理的内容不同，在班级组织的建设中发挥着不同的作用。成文的制度管理既是学校的规章制度，也是班级的规章制度，它是学校中的每个班级都必须遵守的，具有普遍性的舆论，在班级建设中发挥着引导、评价、调节的作用，对班级建设起着重要的规范作用，属于刚性的管理。非成文的制度管理是班级组织在形成过程中建立起来的规范，常常是班级个性的体现。成文的制度管理具有普遍的规范性和约束力，是刚性的管理；不成文的制度管理则具有个别性和针对性，是柔性的管理。由于班级管理的对象是有思想、有感情的学生，所以，班级管理应该积极倡导有人性的纪律和柔性的管理方式。

班级组织的风气、传统等不成文的制度影响着成文制度的管理程度和效果。班风，简言之就是班级组织的凝聚力、士气、组织结构等班级气氛，一般分为两种：一种是民主型气氛或支持性气氛。在这样充满关怀与宽容的班级气氛中，同学之间能坦诚相待、相互扶持，发生矛盾和冲突时也能积极地调解。为了达成班级目标，班级成员还能够积极地、创造性地参与工作，所采用的方法多是坦率的、真诚的。另一种是专制型气氛或防卫性气氛。在这样的班级组织中，同学之间存在不信任的现象，当自己不适应班级组织的要求时，就会陷入不安，或者形成相互庇护的小团体，或者相互抱怨，直至伤害。

班主任和教师在班级组织形成的过程中，除了要进行制度建设，还要重视班级成员合作意识的培养，做到相互体谅、彼此理解；要能够敏锐地觉察到班级成员的活动状况，采用多维评价的方法，及时表扬先进、鼓励后进；要努力营造健康的人际关系，让班级中没有固定的成员角色和严格的上下级关系，让班级成员在合作中进行善意的竞争。

3. 班级组织机构的建立

班级组织机构可分为两类：一类是班级内部管理组织，这是为完成正常的教育教学任务，维持班级的正常运转而设立的。班级内部管理组织包括班委会和小组，主要管理班级日常事务。另一类是党群组织，它们是为配合、监督、保证班级各项活动正常运转而设立的。少先队、共青团、学生会都是党领导下的群众组织，主要围绕青少年学生的特点开展活动，活动内容可涉及思想教育、教学、文体活动、社会活动等。这两类机构相互联系，相互支持，共同对班级管理起作用。[①]班级组织的主要任务是完成正常的教育教学工作，党群组织的主要任务是协助班委会做好班级建设与管理工作。班级组织主要包括以下几种类型。

（1）组建班委会

班委会是保证班级内部各项活动正常进行的领导形式，一般包括班长、副班长、学习委员、宣传委员、劳动委员、文艺委员、体育委员和生活委员（图10-1）。班委会可通过民主选举、教师选拔或委派等方式产生，无论是哪种方式组建的班委会，都需要对班干部进行培养。

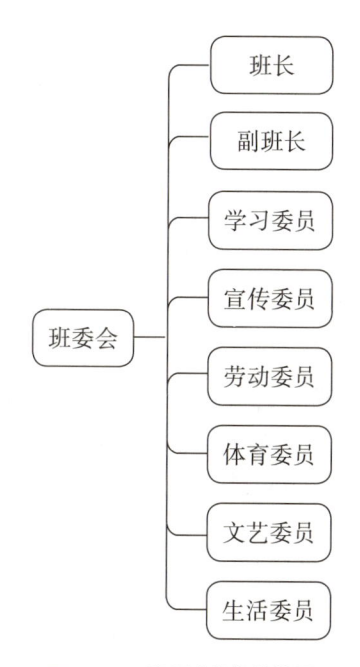

图 10-1　班委会组织结构图

（2）建立各种类型的小组

为了给学生提供更多表现自我、发展自我、塑造自我的机会，班级内部可建立各种类型的小组，如舞蹈、足球、科学兴趣小组。这些小组实行组长负责制，定期轮换，可以使更多的学生得到锻炼的机会。

（3）成立少先队中队委员会和团支部

少先队中队或团支部是学校少先队大队或团支部在班级中的基层单位。小学班级一般设有中队长、副队长和小队长。中学班级一般配备团支部书记、组织委员和宣传委员各一名，主要负责班级学生的思想工作和组织发展工作（图10-2）。

---

① 戴胜利，徐雄伟，万瑾，等．班级管理技能 [M]．上海：上海教育出版社，2012：36．

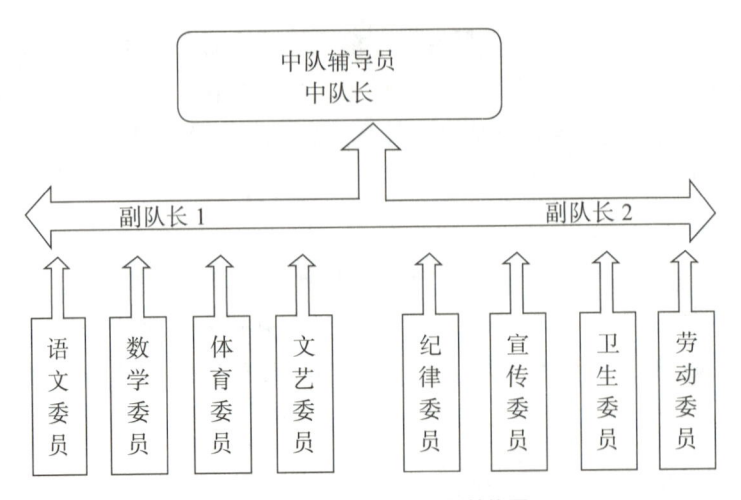

图 10-2　少先队中队组织结构图

（二）班级日常管理

班级日常管理就是班级管理者根据班级规范对班级日常事务进行管理。日常管理既是管理对象，也是管理手段。班主任通过日常管理使班级正常运转，建立基本的秩序，为学生创造一个有序的学习环境。

班级日常管理涉及的内容比较广泛，可以说，学生在校的所有表现及与学生身份相关的校外行为表现都在管理的范畴之内，其内容包括班级日常行为管理、学生发展指导、班级环境管理。

1. 班级日常行为管理

班级日常行为管理是指班级管理者向班级成员传授班级组织中的规范行为，帮助他们掌握规范行为，同时也纠正他们违反组织规范的行为，以确保组织有良好的秩序。班级日常行为管理就是纪律管理。

根据我国中小学教育活动的实际，我们可以列出如下的一日规范主题。[1]

①上学前：主要内容有起床时间、洗漱、着装、学习用品准备等。

②上学：主要内容有到校时间、礼仪、进班要求等。

③升旗、早操：主要内容有升旗礼仪、早操排队、早操动作等。

④晨会：主要内容有态度、行为等。

⑤上课：主要内容有课前准备、听课、课堂作业、下课等。

⑥课间：主要内容有时间、活动方式等。

⑦眼保健操或课间操：主要内容有姿势、动作等。

⑧午间用餐：主要内容有时间、吃饭要求等。

---

[1] 李学农. 班级管理[M]. 北京：高等教育出版社，2019，138.

⑨午睡：主要内容有时间、规律等。
⑩劳动：主要内容有态度、方式等。
⑪放学：主要内容有排队、安全等。
⑫家庭作业：主要内容有时间、独立完成、数量、质量等。

学生的行为规范是有规律的，班级管理者应该运用符合管理的行为管理方法，如行为观察法、榜样示范法、行为强化法和纪律约束法等，帮助学生规范自身行为。

2. 学生发展指导

《中小学班主任工作规定》提出，班主任要做"学生健康成长的引领者"，要努力成为学生的"人生导师"。因此，班主任对学生发展的指导是班主任日常管理工作的内容。对学生发展的指导包括对品德指导、学习指导、安全与法规指导和健康指导等。

（1）品德指导

中小学生品德指导是班级组织德育任务的要求。班主任要创造一个有利于学生品德提升的环境，提升他们的道德理解力和判断力。学生的道德情感体验更多地是在班级活动中获得，班主任要把班级建设成为一个有情意的集体，并且在班级活动中指导学生践行道德行为，让他们养成良好的道德行为习惯。

（2）学习指导

班级是一个承担教学任务的组织，学生在班级中的学习活动是班级管理的重要内容，学习指导不仅指智育相关课程的学习指导，也包括体育、美育和劳动课程方面的学习指导，不仅有课堂学习，还有课外学习。从某种意义上说，课堂上的学习可由任课老师负责，但课外的学习主要依赖班主任的指导。

班主任对学生进行学习指导主要目的是促进学生非智力因素的发展，激发学生的学习动机和兴趣，帮助学生养成良好的学习习惯，培养学生的意志品质；班主任对学生进行学习方法和策略的指导，可以让学生对学习活动有更高的兴趣，对学习充满信心，激发其学习动力；也可帮助学生了解自己的学习潜能，了解自己学习上优点、缺点和个人学习风格，从而使学生更加深入地了解自己，寻找进步的契机，以便拟定提升学习效果的策略，提高学生的学习效率。

（3）安全与法规指导

安全与法规指导是班主任必须重视的班级日常管理工作。安全是学生成长的条件。学生在校园内、班级内发生的意外伤害事件及校园欺凌现象，需要班级管理者高度关注。中小学班级组织是一个主要由未成年人构成的组织，班级日常管理任务包括使班级成为一个为未成年人提供保护的组织。但是，安全保护不只是外部的保护，也需要班级成员能够自我保护。班主任应教育班级成员懂得在班级生活中避免被伤害，即学会自我保护；教育班级成员应遵守法规，尊重他人的权益。

2016年6月28日，教育部、司法部、全国普法办印发了《青少年法治教育大纲》，该大纲明确了对青少年进行法治教育的总体目标和阶段目标。班主任在日常管理中进行法规指导，应当结合"道德与法治"课程进行，指导学生把在课程中学习到的法规常识及培养的法治意识落实到班级日常生活中。在法规指导的过程中，班主任自身的法治意识及遵法守法的榜样作用是十分重要的。

总之，班主任在班级日常管理中进行安全与法规的指导，要根据班级日常活动的需要，配以安全与法规要求，让学生开展自我教育，养成遵纪守法的习惯，增强自防、自救及处理事务的能力。同时，班级管理者要针对学生可能遭遇的各种安全问题，在日常管理中进行集体指导；也要针对班级成员的特点，有针对性地进行个别指导。

（4）健康指导

保护学生的健康是班主任的责任，也是班主任进行班级日常管理的内容。班主任既要重视学生的生理健康，也要重视学生的心理健康。中小学健康教育指导的内容包括健康行为与生活方式、疾病预防、心理健康、生长发育与青春期保健、安全应急与避险等。

3. 班级环境管理

班级组织的日常活动离不开环境，因此，班级环境也是班级日常管理的内容。班级活动的主要环境是教室，教室是教师和学生每天活动的场所，是日常管理不可忽视的部分。

（1）教室物理环境管理

教室环境的优劣对教学质量有很大影响，良好的教室环境可以为师生提供一个安全、舒适、方便的教学场所，促使师生全身心投入到教学活动中。如果班级规模较大，班级空间较为拥挤，教师在教室空间规划方面能做的调整非常有限，那么，教室内部的空间布局、设计和卫生的保持就显得尤为重要了。

教室座位的安排也会影响师生的教学进程，它是教学环境管理的另一个重要内容。一般来说，座位要考虑身高、视力、性别和个性等因素。为防止教育不公和以成绩为唯一标准的安排方法，座位要定期轮调、勤于调整。

（2）教室文化环境管理

教室是班级文化的载体，教室的装饰反映了班级组织中人的审美，如墙报、板报等可以反映出师生的状况、愿望和追求。教室承载的班级文化既是班级成员活动的结果，也是影响班级成员活动的因素。

班主任在进行教室文化建设时要注意以下三点：第一，教室的环境要反映出班级组织对个体的要求，如可以在教室墙壁展示班训、班级规范、名人名言、格言警句等；第二，让教室的环境反映出班级成员的发展状况，如布置成长园地、作品展示和个人评比等；第三，让教室成为班级成员表现、想象、创新和分享的地方，如布置植物角、图书角、手工作品角等。

（三）班级活动管理

班级活动是指为实现教育目的，由教育者（主要是班主任）指导或直接组织的，在课堂教学以外时间开展的教育活动，如晨会、班会、队会和各种班级教育活动。班级活动具有自愿性、灵活性、开放性、综合性等特点。班级活动可与教学活动结合起来，使课内课外内容顺利融合；可以改善学生的人际关系，让学生有更多的机会相处；也可以培养学生的民主素养、班级归属感；还可以深化学生的经验能力、做事态度，发掘学生的各项才能。[①] 班级活动可为学生的学校生活提供更为广阔的生长空间，给学生带来更多的快乐。

按照发生的场合，可将班级活动分为课内班级活动、校内课外活动和校外活动；按照活动内容，可将班级活动分为班会活动、学习活动、科普活动、文化体育活动、社会实践活动和社会公益服务活动等。下面介绍几种主要的班级活动类型。

1. 晨会

晨会活动是指班级在晨会时间开展的教育活动。按照教育部《义务教育课程设置实验方案》的规定，晨会是中小学课程体系的组成部分。

晨会是每天早晨进行的，针对当天关于班级管理的新问题进行讨论并解决，一般为10分钟左右，活动的容量不大，内容集中、单一，往往一事一议。因此，晨会具有经常性、针对性、及时性、灵活性和简约性的特点。

晨会的基本内容有三方面：第一，解决前一天遗留的问题；第二，安排布置当天的学习任务，提出学习要求；第三，针对近几天班级中出现的普遍性的问题，依据教育目标对学生进行教育。

2. 班会

班会是班级全体成员参加的会议，在班主任的组织指导下进行。班会根据学校的安排定期举行，一般用来解决班级组织建设中的重要问题，也是班主任开展班级教育活动的重要方式。从课程的角度看，班会纳入了《义务教育课程设置实验方案》，是课程的有机组成部分。它由学校计划安排，在专门的课程时间里由班主任组织进行。班会一般有两种类型，即班级例会和主题班会。

（1）班级例会

班级例会是依据规定定期召开的，由全班成员参加，讨论、处理班级组织建设过程中常规事务的"工作性"会议。"工作性"是班级例会的主要特点。例如：针对班级学生的情况，及时总结和通报，进行表扬和批评；布置和总结一周的工作；讨论制订班级学期工作计划；讨论班级规章制度；班级干部的民主选举与换届；选举三好学生和优秀

[①] 林进材. 班级经营[M]. 上海：华东师范大学出版社，2006：216-217.

班干部。班级例会也是发挥班级民主性的重要途径，无论是常规性工作还是事务性工作，都宜通过民主的方式进行，从而提高班级的民主管理水平。因此，班级例会具有常规性、事务性和民主性的特点。[①]

（2）主题班会

主题班会又称主题教育活动，是根据学校的教育计划或针对学生的实际情况，选择并围绕某一主题进行的"教育性"教育会议。"教育性"是主题班会的主要特点。主题班会主题鲜明、计划性强、形式灵活多样，具有较强的针对性、娱乐性和教育性。一般来说，主题班会形式多样、内容广泛，既可以是节日型主题班会、教育性和针对性较强的问题型主题班会，也可以是知识型主题班会、即兴式主题班会和时事型主题班会，还可以是娱乐表演和竞赛型主题班会。可以说，主题班会并没有固定的模式，每一个班级都有适合本班特色的主题班会。

3. 班级主题教育活动

班级主题教育活动是指在班主任的具体组织和指导下，围绕某一特定主题对学生进行集体性思想道德品质教育的一种重要活动。它具有学生喜闻乐见的形式，是学生进行自我教育的一种有效教育方式，是学校德育工作的主要渠道，在班集体建设中起着举足轻重的作用。

班级主题教育活动的内容有德育活动、智育活动、体育活动、美育活动和劳动教育活动。班级主题教育活动的组织过程主要有五个步骤：确定主题—制定计划—做好准备—举行活动—总结成果。

搞好主题教育活动，首先要精心选好主题。主题教育活动要有很强的针对性和指向性，要从学生的实际出发，充分反映学生的需要，并通过活动使学生受到强烈的影响和深刻的教育。例如，初一时学生处于从小学生到中学生的转变和适应期，对他们来讲，中学生活刚刚开始，明确中学生的成才目标，按照所处学校的情况构想自己的中学生活，是他们关注的主题。这时学校宜开展"做合格的中学生"主题教育活动，对其进行思想教育和学习方法的指导。选好主题后，要确定主题词，主题词要具体、鲜明、响亮，具有导向性、艺术性和感召力。尽量从细节入手，反映比较丰富的内涵。同时，主题词要有新意，时代感要强，如"当我迈进新校园时""我是家长小助手""学海初航品甘苦"等都是很好的主题词，切忌假大空，要符合实际。

有经验的教师还会对整个学段的主题教育活动做一个规划。例如，初一上学期开展"做合格的中学生"主题教育活动，初一下学期开展"做班级的小主人"主题教育活动；初二上学期开展"走好青春第一步"主题教育活动，初二下学期开展"我为团旗添光辉"主题教育活动；初三上学期开展"走入学习新阶段"主题教育活动，初三下学期开展"母

---

① 李学农. 班级管理[M]. 北京：高等教育出版社，2004：154.

校永在我心中"主题教育活动。总体来说，选择班级主题教育活动内容，要立足学生需要，突显时代特征，题材新颖，形式多样。

选好主题后，要确定主题教育活动的形式，新颖活泼的形式能更好地体现主题的思想和内容，使学生在充满情趣的气氛中升华自己，让感情得以陶冶，让兴趣得以培养。主题教育活动常见的形式有讨论式、报告式、竞赛式、表演式、游戏式、参观式和课题式。

形式是为主题服务的，所以形式一定要适合主题。有的主题必须采取严肃的形式，如"爱国主义教育"；有的主题宜采取独特的形式，如"中学生异性交往问题"宜采用讲话、谈心和报告的形式；有的内容适合采用辩论、演讲、表演、展示、竞赛等形式，如"我的祖国"演讲比赛。

有了主题和形式之后，就进入了流程设计与活动的组织实施阶段。班主任要安排学生分工合作，提出具体的目标或任务，并检查落实情况。班主任的组织指导应在充分发挥学生的主观能动性的基础上给予适当的启发、引导、帮助、示范，而不是一味地包办，更不是放任自流。班主任要使主题活动真正体现学生的自主、自治和自动，确立学生在活动中的主人翁地位，让每个学生都能有所学、有所乐、有所收获。

主题教育活动结束后，班主任应与学生一起对活动的实施情况和结果进行分析、总结、评估，找出不足，肯定主题活动的成果。

（四）班级教育力量管理

班级的主要管理者是班主任，因此，班级教育力量的管理主要是班主任对影响班级发展的各种教育力量的协调，这些教育力量包括学校教育力量、家庭教育力量和社会教育力量。

1. 整合校内教育力量

学校内部教育力量包括行政人员和教师群体两个方面。行政人员包括校长、总务、财务、教务和人事岗位的人员；教师群体包括本班的任课教师（科任教师）和其他教师。校内教育力量整合就是正确处理好以上各个方面的人际关系，充分调动各方面的积极性。虽然中小学专职担任行政的职工数量不多，行政人员大多由教师兼任，但班主任在处理各种关系中仍应多方面考虑。

在整合校内教育力量时，班主任要着重协调班级任课教师之间的关系。班主任可从以下四个方面入手：第一，向学生介绍任课教师的情况，帮助学生更深入地了解任课教师的教学理念、教学风格和教学特长等，促使学生主动调节自己的学习方式；第二，主动向任课教师介绍班级学生的日常表现和特点，帮助任课教师更快、更深入地了解学生的个性、特长、爱好等；第三，邀请任课教师参与班级的共同管理，拓宽师生交流的渠道，协助任课教师树立威信；第四，协调各科的教学活动，避免出现几位教师占用同一时间、作业量不合理、考试过于集中或频繁等问题。

2. 协调与家长的关系

班主任要做好和家长的沟通工作，一方面要及时、全面、客观地将学生在校的情况反馈给家长，另一方面也要采取多种方式深入了解学生的家庭表现和家庭情况，以便更好地形成教育合力，发现更多的教育资源。

家校沟通内容主要包括以下几个方面。[①]

①学生的学习方面：课堂行为表现、作业情况和学习态度等。

②学生的生活与思想方面：包含班级人际关系、生活习惯、身心健康状况、日常表现和思想品德等。

③教师的教学方面：包含教师的教学内容、教学方式、教学准备和考评标准等。

④家长亲子方面：包含学生家长如何协助孩子学习、如何配合学校教育等。

⑤学校活动内容：包含学校政策、学校活动等。

⑥彼此的教育理念：包含了解彼此的价值观、家长对子女的期望等。

班主任和家长的联系方式有家长会、家访、家长来访、家长委员会、电话（校讯通）、网络沟通（微信、QQ等）和书面沟通等。

3. 协调与社会教育力量的关系

社会教育力量不仅包括熟知的德育基地、青少年教育基地、社会实践基地、社区、祖国山水等物质资源，还包括社会的信息资源和人力资源。[②]信息资源包括文学艺术、社会实事等。人力资源包括教育事业的奉献者、教育经验丰富的家长和专家等。班主任要协调好社会教育力量，使学生有更好的成长空间。一般来说，学校和班主任可采用共建教育基地，利用各种媒体的方式融合社会教育力量。

第三节　班主任工作

有人说："遇上一个优秀的班主任是孩子们最大的幸福。"可见班主任是保障学校教育教学秩序、提高教育质量的中坚力量。那么，我们如何认识班主任？班主任的工作内容有哪些？为了弄清这些问题，本节将围绕四个方面展开学习，即班主任的概念、角色定位和作用，班主任的素质要求，班主任的工作内容与方法和家校合作的途径与方法。

一、班主任的概念、角色定位与作用

（一）班主任的概念

班主任是班级的组织者、领导者和教育者，是学校贯彻国家教育方针，促进学生健

---

① 罗良忠. 新媒体环境下家校沟通方式的创新研究 [M]. 上海：复旦大学出版社，2014：15.
② 熊华生. 班主任工作教程 [M]. 武汉：华中科技大学出版社，2013：252.

康成长的骨干力量。教育部印发的《中小学班主任工作规定》指出："班主任是中小学日常思想道德教育和学生管理工作的主要实施者，是中小学生健康成长的引领者，班主任要努力成为中小学生的人生导师。"所以，班主任是指全面负责一个教学班学生的思想、学习、健康与生活等工作的教师。

教育在发展过程中产生了班级，也产生了班级管理的需要。班主任这一管理者的角色就是由班级而生的。我国1862年在北京的京师同文馆首先采用这一形式，20世纪初，全国普遍采用班级授课制。在我国的中小学，每个班级都配备一名班主任，班主任由学校从班级任课教师中选聘。

（二）班主任的角色定位与作用

2009年教育部颁布的《中小学班主任工作规定》，对班主任的角色进行了说明。总的来说，中小学班主任的角色与作用包含以下四方面。

1. 班主任是班级工作的组织者、领导者和教育者

班主任对班级负有主要的责任，是班级工作的组织者和领导者。从组织建立班集体到对班级进行日常教育管理，如出勤、课堂学习、自习、课间操、清洁卫生、集会活动等，都需要班主任与学生一起来制定规范，并督促规范的实行。班主任应在学生出现不良行为时及时地进行引导和批评教育。

中小学生是未成年人的人生观、价值观形成的关键期，班主任对每一个学生的成长和发展都应责任，要自觉成为学生健康成长的指导者和引路人。

2. 班主任是校长、教导主任的有力助手

班主任对学生和班级的教育与思想品德发展具有重要的影响。班主任是思想品德教育的主管人员和教导主任的得力助手。学校一般通过班级来开展教学、教育工作。国家教育目的的贯彻落实、学校工作计划的实施、各项活动的开展和学生的成长都取决于班级工作的开展，取决于班主任工作的质量。因此，班主任在学校工作中有着特殊的地位和作用，是学校领导的得力助手，也是学校的骨干力量。

3. 班主任是任课教师的协调者

一个班级中往往有好几位教师任教，他们都肩负着教书育人的重任。但是，教育、教学的成果不是靠哪位教师单独创造出来的，而是教师集体长期共同劳动的结晶。班主任的作用就是使各位教师互相配合、步调一致，统一教育要求，形成教育合力，以增强教育的整体效应。除了各科教学之外，学校中各种学生组织及其开展的丰富多彩的活动也在对班级学生进行全面发展教育的过程中起着重要的作用。这同样需要班主任对课堂教学和各种教育活动进行统一协调和妥善安排，以发挥良好的教育作用。班主任在学校教育力量的协调方面发挥着积极的作用。

4. 班主任是学校与家庭、社会的桥梁

班主任是按照国家的教育目的、教育政策和学校的教育要求来协调各方面对学生的影响，其在沟通学校、家庭、社会教育的过程中起着桥梁作用。

二、班主任工作的内容与方法

班主任工作的内容与方法非常庞杂，包括以下七个方面。

（一）了解和研究学生

学生是班主任工作的对象，班主任对学生的教育没有一个固定的模式，只有深入细致地了解学生、研究学生，才能指导得法、教育有效。

1. 了解和研究学生的内容

①了解班集体的基本情况，建立整体性认识，要做到：第一，了解班级的基本构成，如男女比例、学生来源、教育支持度、家庭结构等；第二，了解班风状况、舆论倾向和学生干部情况，如班级人际关系、班级舆论倾向、班干部工作风格等；第三，了解班级中的非正式群体、非正式组织，根据学生的兴趣、情感、心理需要自发形成的群体。由于非正式群体是学生根据自己的需要自愿组成的，凝聚力更强，对成员的影响力更大，因此，了解非正式群体的数量、类型、活动频次与核心人物，可以更好地了解班级群体。

②了解学生个体的基本情况。首先，要了解学生的个性特征，不同个性特征的学生需要采用不同的教育方式，只有针对学生的个性因材施教，才能取得更好的教育效果。其次，班主任还应了解学生的一般情况，如学生个人的成长经历、成长环境、生活习惯和思维习惯等。

2. 了解和研究学生的方法

①观察法。自然法是指在自然条件下，有目的、有计划地对学生在各种活动中的行为表现进行观察，并及时记录的方法。施行观察法的注意事项有三点：一是注意保证有较长的观察时间，二是及时整理观察资料，三是善于分析观察结果。

②谈话法。谈话法是指通过对学生本人或知情者的调查访问，从各个侧面间接地了解学生。

③书面材料分析法。书面材料分析法是指通过阅读学生的有关资料来了解学生，包括记载学生各种情况的登记表、统计表和学生活动成果记录表等。

（二）组织和培养班集体

组织和培养班集体是班主任工作的中心和重点。班级集体是指班级成员具备明确的共同目标、一定的组织结构和一定的生活共同准则，成员之间有平等的氛围等基本特征的班级。基于这些基本特征，班主任要围绕以下五个方面组织和培养班集体。

1. 确立班级目标

确立班级目标，就是要让班级全体学生明确班集体的发展前景，知道共同的努力方向，并为目标实现统一行动。班级目标是班集体形成的条件和发展的动力，与学生一起制订班级目标是班主任创建班集体的首要工作。

2. 建立班委会

班委会是班主任做好各项工作的有力助手。要想建立一个勤奋学习、团结友爱的班集体，必须组建好班级的领导核心，挑选能团结同学、认真办事、关心集体、乐于为班级服务的积极分子来参与班级领导工作。

3. 制订集体规范并建立班集体的正常秩序

集体要维护自己的统一，必须有一定的行为准则与判断标准，这就是集体规范。集体规范一般分为成文的规范和不成文的规范两类。班主任在班集体的教育管理中，要引导学生遵守纪律守则，同时也要根据班级的实际情况，制定一些合理的规章制度。此外，集体中还存在另一种约定俗成的、无明文规定的规范，它能产生一种心理上的约束力。

4. 培养正确的舆论和良好的班风

正确的舆论和良好的班风是良好班集体是否形成的重要标准和综合性标志。形成正确的班级舆论和班风，有利于促进学生团结，鼓舞学生的上进心，发扬正气，也有利于班级良好人际关系的建设和组织机构的健全与完善。班主任可以通过讲清道理、树立榜样、严格要求、反复实践等方式引导舆论，形成良好的班风。

5. 组织开展班级活动

一个良好班集体的建设必须通过各种活动来实现。丰富多彩的班级活动是班集体建设的必要条件，是班级目标实现的保证，是全面育人的途径。班级活动范围广、形式多样，其中最主要的活动有教学活动、班会活动（班级例会和主题性活动）、少先队活动和社会公益活动等。

（三）建立学生档案

建立学生档案是在全面了解学生的基础上，对掌握的材料进行分析和处理，并将整理的结果分类存放起来。建立学生档案，有利于为教育学生、评价学生提供客观依据。建立学生档案一般有四个环节：收集、整理、鉴定、保管。

学生档案有两种，分别是集体档案和个体档案。集体档案是指班主任将全班学生在各个时期的表现，如班级的历史、现状、趋势分析等记录下来，作为今后教育集体的依据或参照档案。个体档案是指将学生德、智、体、美、劳方面的表现和发展动态收集起来，作为个体教育依据的档案。学生档案最常见的形式有文字表述式和表格调查式两种。

(四) 做好个别教育工作

个别教育工作包括优秀生、中等生和学困生的教育。

1. 优秀生的教育工作

在一个班级中，思想好、学习好、身体好的学生一般被称为优秀生，他们往往充满自信和荣誉感，具有较强的竞争意识。要做好优秀生的教育工作，班主任必须注意以下几点：第一，要客观评价优秀生，不能"一好百好"；第二，充分发挥优秀生的榜样示范作用；第三，防止优秀生产生骄傲、自满的情绪；第四，当优秀学生出现违规行为时，班主任要及时教育。

2. 中等生的教育工作

中等生是指那些在班级中各个方面都表现平平的学生，有的学生思想基础较好，有的学生学习成绩不稳定，有的学生甘居中游，他们具有的共同特点是"信心不足"和"表现欲不强"。

要做好中等生的教育工作，班主任必须注意以下几点：第一，重视中等生，留意他们身上的积极和消极因素，适时给予指导，促进其发展，防止其消沉；第二，为中等生创造更多的展示机会，增强他们的自信心和成就感，激励他们向优秀生的方向发展。

3. 学困生的教育工作

学困生通常指那些学习积极性不高、学习成绩暂时落后、不太遵守纪律的学生。他们具有学习动机不强、意志薄弱、是非观念模糊等特点。学困生是一个相对概念，要慎重使用。

要做好学困生的教育工作，班主任必须注意以下几点：第一，要有信心，相信每一个个体都有一颗上进的心；第二，要有爱心，班主任要善于把自己对教育事业的热爱融入日常教育工作中，关心学困生，克服偏见，消除误解，增强他们的信心；第三，要有恒心，班主任要意识到学困生的转化工作是一项长期而艰苦的工作，要对学困生坚持不懈、耐心细致。

(五) 协调好各方面的教育力量

班级是一个开放的系统，学生是在多种因素的共同影响下发展成长的，班主任要对班级实施有效的教育与管理，必须要争取校内外各种教育力量的配合，调动各种积极因素。

1. 充分发挥班级任课教师的作用

若要充分发挥班级任课教师的作用，具体来说，班主任要做到以下几点：第一，要让班级养成尊师爱生的风气；第二，要定期联系任课教师，经常互通情况；第三，要减轻各学科的教育负担，妥善做出全面的安排。

2. 协调和指导班级团队活动

若要协调和指导班级团队活动，具体来说，班主任要做到以下几点：第一，协调团队组织制订工作计划，班级工作计划与团队组织计划要步调一致；第二，帮助团队组织落实计划，为学生创造活动的条件；第三，帮助团队干部提高思想认识和工作能力。

3. 争取和运用家庭和社会教育力量

若要争取和运用家庭和社会教育力量，具体来说，班主任要做到以下几点：第一，要定期对学生进行访问，举行家长座谈会，接待家长来访，了解家长和学生的全面情况；第二，充分利用家长的教育资源，将家长的各种教育条件转化为共同做好班级工作的教育力量；第三，争取校外各种积极的教育因素，以此来弥补学校教育的不足。

4. 家校合作的途径与方法

当学校教育与家庭教育不一致，甚至背道而驰时，学校教育对学生的影响就会大打折扣。所以，在中小学生的教育培养过程中，教师要积极主动地做好与家长的沟通工作。家校合作的途径与方法包括以下几点。

（1）沟通之前要做好必要的准备工作

第一，要明确沟通的目的和内容。与家长沟通之前，班主任一定要想明白这几个问题：为什么要与家长进行沟通？问题真的严重到了非要和家长沟通才能解决吗？通过沟通需要解决哪些问题？有哪些方面需要得到家长的理解和支持？想明白了这些问题，班主任与家长见面时才能有条不紊地交换意见。

第二，深入了解学生的家庭情况。班主任与家长沟通之前，首先要通过各种途径尽可能多地了解学生的家庭情况，如其父母的性格、爱好和对孩子的期望等，提前做出设想，并有针对性地制订应对策略，避免沟通失败。

第三，详细掌握学生的在校动态。班主任与家长沟通之前要将学生在校的情况了解清楚，找到问题的起因，针对这些问题提出解决办法或建议。只有做到这些，我们才能在随后与家长的沟通中有的放矢、灵活自如。

第四，选择时机，事先约定。班主任在与家长沟通之前，应先间接地向学生了解其家中的情况，然后通过电话或其他形式与家长预约，再进行沟通。这样，家长就可以在空闲时间教师进行沟通。

（2）讲究交流沟通的策略和艺术

每个家长的脾气和处事方式都不相同，教师若要说服家长理解和支持自己的工作，需要讲究一定的策略和艺术。

第一，明确与家长沟通的忌讳与技巧。忌讳说孩子不聪明，这是最重要的一点。如果老师如此评价，会斩断家长的希望，激怒家长，使沟通无法进行。教师要尽可发掘学生身上细小的闪光点，然后顺势输出一些教育理念，让家庭教育和学校教育同步。

第二，忌讳只谈缺点不谈优点。教师和家长沟通的时候不能喋喋不休地告状，最好先总结孩子的优点，让家长从心底感觉到教师是真心为孩子的前途考虑的，从而引发家长的认同感和感激之情。有了心理和情感基础，以后的交流就会很顺利。

第三，忌讳对人不对事。和家长沟通应就事论事，不宜重翻"旧账"。总是提及以前的错误，会让家长认为老师对孩子有意见，否则那些事情怎么会记得那么清楚呢？如果出现这种情况，双方的沟通就会变得困难了。

第四，忌讳只报忧不报喜。很多家长接到老师的电话就紧张，因为老师已经习惯在学生犯错误的时候给家长打电话。这样的电话一般不会取得很好的效果，反而会加深家庭矛盾，甚至学生会因家庭矛盾而迁怒于老师。所以，合适的做法是如果学生有一点进步，老师就给家长打电话报喜，那么家长会非常感动。

第五，对不同类型的家长采取不同的沟通方式。对有教养的家长，我们要坦诚相告；对溺爱型的家长，我们要先肯定孩子的长处；对放任不管型的家长，我们要多报喜、少报忧；对学困生的家长，要让家长有信心；对气势汹汹的家长，要以理服人。

（3）教师要用行动赢得家长的信任

教师要努力提高自己的业务能力，在作业的批改、班级的管理、学生活动的组织等方面认真负责，赢得家长的信任，通过多种途径与家长展开交流。

第一，适时进行家庭访问。家长与孩子朝夕相处，对孩子的性格特点和兴趣爱好都了如指掌，能比较真实全面地反映学生的实际情况。为此，每次接手新班以后，班主任可以及时地对班级的每一个学生进行一次家访。在家访中，班主任应主动向家长介绍学校历史、班级情况，向家长说明学生在校学习生活的要求和期望、需要家长与学校配合的一些事情等，有时也可根据实际情况向学生家长传授一些教育孩子的方式和方法。另外，在家访中完善学生的信息也很重要。

第二，定期召开家长会。部分班主任的惯性思维是只要学生不出现大问题，就不告知家长。只有一个学生犯了严重错误时，才会通知家长共同商讨教育对策。但是，这时候家长多半会接受不了现实，会质问班主任。其结果往往是家长与教师互相抱怨，陷入沟通危机。所以，班主任应定期召开家长会，及时向家长汇报学生的学习和在校表现情况，以便家长能及时、全面和客观地了解自己的孩子并积极地参与对孩子的教育和管理。

第三，与家长面对面交流。面对面交流之前可以思考以下问题：学生有什么特别的表现？在课堂上或课间有无违纪现象？学生有哪些做法是好的，哪些做法是欠考虑的，哪些方面是需要老师和家长共同对其加以引导的？

第四，建立家校联络簿。受各种因素的影响，班主任在每次上学或放学时不可能与所有的家长都进行交流和沟通。为了能让家长及时了解学生的在校情况，班主任可以建立家校联络簿。每天放学前，将学生表现情况加以记录，然后由学生将各自的家校联络簿带回家，一方面让家长了解孩子当天的在校情况，另一方面让学生进行独立反思：这些问题是个人有意为之，还是无心之错？针对这些问题，自己将采取什么措施进行改正？

第五，通过电话或短信沟通。其实，班主任与家长的沟通不一定非要面对面进行，一本正经地交谈，抽空给家长打个电话或发个短信也是不错的方法。

第六，建立QQ群或微信群。随着互联网的发展和普及，拥有电脑的家庭越来越多，网络成了班主任和家长沟通的一个新渠道。用QQ、微信和家长沟通，不仅可以让家长及时了解自己孩子在校的学习情况、思想动态等，同时也可以让班主任及时了解学生在家的表现情况，然后有针对性地开展工作。另外，通过QQ、微信进行沟通，还可以让教师听到家长的心里话，有助于形成良好的家校合力。

（六）学生综合素质评价

1. 学生综合素质评价的概念

《中小学班主任工作规定》指出："班主任开展学生综合素质评价是其工作职责的内容。"那么，什么是学生综合素质评价呢？学生综合素质评价是从素质教育的要求出发，从德、智、体、美、劳等方面综合评价学生。评价的主要内容有两方面：一是基础性发展目标，包括道德品质、公民素养、学习能力、交流与合作能力、运动与健康、审美与表现，这些内容充分反映了对学生发展的综合性要求；二是学科学习目标，即学生在各门课程学习中的目标实现情况的评价。

2. 评定学生综合素质形式的变化

（1）传统的操行评定

长期以来，在班级管理活动中，班主任一直承担着对学生全面成长进行操行评定的任务。传统的操行评定是以教育目的为指导思想，以《学生守则》为基本依据，班主任根据预定的发展目标，在学期结束时对学生个体的思想品德及学习、劳动、个性发展等各方面的情况做出的总体评价，主要是在期末成绩报告单（书）上以评语等方式体现的。这种评定的弊端有：评语容易程式化，缺乏个性；属于学期终结性评价，难以体现学生的进步与成长。

（2）素质教育报告书

在素质教育思想的指导下，学生期末成绩报告单（书）逐渐被素质发展报告书取代，班主任做的操行评定有了很大改进：以促进学生发展为目的，体现了素质教育思想，转变评价观念；公正、客观，评定时从学生的实际出发，用全面、发展的眼光看待学生，实事求是地分析学生的优点和缺点。

班主任给学生写的操行评语也发生了变化。首先，人称发生了变化。传统的操行评语是以第三人称来写的，班主任是以评判者的语气来表述的。综合素质操行评语是以第二人称来写的，即撰写者与被评价者是对话的关系。其次，操行评语表述的方式发生了变化。传统的操行评语是以概括、抽象的语言来表述的，如"团结同学、尊敬师长、学习努力"等；素质教育要求的操行评语是形象化的、富有情感的。

素质教育操行评语的写作方法有以下四种。

①谈心式。以第二人称称呼，如"你很活泼，也很热心，所以你身边有很多的朋友"。

②描述式。例如："你表面上顽劣倔强，内心却有着向善的愿望，你递交的入团请求书就是明证。"

③过程式。评语反映的是学生的成长过程，既要看过去和现在，也要预示未来。例如："有段时间，你对待学习有所松懈，老师看在眼里、急在心里，如果在学习上有什么困难，老师很愿意帮助你，因为你一直是一个乖巧、努力的好孩子。不过，最近你又有了进步，这可真让我松了一口气，特别是作文，只是字的练习还要加大力度呀！"

④情感式。评语要"有情"，言辞恳切，体现对学生的尊重。例如："你的成绩一跃而起，像直冲云霄的雄鹰；你的性格内敛刚强，蕴藏着无限韬略；你的单纯善良一直感动着老师、温暖着同学……这些都是你人生里的荣耀，是你成长之路的丰碑，老师真心为你高兴！为你骄傲！"

（3）学生成长记录（档案）袋评价

素质教育的推进促进了班主任操行评定的改革，但并没有改变操行评定是总结性评价的实质。近年来，随着基础教育中的评价方式的改革，班主任对学生的评价方式也在发生变化。基础教育课程改革强调从终结性评价转向形成性（过程性）评价，要采用多样的、开放式的评价方法，把促进学生发展作为评价的宗旨。这种评价方式的转变深刻地影响了班主任在班级管理活动中的评价方式，又一次促进了学生评价方式的转变，即从素质发展报告书到成长记录（档案）袋评价。

学生成长记录（档案）袋评价是根据学生综合素质的评价要求而采取的一种评价方式。这种评价注重搜集学生在班级组织中的全面成长过程和成果的材料，以学生自己为主要成长记录者，在班主任的指导下，学生自己、同伴、教师和家长等根据记录（档案）材料共同做出评价，以达到学生正确认识自己、促进自身成长的目的。这种评价方式以学生个人成长的翔实材料为依据，可以做出比较客观的发展评价。同时，学生自己收集和记录成长资料和作品，这也是学生自我教育的过程。

前面所述的成绩报告书和素质发展报告书均属于学期总结性评价，而学生成长记录（档案）袋评价则是将日常评价与学期总结性评价结合起来。

总的来说，无论是过程性评价还是总结性评价，都要实事求是，真实地评价每个学生；重在激励，使学生感到鼓舞、振奋，调动学生的积极性，增强学生前进的信心；要避免千篇一律的套话，要反映每个学生鲜活的生命个性。

（七）做好班主任工作计划和总结

班主任工作计划和总结是班级工作不可缺少的环节，是班主任工作达到预期目标的重要保证。班主任工作计划是学期开始时制订的计划，是班主任在整个学期的工作的总纲，一般包括学期计划、月（周）计划以及具体的活动计划。学期计划是学期开始时制订的计划，是班主任在整个学期的工作的总纲，一般包括三个部分：基本情况，班级工作的内容、要求和措施和本学期的主要活动与安排。月（周）计划以及具体活动计划是学期计划的具体化，计划应符合实际，具备科学性、针对性、可操作性等特点。

班主任工作总结是对整个班主任工作过程、状况和结局做出全面的、恰如其分的评估，即进行质的评议和量的估计。班主任工作总结一般分为两类——全面总结和专题总结，一般在学期末、学年末进行。要想做好班主任工作总结，平时应注意班主任工作资料的积累，做好阶段小结，从教育理论的高度分析所做的工作。

三、班主任的专业素养

班主任的专业素养可以概括为四个维度，即思想品德素养、知识素养、能力素养和身心健康素养。

（一）班主任的思想品德素养

班主任的思想品德素养包括以下两个方面。

1. 思想政治素养

思想政治素养是每个班主任落实党的教育方针，全心全意为教育服务、为学生服务应有的思想品德要求，也是具有社会觉悟、事业心和责任感的具体表现。坚定的理想和信念，正确的人生观和价值观，强烈的爱国主义感情和勇于坚持真理、修正错误的大无畏精神，在班主任的思想政治素养中占主要地位。

2. 道德素养

中国文化是重"德"的文化，中国的传统教育可谓是以"德"为核心的教育，因此对教师的"德"具有极高的要求。所谓"人师"，就是具有极高道德素质的人。2008年修订的《中小学教师职业道德规范》强调教师道德规范包括"爱国守法""爱岗敬业""关爱学生""教书育人""为人师表""终生学习"，体现了教师职业特点对师德的本质要求和时代特征。

（二）班主任的知识素养

班主任的知识素养包括以下四个方面。

1. 本体性知识

本体性知识包括班级组织、班级社会、班级教育、班级管理、班级文化等范畴的知识。正确认识班级组织的特性、功能与成长规律，掌握基本原理，对于班级工作设计、班级文化建设、班级活动开展和形成班级教育合力是非常必要的。

2. 文化知识

文化知识是指班主任所具有的全方位的基本的知识，如科学的世界观和方法论、历史和地理的知识、文学和艺术的知识等。总的来说，文化知识是一种"全面知识"或"背景知识"。学生接受新事物特别快，班主任如果能在专业以外的其他方面给予他们指导、影响或鼓励、支持，就能赢得学生的信赖和敬重。

3. 实践性知识

实践性知识是指班主任具有的情境性知识及与之相关的其他知识，是班主任教育教学经验的整合。例如，组建班集体，组织开展班级活动，处理突发事件等，都需要教师有实践性知识。

4. 条件性知识

条件性知识是指班主任成功做好工作的专业性知识，包括教育科学知识、心理科学知识和公共关系知识等。

（三）班主任的能力素养

班主任的能力素养包括以下四个方面。

1. 教育教学能力

通常来说，班主任也是某一学科的科任老师，因此，班主任需要具有相应学科的教育教学能力。

2. 组织管理能力

①善于恰如其分地确定本班的发展目标，制定本班的发展规划，使其具有可行性。

②善于处理刚性管理与柔性管理的关系。刚性管理即以制度和规章为条件，利用约束、监督、强调、惩罚等手段进行管理。柔性管理是相对于刚性管理而言的，它是充分尊重学生的感情需求、人格独立与个性自由的管理。

③营造健康向上、丰富活跃的班级文化环境的能力。

④善于组织策划各种教育活动，并利用各种评价反馈系统进行监督调控。

⑤善于针对学生的特点，激发学生自我教育与自我管理的能力。

这些是班主任组织管理能力的有机组成部分，是班主任专业能力中最核心的部分。有了这些能力，班集体才会迅速发展成熟，形成凝聚力。

3. 协调与应变能力

班主任是桥梁，应该具有协调各任课老师、教师与学生、学校与家庭、学校与社会各方面关系的能力。此外，班主任还要有应变能力，如自控力，面对突发事件时准确的判断力，以及审时度势的变通力。

4. 研究能力

了解与研究学生的能力是班主任能力结构中最基本的部分。只有全面了解和研究学生，掌握学生的心理特点、思维方式、理想追求，才能因材施教，才能做好班级管理工作。

（四）班主任的身心健康素养

1. 健康的体魄

班主任的工作较为艰苦和繁重，对体力和精力的消耗很大，无论是备课、上课、批改作业、辅导学生、教育科研，还是做学生的思想工作、进行班级活动等，都要付出艰辛的体力劳动和脑力劳动。班主任职业的特殊性决定了班主任应具备强健的体魄。

2. 良好的心理素养

班主任的工作是雕塑学生心灵的工作。毫不夸张地说，心理不健康的教师对学生身心造成的危害，某种意义上远远超过其教学能力低下对学生造成的危害。心理不健康的教师只会源源不断地"制造出"心理不健全的学生，将会直接或间接地影响整个社会和民族的未来。

总的来说，一个有事业心的班主任应该认真学习教育管理理论，潜心研究班级管理，及时更新教育管理理念，不断调整班级管理策略，不断加强自身修养，让自己成为榜样，以实际行动教育学生。

思考与练习

一、单项选择题

1. 我国中小学最基本的教学组织形式是（　　）。
   A. 个别教学　　B. 小组教学　　C. 道尔顿制　　D. 班级授课制
2. 学生自发以感情为纽带形成的群体叫作（　　）。
   A. 正式群体　　B. 非正式群体　　C. 归属群体　　D. 参照群体

3. 把大班上课、小班研究和个别教学三种形式结合起来，采用灵活的时间代替固定的上课时间的教学组织形式是（　　）。

  A. 特朗普制　　　　B. 导生制　　　　C. 道尔顿制　　　　D. 班级授课制

4. 班主任工作的中心和重点是（　　）。

  A. 了解学生　　　　　　　　　　B. 组织和培养班集体

  C. 建立学生档案　　　　　　　　D. 组织教育活动

5. 班级的直接教育者、组织者和领导者是（　　）

  A. 班主任　　　　B. 班长　　　　C. 德育教师　　　　D. 校长

6. 班级成员在服从班级集体的正确决定和承担责任的前提下，参与班级管理的模式是（　　）。

  A. 常规管理　　　B. 平行管理　　　C. 民主管理　　　D. 目标管理

7. 做好班主任工作的前提和基础是（　　）。

  A. 了解和研究学生　　　　　　　B. 组织和培养班集体

  C. 做好个别教育工作　　　　　　D. 统一多方面的教育力量

8. 通过制定和执行规章制度去管理班级的常规活动是（　　）。

  A. 常规管理　　　B. 平行管理　　　C. 民主管理　　　D. 目标管理

9. 奠定班级的理论基础的著作是（　　）。

  A.《学记》　　　B.《教育漫话》　　　C.《大教学论》　　　D.《普通教育学》

10. 学生的值日属于（　　）。

  A. 志愿服务劳动　　B. 社会公益劳动　　C. 勤工俭学劳动　　D. 自我服务劳动

11.《中国少年先锋队队章》规定，少先队队员的入队年龄是（　　）。

  A. 6~12 周岁　　　B. 6~14 周岁　　　C. 7~12 周岁　　　D. 7~14 周岁

12. 当班集体成为教育主体，学生个性特长在班级中得到充分发展，此时的班集体处于（　　）。

  A. 组建阶段　　　B. 形成阶段　　　C. 发展阶段　　　D. 成熟阶段

13. 在学校，经常出现的报告、讲座、集会、比赛和社会公益活动属于（　　）。

  A. 群众性活动　　　B. 小组活动　　　C. 个别活动　　　D. 科技活动

二、辨析题

1. 班集体建设与班主任密切相关，和其他教师没有关系。

2. 开展班级活动与"抓"学生的学业成绩有矛盾，要尽量少组织班级活动。

3. 班集体有利于学生群体意识的形成和良好个性的发展。

三、简答题

1. 班主任如何组织与培养班集体？

2. 班主任如何做好学困生的转化工作？

3. 班级管理的内容包括哪些方面？

四、思考题

著名哲学家黑格尔毕业的时候，他的老师给他写过一则评语："黑格尔，健康状态不佳。中等身材，不善辞令，沉默寡言。天赋高，判断力健全，记忆力强。文字通顺，作风正派，有时不太用功……语言知识丰富，在哲学上十分努力。"

问题：黑格尔老师的评语有什么特点？你认为应该怎样给学生写评语？

推荐阅读

1. 李学农《班级管理》（高等教育出版社，2019年版）
2. 魏晓红《中小学班级管理典型案例》（天津大学出版社，2017年版）
3. 魏书生《班主任工作漫谈——献给年青班主任》（漓江出版社，1993年版）
4. 李镇西《做最好的班主任》（漓江出版社，2008年版）
5. 麦克·马兰《班主任一定要面对的9个问题》（中国青年出版社，2007年版）

参考文献

[1] 李学农. 班级管理 [M]. 北京：高等教育出版社，2019.

[2] 曹荣誉，吴霞飞. 小学班级管理 [M]. 重庆：西南师范大学出版社，2019.

[3] 全国十二所重点师范大学联合编写. 教育学基础 [M]. 北京：教育科学出版社，2010.

[4] 杨晓平. 教育学 [M]. 上海：华东师范大学出版社，2016.

[5] 师道教师资格考试教研中心. 教育教学知识与能力 [M]. 北京：中国人民大学出版社，2016.

版权声明

根据《中华人民共和国著作权法》的有关规定，特发布如下声明：

1. 本出版物刊登的所有内容（包括但不限于文字、二维码、版式设计等），未经本出版物作者书面授权，任何单位和个人不得以任何形式或任何手段使用。

2. 本出版物在编写过程中引用了相关资料与网络资源，在此向原著作权人表示衷心的感谢！由于诸多因素没能一一联系到原作者，如涉及版权等问题，恳请相关权利人及时与我们联系，以便支付稿酬。（联系电话：010-60206144；邮箱：2033489814@qq.com）